数字教材版

互联网+远程一体化智慧数字教材

QIYE ZHANLÜE GUANLI

企业战略管理

主编 邹昭晞

中国人民大学出版社
·北京·

图书在版编目（CIP）数据

企业战略管理：数字教材版/邹昭晞主编．—北京：中国人民大学出版社，2018.6
互联网＋远程一体化智慧数字教材
ISBN 978-7-300-25836-2

Ⅰ.①企… Ⅱ.①邹… Ⅲ.①企业战略-战略管理-远程教育-教材 Ⅳ.①F272

中国版本图书馆 CIP 数据核字（2018）第 106976 号

互联网＋远程一体化智慧数字教材
企业战略管理（数字教材版）
主编　邹昭晞
Qiye Zhanlüe Guanli

出版发行	中国人民大学出版社		
社　　址	北京中关村大街 31 号	**邮政编码**	100080
电　　话	010－62511242（总编室）		010－62511770（质管部）
	010－82501766（邮购部）		010－62514148（门市部）
	010－62515195（发行公司）		010－62515275（盗版举报）
网　　址	http://www.crup.com.cn		
	http://www.ttrnet.com(人大教研网)		
经　　销	新华书店		
印　　刷	北京鑫丰华彩印有限公司		
规　　格	185 mm×260 mm　16 开本	**版　　次**	2018 年 6 月第 1 版
印　　张	11	**印　　次**	2018 年 6 月第 1 次印刷
字　　数	238 000	**定　　价**	35.00 元

PREFACE 前言

为了适应教学的需要，本书采用“战略分析—战略选择—战略实施”这样一种逻辑顺序，在内容的安排上尽可能对国内外战略管理理论各种学派的主要观点进行比较全面的阐述与总结。本书在阐述中注意运用对比、归纳等手段，区别于对原著的简单引用，以帮助读者更好地理解战略管理学家们深刻的思想内涵。例如，分别从计划性和应变性解释企业战略传统概念和现代概念的本质内涵；采用对比的方式分析企业差异化战略与成本领先战略的竞争地位、优势、应用条件和风险；运用归纳的方式研究产业结构分析中购买者与供应者讨价还价能力的来源；分别从克服零散以获得规模经济、保持差异化特色、目标集聚等几个角度展开对零散产业中企业的战略分析等。

对于近年来国内外学者在企业战略研究中日益完善的理论和方法，本书做了较为广泛的介绍与阐述。例如，对波特提出的产业中战略群组理念做了进一步延伸；对波特的基本竞争战略以“战略钟”形式进行概括；在竞争战略中加入对“蓝海战略”的阐述；在产业环境研究中加入产业演变、产业集聚的内容；在阐述波特的价值链理念的基础上，对“价值链”“供应链”“价值系统（产业链）”做了区分等。

根据“企业战略管理”课程特点，本书引用了较多的实例，将这些实例的阐述融入主干内容的阐述之中。为了加强教学的实践环节，本书各章还配以一些案例，这些案例来源于多个渠道：有不少取自我近年来承接各类政府与企业课题的研究报告、专家点评，有些来源于近年来所辅导的MBA论文，也有些来自我讲授的MBA课堂上学员们的作业，还有些参考了各种媒体提供的资料。

本书具有以下特点：一是参考近年来国内外大多数同类教材的结构安排，以增强本书对国内外“企业战略管理”课程的适用性；二是突出实用性，精简了深奥的理论分析，增加了对战略管理原理和方法更加通俗和具体的阐述；三是每章后有丰富的“案例与分析”，这些新的案例能够体现出近年来中国企业战略管理实践的崭新风貌。

本书适于作为经济管理类“企业战略管理”课程的教材，也可作为企业管理人员培训用书。

作者

2018年5月

前言

CONTENTS 目录

第一章
导　论

【本章要点提示】

※ 企业战略的定义
※ 企业的使命与目标
※ 企业战略的层次
※ 企业战略管理过程

本章内容引言

本章是企业战略分析的基础。从企业战略的两类定义入手，阐述企业战略的本质内涵；进而阐述企业的使命与目标的基本概念及相互关系；阐述企业战略三个层次的基本概念和战略构成要素；最后阐述战略管理的过程和战略问题管理。

第一节　企业战略的基本概念

一、企业战略的定义

对企业战略的定义有多种表述。一些学者将战略的概念分为传统概念（广义定义）和现代概念（狭义定义）两类。

（一）传统概念

美国哈佛大学波特（M. Porter）教授对战略的定义堪称企业战略传统概念的典型代

表。他认为，“战略是公司为之奋斗的一些终点与公司为达到它们而寻求的途径的结合物”[①]。波特的定义概括了20世纪六七十年代对企业战略的普遍认识。它强调企业战略的一方面属性——计划性、全局性和长期性。

（二）现代概念

20世纪80年代以来，由于企业外部环境变化速度加快，以计划为基点的广义定义受到不少批评，于是战略的现代概念受到广泛的重视。

加拿大学者明兹伯格（H. Mintzberg）在1989年提出，以计划为基点将企业战略视为理性计划的产物是不完整的，企业中许多成功战略是在事先无计划的情况下产生的。他将战略定义为“一系列或整套的决策或行动方式”[②]，这套方式包括刻意安排的（计划性）战略和任何临时出现的（非计划性）战略。

许多学者开始研究组织的有限理性，并将重点放在组织在不可预测的或未知的内外部因素约束下的适应性上。从字面上看，现代概念与传统概念的主要区别在于，现代概念认为战略只包括为达到企业的终点而寻求的途径，而不包括企业终点本身。但是，从本质上看，现代概念更强调战略的另一方面属性——应变性、竞争性和风险性。

事实上，公司大部分战略是事先的计划和突发应变的组合。美国学者汤姆森（Tomson）在1998年指出，“战略既是预先性的（预谋战略），又是反应性的（适应性战略）”。换言之，“战略制定的任务包括制订一个策略计划，即预谋战略，然后随着事情的进展不断对其进行调整。一个实际的战略是管理者在公司内外各种情况不断暴露的过程中不断规划和再规划的结果。”[③] 例如，山东东星表业公司是一家专业生产钛合金和高档不锈钢表壳的企业，年产180万套表壳，90%的产品出口到欧美、日本等发达国家和地区市场。在国际金融危机的冲击下，在世界手表销售数量持续下滑、计时行业萎靡不振的严峻形势下，东星及时调整产品结构，适应国际需求的变化，销售收入和利润仍能稳中有升，订单连续不断，工厂满负荷生产，比较好地防范了国际金融危机的冲击。东星能够在危机面前从容应对，是公司长期树立“应机”战略思维、不断适应环境变化的必然结果。

在当今瞬息万变的环境里，公司战略意味着企业要采取主动态势预测未来、影响变化，而不仅是被动地对变化做出反应。企业只有在变化中不断调整发展战略，保持健康的发展活力，并将这种活力转变成惯性，通过有效的战略不断表达出来，才能获得并持续强化竞争优势，构筑企业的成功。

二、公司的使命与目标

对于波特在《竞争战略》中所提出的公司“终点”的概念，有的公司愿意使用“使

① 迈克尔·波特．竞争战略：分析产业和竞争的技巧．陈小悦，译．北京：华夏出版社，1997.

② 托马斯·加拉文，杰拉德·菲茨杰拉尔德，迈克·莫利．企业分析．马春光，等译．上海：上海三联书店，1997.

③ 亚瑟·A. 汤姆森，A. J. 斯迪克兰迪．战略管理：概念与案例：第10版．段盛华，王智慧，等译．北京：北京大学出版社，2000.

命”或者“目的”，也有的公司用“使命”与“目标”加以区别。在这里，我们将企业生存、发展、获利等根本性目的作为公司使命的一部分，将公司的使命作为目标的前提，将公司目标作为使命的具体化。

（一）公司的使命

公司的使命首先是要阐明企业组织的根本性质与存在理由，一般包括以下三个方面。

1. 公司目的

公司目的是企业组织的根本性质和存在理由的直接体现。组织按其存在理由可以分为两大类：营利组织和非营利组织。以营利为目的而成立的组织，其首要目的是为其所有者带来经济价值。例如，通过满足客户需求、建立市场份额、降低成本等来增加企业价值。其次的目的是履行社会责任，以保障企业经济目标的实现。相反，以非营利目的成立的组织，其首要目的是提高社会福利、促进政治和社会变革，而不是营利。一般而言，企业是最普通的营利组织，红十字会是最普通的非营利组织。

2. 公司宗旨

公司宗旨旨在阐述公司长期的战略意向，其具体内容主要是说明公司目前和未来所要从事的经营业务范围。美国学者德鲁克（Drucker）认为，提出“公司的业务是什么”，也就等于提出了“公司的宗旨是什么”。公司的业务范围应包括企业的产品（或服务）、顾客对象、市场和技术几个方面。

公司宗旨反映出企业的定位。定位是指企业采取措施适应所处的环境。定位包括相对于其他企业的市场定位，如生产或销售什么类型的产品或服务给特定的部门，或以什么样的方式满足客户和市场的需求，如何分配内部资源以保持企业的竞争优势，等等。

3. 经营哲学

经营哲学是公司为其经营活动方式所确立的价值观、基本信念和行为准则，是企业文化的高度概括。经营哲学主要通过公司对利益相关者的态度、公司提倡的共同价值观、政策和目标以及管理风格等方面体现出来，经营哲学同样影响着公司的经营范围和经营效果。

例如，进入 21 世纪，医药生产企业的经营理念从“生产足够多的好药满足人民需要”向“关爱生命，呵护健康”转变，国际制药大企业以“让人们少吃药”的新理念构筑医药企业文化的崭新形象，遵循大健康产业的发展思路。医疗模式也由单纯病后治疗转向“保健、预防、治疗、康复相结合”，医药产业的发展开始实施“预防前移战略”，将研发、生产、营销和服务重点迁移到预防领域。

值得注意的是，虽然公司使命涉及很多内容，但是许多公司关于使命的表述往往不详尽、不全面，只是展示公司主要的战略方向。这很大程度上是由于在复杂多变环境下，详尽的、全面的使命表述可能会使企业在战略实施过程中比较被动。这是公司战略定义的现代概念应变性、竞争性和风险性的具体体现。

（二）公司的目标

公司目标是公司使命和战略展望的具体化。德鲁克对企业目标做了恰如其分的概括：各项目标必须从“我们的企业是什么，它将会是什么，它应该是什么”引导出来。它们不是一种抽象，而是行动的承诺，借以实现企业的使命，同时也是一种用以衡量工作成绩的标准。换句话说，目标是企业的基本战略①。

公司目标是一个体系。建立目标体系的目的是将公司的业务使命转换成明确具体的业绩目标，从而使得公司的进展有一个可以测度的标准。

从整个公司的角度来看，需要建立两种类型的业绩标准：和财务业绩有关的业绩标准以及和战略业绩有关的标准。获取良好的财务业绩和战略业绩要求公司的管理层既建立财务目标体系又建立战略目标体系。

财务目标体系表明公司必须致力于达到下列结果：市场占有率、收益增长率、满意的投资回报率、股利增长率、股票价格评价、良好的现金流等。

战略目标体系则不同，它的建立目的在于为公司赢得下列结果：获取足够的市场份额，在产品质量、客户服务或产品革新等方面压倒竞争对手，使整体成本低于竞争对手的成本，提高公司在客户中的声誉，在国际市场上建立更强大的立足点，建立技术上的领导地位，获得持久的竞争优势，抓住诱人的成长机会等。战略目标体系的作用是让人关注，公司的管理层不但要提高公司的财务业绩，还要提高公司的竞争力量，改善公司的长远的业务前景。

财务目标体系和战略目标体系都应该从短期和长期目标两个角度体现出来。短期目标体系主要是集中精力提高公司的短期经营业绩和经营结果；长期目标体系则主要是促使公司的管理者考虑现在应该采取什么行动，才能使公司进入一种可以在相当长的一段时期内经营得好的状态。

目标体系的建立需要所有管理者的参与。公司中的每一个单元都必须有一个具体的、可测度的业绩目标，其中，各个单元的目标必须与整个公司的目标相匹配。如果整个公司的目标体系分解成了各个组织单元和低层管理者的明确具体的分目标，那么，在整个公司中就会形成一种以结果为导向的气氛。如果公司内部对所作所为混沌无知，那么，公司将一事无成。最理想的情形是，建立团队工作精神，组织中的每一个单元都奋力完成其职责范围内的任务，从而为公司业绩目标的完成和公司使命的实现做出应有的贡献。

三、企业战略的层次

一般将战略分为三个层次：总体战略（corporate strategy）、业务单位战略或竞争战略（business or competitive strategy）和职能战略（operational strategy）。图 1－1 概括了企业各层次的战略所涉及的管理层次。

---

① 李令德，郭伟民．企业战略管理．上海：华东理工大学出版社，1998.

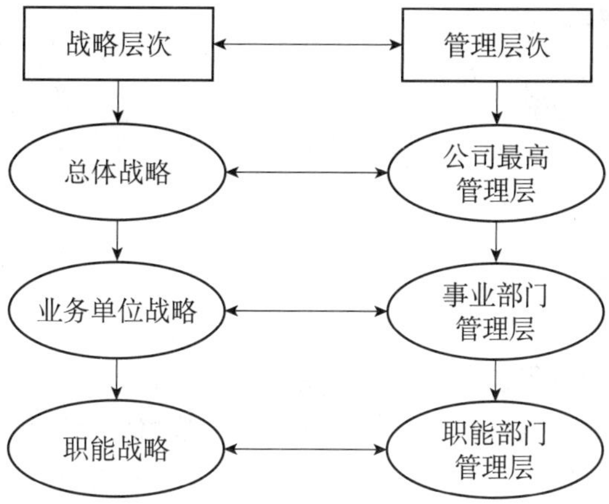

图 1-1 企业战略的层次

（一）总体战略

总体战略，又称公司层战略。在大中型企业里，特别是多种经营的企业里，公司战略是企业最高层次的战略。它需要根据企业的目标，选择企业可以竞争的经营领域，合理配置企业经营所必需的资源，使各项经营业务相互支持、相互协调。

公司战略常常涉及整个企业的财务结构和组织结构方面的问题。

（二）业务单位战略

公司的二级战略常被称作业务单位战略或竞争战略。业务单位战略涉及各业务单位的主管以及辅助人员。这些经理人员的主要任务是将公司战略所包括的企业目标、发展方向和措施具体化，形成本业务单位具体的竞争与经营战略。业务单位战略要针对不断变化的外部环境，在各自的经营领域中有效竞争。为了保证企业的竞争优势，各经营单位要有效地控制资源的分配和使用。

对于一家单业务公司来说，总体战略和业务单位战略是合二为一的；只有对业务多元化的公司来说，总体战略和业务单位战略的区分才有意义。

（三）职能战略

职能战略，又称职能层战略，主要涉及企业内各职能部门，如营销、财务、生产、研发、人力资源、信息技术等，如何更好地配置企业内部资源，为其他各级战略服务，提高组织效率。

各职能部门的主要任务不同，关键变量也不同，即使在同一职能部门里，关键变量的重要性也因经营条件不同而有所变化，因而难以归纳出一般性的职能战略。

在职能战略中，协同作用具有非常重要的意义。这种协同作用首先体现在单个的职能中各种活动的协调性与一致性，其次体现在各个不同职能战略和业务流程或活动之间的协调性与一致性。

三个层次的战略都是企业战略管理的重要组成部分，但侧重点和影响的范围有所不同。

第二节 企业战略的管理

一、战略管理过程

一般说来，战略管理过程包含三个关键要素：战略分析——了解组织所处的环境和相对竞争地位；战略选择——战略制定、评价和选择；战略实施——采取措施使战略发挥作用。图 1-2 是战略管理过程及主要组成要素的示意图，它给出了战略管理过程的大致构架，可以作为理解战略管理过程的向导①。

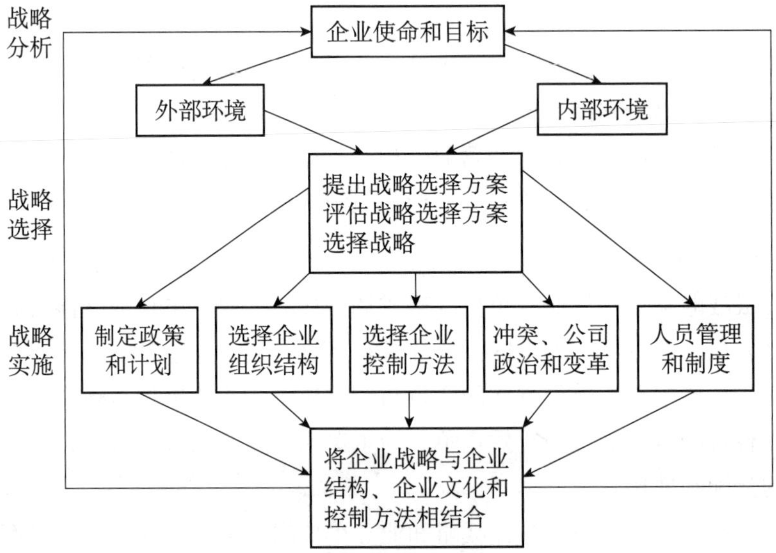

图 1-2　战略管理过程

（一）战略分析

战略分析的主要目的是评价影响企业目前和今后发展的关键因素，并确定在战略选择步骤中的具体影响因素。战略分析需要考虑许多方面的问题，主要是外部环境分析和内部环境分析。

1. 外部环境分析

外部环境分析可以从企业所面对的宏观环境、产业环境、竞争环境和市场需求状况几个方面展开。外部环境分析要了解企业所处的环境正在发生哪些变化，这些变化给企业将带来更多的机会还是更多的威胁。

---

① 托马斯·加拉文，杰拉德·菲茨杰拉尔德，迈克·莫利．企业分析．马春光，等译．上海：上海三联书店，1997.

2. 内部环境分析

内部环境分析可以从企业的资源与能力、企业的核心竞争力等几个方面展开。内部环境分析要了解企业自身所处的相对地位、具有哪些资源以及战略能力。波士顿矩阵、通用矩阵、SWOT 分析都是常用的战略分析工具。

（二）战略选择

战略分析阶段明确了“企业目前处于什么位置”，战略选择阶段所要回答的问题是“企业向何处发展”。企业在战略选择阶段要考虑可选择的战略类型和战略选择过程两个方面的问题。

1. 可选择的战略类型

在公司战略的三个层次上存在着各种不同的战略类型，如图 1－3 所示。

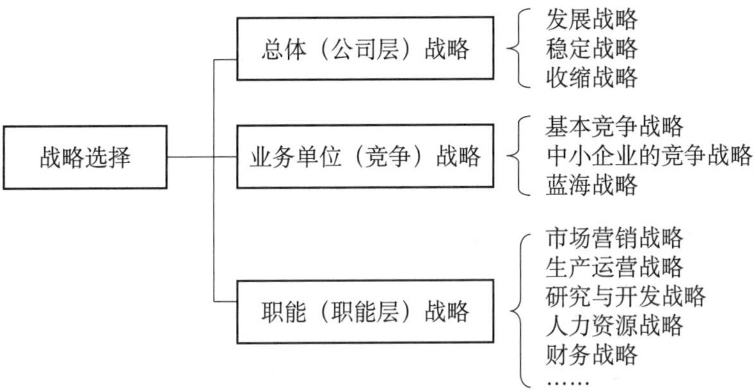

图 1－3 公司战略类型

（1）总体战略选择。总体战略选择包括发展战略、稳定战略、收缩战略三种基本类型。

（2）业务单位战略选择。业务单位层面的竞争战略包括成本领先战略、差异化战略、集中化战略三种基本类型。

（3）职能战略选择。职能战略包括市场营销战略、生产运营战略、研究与开发战略、人力资源战略、财务战略等多个职能部门的战略。

2. 战略选择过程

约翰逊和施乐斯（Johnson & Scholes）在 1989 年提出了战略选择过程的 4 个组成部分：

（1）制定战略选择方案。在制定战略过程中，可供选择的方案越多越好。根据不同层次管理人员介入战略分析和战略选择工作的程度，可以将战略形成的方法分为三种形式：

1）自上而下的方法。即先由企业总部的高层管理人员制定企业的总体战略，然后由下属各部门根据自身的实际情况将企业的总体战略具体化，形成系统的战略方案。

2）自下而上的方法。在制定战略时，企业最高管理层对下属部门不做具体规定，而要求各部门积极提交战略方案。企业最高管理层在各部门提交的战略方案基础上，加以协调和平衡，对各部门的战略方案进行必要的修改后加以确认。

3）上下结合的方法。即企业最高管理层和下属各部门的管理人员共同参与，通过上下级管理人员的沟通和磋商，制定出适宜的战略。

三种方法的主要区别在于战略制定中对集权与分权程度的把握。企业可以从对企业整体目标的保障、对中下层管理人员积极性的发挥，以及企业各部门战略方案的协调等多个角度考虑，选择适宜的战略制定方法。

（2）评估战略备选方案。评估备选方案通常使用三个标准：

1）适宜性标准。考虑选择的战略是否发挥了企业的优势，克服了劣势，是否利用了机会，将威胁削弱到最低程度，是否有助于企业实现目标。

2）可接受性标准。考虑选择的战略能否被企业利益相关者所接受，实际上并不存在最佳的、符合各方利益相关者的统一标准，经理们和利益相关团体的不同的价值观和期望在很大程度上影响着战略的选择。

3）可行性标准。对战略的评估最终还要落实到战略收益、风险和可行性分析的财务指标上。

（3）选择战略。即最终的战略决策，确定准备实施的战略。如果由于用多个指标对多个战略方案的评价产生不一致的结果，最终的战略选择可以考虑以下几种方法：

1）根据企业目标选择战略。企业目标是企业使命的具体体现，因而，选择对实现企业目标最有利的战略方案。

2）提交上级管理部门审批。对于中下层机构的战略方案，提交上级管理部门能够使最终选择方案更加符合企业整体战略目标。

3）聘请外部机构。聘请外部咨询专家进行战略选择工作，利用专家们广博和丰富的经验，能够提供较客观的看法。

（4）战略政策和计划。制定有关研究与开发、资本需求和人力资源等部门的政策和计划。

（三）战略实施

战略实施就是将战略转化为行动。战略实施要解决以下几个主要问题：

（1）确定和建立一个有效的组织结构。确定和建立组织结构涉及如何分配企业内的工作职责范围和决策权力，如：企业的管理结构是高长型还是扁平型，决策权力集中还是分散，企业的组织结构类型能否适应公司战略的定位等。

（2）保证人员和制度的有效管理。人力资源和科学的管理体制关系到战略实施的成功与失败。

（3）正确处理和协调公司政治关系。企业内部各种团体有其各自的利益要求和目标，而许多要求是互相冲突的，这些冲突会导致各种政治性的争斗和结盟。在企业战略实施过程中必须正确把握和对待各种政治关系和政治活动。

（4）选择适当的组织协调和控制系统。战略实施离不开企业内各单位的集体行动和协调，企业必须确定采用什么标准来评价各下属单位的效益，控制它们的行动。

(5) 协调好企业战略、结构、文化和控制诸方面的关系。

战略管理是一个循环过程，而不是一次性的工作。要不断监控和评价战略的实施过程，修正原来的分析、选择与实施工作，这是一个循环往复的过程，如图 1-4 所示。

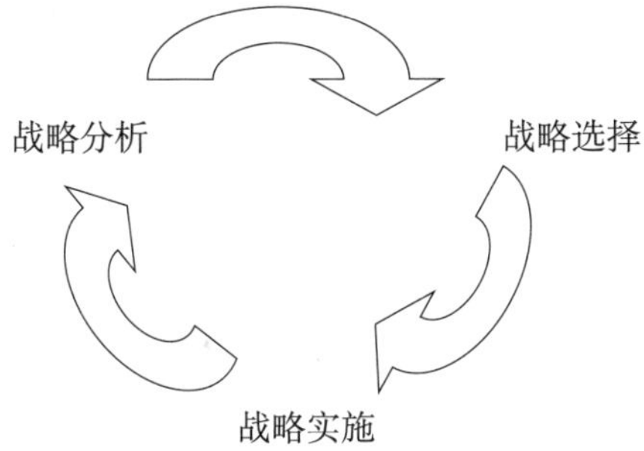

图 1-4　战略管理循环往复的过程

企业战略管理的实践表明，战略制定固然重要，战略实施也同样重要。制定一个良好的战略仅仅是战略成功的一部分，只有有效实施这一战略，企业的战略目标才能够顺利地实现。如果对一个良好的战略贯彻实施很差，则只会导致事与愿违甚至失败的结果。

相反，如果企业没能制定出完善而合适的战略，但是在战略实施中，能够克服原有战略的不足之处，那么有可能最终导致该战略的完善与成功。

二、战略问题管理

战略问题是指那些对企业实现战略、达到目标的能力有重大影响的企业内部或外部即将出现的问题。它们可以是企业外部环境中新出现的机会或威胁，也可以是企业内部能够开发的优势或足以危及企业绩效甚至生存的劣势。

战略问题管理可以较好地处理好企业战略两重属性——计划性、长期性、全局性和应变性、风险性、竞争性的矛盾，将一些应变性的、临时性的重大战略问题从企业的长期战略规划中分离出来，单独进行分析与管理。这样，既可以避免对长期战略规划进行繁杂的、经常性的修订，又可以对战略问题迅速做出反应。

(一) 战略问题的判定标准

判定战略问题是战略问题管理的重要组成部分，并不是所有的战略问题都值得进行管理。

1. 问题的重要性

如果该问题对企业或社会影响不大，不很重要，就没有必要当作战略问题处理。

2. 问题与战略相关的程度

如果出现的问题与企业战略不相关，即使它对整个社会很重要，企业也不需要考虑对它进行管理。对于一些政治事件，即波特称之为“临时性变故”的一些问题，虽然对整个社会影响很大，但是对大多数企业来说，这些问题不是战略相关的，因而没有必要作为战略问题进行管理。

3. 能否对问题采取行动

如果该问题具有战略相关性，但企业不能对它采取行动或暂时不能采取行动，则只能关注这一问题的发展，等待解决的时机。

4. 问题的紧迫性

在问题性质重要、与战略相关、可采取行动的情况下，企业应优先处理比较紧急的问题。

（二）战略问题管理过程

战略问题管理过程与整个战略管理过程是一致的，只是将一些意外的问题单独处理而已，一般分为五个阶段：

（1）判定问题。企业可以从相互依存和影响的环境因素与企业内部各职能领域之间的变化上找出问题，并按前述的判定标准分析问题对整个企业可能的影响，同时将所判定的战略问题整理分类，按重要程度加以排序。

（2）分析问题。分析的方法有：

1）战略问题寿命周期分析。从过去、现在和将来分析问题的发展趋势。这种方法适合于企业全面综合地描述比较大的问题。

2）战略问题分解。将战略问题逐层分解，有针对性地收集有助于做出判断的数据，研究各个层次的问题以及它们对企业战略的影响，系统、翔实地掌握企业的战略问题。

3）假设分析。从相关利益群体角度，对战略问题提出正反两方面的假设，然后评估这些假设的重要程度和可靠程度。

（3）提出与战略问题相关的战略。如果这些问题所牵涉的面较广，则应考虑制定总体战略；如果问题只涉及局部单位，则可只制定相应的局部战略。

（4）战略的实施。

（5）衡量与反馈。

本章小结

● 企业战略的两种概念——传统概念（广义定义）和现代概念（狭义定义）事实上是战略二重性的体现。传统概念强调战略的长期性、计划性、全局性；现代概念更强调战略的应变性、竞争性和风险性。

● 企业为之奋斗的终点可以分为使命和目标两个层次，使命是目标的前提，目标是使命的具体化。

● 战略管理可以分为总体战略、业务单位战略和职能战略三个层次。三个层次的战略都是企业战略管理的重要组成部分，但其战略构成要素和影响的范围有所不同。

● 战略管理过程包含战略分析、战略选择、战略实施三个要素。这是战略管理的一般思维逻辑。本书的结构也是按照这一逻辑展开的。

● 战略问题管理是处理战略二重性矛盾的一种好方法。

关键概念

企业战略传统概念　战略是公司为之奋斗的目标与公司为达到目标而寻求的途径的结合物。

企业战略现代概念　一系列或整套的决策或行动方式。

使命　阐明企业组织的根本性质与存在理由，一般包括公司目的、公司宗旨、公司经营哲学三个方面。

目标　公司使命的具体化，包括战略目标、财务目标、年度目标三个层次。

总体战略　又称公司层战略，是公司最高层次的战略。主要构成要素：一是经营范围；二是资源配置。

业务单位战略　又称竞争战略，是公司的二级战略。涉及各业务单位的主管以及辅助人员。主要构成要素：一是竞争优势；二是资源配置。

职能战略　又称职能层战略，主要涉及公司内各职能部门。主要构成要素：一是资源配置；二是协同作用。

企业战略管理过程　战略管理过程包含三个关键要素：战略分析、战略选择、战略实施。

战略问题　对企业实现战略、达到目标的能力有重大影响的企业内部或外部即将出现的问题。它们可以是企业外部环境中新出现的机会或威胁，也可以是企业内部能够开发的优势或足以危害企业绩效以至生存的劣势。

案例与分析

案例 1-1　吉利汽车集团的使命与战略目标

吉利汽车集团自 1997 年进入汽车领域以来，大致经历了三个主要发展阶段。在每个阶段中吉利汽车集团的使命与战略目标都有所不同：

(1) 第一阶段（1998—2002 年）：简单造车，价格取胜阶段。

使命：造老百姓买得起的轿车。

战略目标：用最低价位实现中国轿车进家庭。

(2) 第二阶段（2003—2007 年）：全面创新，技术提升阶段。

使命：造老百姓买得起的好车。

战略目标：汽车以质取胜；企业要拥有自主研发能力，拥有自有技术和自主品牌。

(3) 第三阶段（2008 年至今）：全面转型，全球战略阶段。

使命：造全世界最环保、最节能、最安全的好车，让吉利汽车跑遍全世界。

战略目标：争取用 3～5 年时间完成从单纯的低成本战略向高技术、高质量、高效率、国际化的战略转型，使吉利汽车集团成为国际上有竞争力的品牌。

分析与思考

分析吉利汽车集团的使命与战略目标。

提示：从整体上看，吉利汽车集团前两个阶段的使命较为相似，第三个阶段有较大的跨越。第一阶段，1998—2002年，国内汽车市场呈现高价垄断的格局，家庭轿车拥有量非常少，吉利汽车集团只能凭借价格优势打入市场，“造老百姓买得起的轿车”这个使命首先明确地阐释了吉利汽车集团将以经济型家庭轿车为经营主线，以国内老百姓为首要顾客群，以低价为经营战略进入国内汽车市场；同时，使命还透露出一种信念，就是要让客户得到实惠，体现了非常强烈的市场观念，而目标中“最低价位”也很好地诠释了企业的努力方向。但第一阶段的使命和目的主要着眼于市场，对企业自身发展的要求并没有很好地体现出来。

第二阶段，2003—2007年，在吉利汽车质量备受质疑的情况下，吉利汽车集团重新调整了使命，将“轿车”改为“好车”，单一个“好”字就让企业使命多出许多内涵。首先，企业在保证相对低价的同时，质量成为其取胜的关键要素；其次，“好车”在于顾客的评价，体现出坚持以市场需求为导向的价值观；最后，企业如何做到“好”，是靠买国外现成的技术，还是从理念到技术都进行自主研发，企业在目标中进行了清楚的说明。第二阶段的使命和目标虽然较第一阶段有了新的含义，并且也对企业自身发展提出了更高的要求，但企业经营的视野还有所局限，对“好车”的定义还较为宽泛和模糊。

第三阶段，2008年至今，吉利汽车集团开始全面转型，对企业使命进行了重新定义，首先，使命体现出企业的经营范围开始由国内转向全世界，市场范围被进一步拓宽；其次，将“环保、节能、安全”作为“好车”的关键性指标，将侧重在这三个方面做到极致，其中，“环保、节能”体现了企业的社会责任感，重视环境保护，做到可持续发展，而“安全”作为汽车最为关键的一个品质要素，在使命中强调出来也充分体现了企业“重视生命”经营理念；最后，先前使命中“买得起”这三个字已经删去，意味着企业开始走品质路线、高端路线，随着生活水平的提升，这也是符合顾客需求的。另外，从第三阶段的使命和目标上看，吉利汽车集团开始由单一地市场扩张向不断加强培育品牌、提高国际竞争力方向发展，并且海外市场将是集团未来主要的销售市场。

案例1-2　公司使命表述

海信公司

致力于电子信息技术的研究与应用，以卓越的产品与服务满足顾客的需求，提升人类社会生活品质。

万科公司

我们的宗旨——建筑无限生活

我们的愿景——成为中国房地产行业的领跑者

我们的核心价值观——创造健康丰盛的人生

麦当劳公司

麦当劳公司的使命是占领全球的食品服务业。在全球范围内处于统治地位以及在建立客户满意标准的同时，通过执行我们的“服务便利·增加价值·履行承诺”战略，提高我们的市场占有率和赢利率。

微软公司

这样一个使命左右我们的一言一行：每个家庭的桌子上都有一台电脑，这些电脑都使用我们的软件作为一种强大的工具。

英特尔公司

英特尔公司为计算机行业提供芯片、主板、系统和软件。英特尔的产品一向被看作是“建筑街区”，被用来为个人电脑用户建立高级的计算机系统。英特尔的使命就是要成为全球新计算机行业最重要的供应商。

康柏计算机公司

成为所有客户细分市场上个人电脑和个人电脑服务的最主要的供应商。

福特汽车公司

我们通过下列方式满足我们的客户：提供高质量的汽车和卡车，减少新产品的问世时间，改善我们所有工厂和工艺过程的效率，建立我们同雇员、工会、特约经销商和供应商的团队合作精神。

埃克森公司

使我们的股东的投资安全可靠，得到上乘的收益和回报。

北京新长科国际有限公司

注重质量、投资回报、员工福利。

分析与思考

公司使命包括哪些内容？为什么一些公司使命的表述不是很全面？

提示：(1) 公司使命要阐述公司的根本性质和存在理由，一般包括的内容有：企业目的、企业宗旨（产品或服务、顾客对象、市场、技术）、经营哲学。

(2) 一些公司使命的表述不是很全面，其原因有两个方面：

一是考虑战略两种属性的关系。使命的表述抽象一些、务虚一些能够更好地适应不断变化的内外部环境，过于具体、过于完整可能会束缚公司实现终点途径的选择。特别是总公司的使命定位不要过于具体、完整，要为下属公司的战略选择留有空间。

二是公司使命应该成为全体员工铭刻于心并为之奋斗的前进方向，应朗朗上口，如果过于具体和冗长，也很难奏效。

第二章 企业外部环境分析

【本章要点提示】

※ 宏观环境分析——PEST 分析
※ 产业（品）生命周期
※ 产业五种竞争力
※ 产业内的战略群组
※ 国家竞争优势（钻石模型）
※ 成功关键因素

本章内容引言

从企业战略角度分析企业的外部环境，是要把握环境的现状及变化趋势，利用有利于企业发展的机会，避开环境可能带来的威胁，这是企业谋求生存发展的首要问题。企业的外部环境分为宏观环境和微观环境两个层次。

第一节 宏观环境分析

一般说来，宏观环境因素可以概括为以下四类：

（1）政治和法律因素（political factors）；

（2）经济因素（economical factors）；

（3）社会和文化因素（social factors）；

（4）技术因素（technological factors）。

这四个因素的英文名称首字母组合起来是 PEST，所以宏观环境分析也被称为 PEST 分析。图 2－1 是对宏观环境因素的汇总。

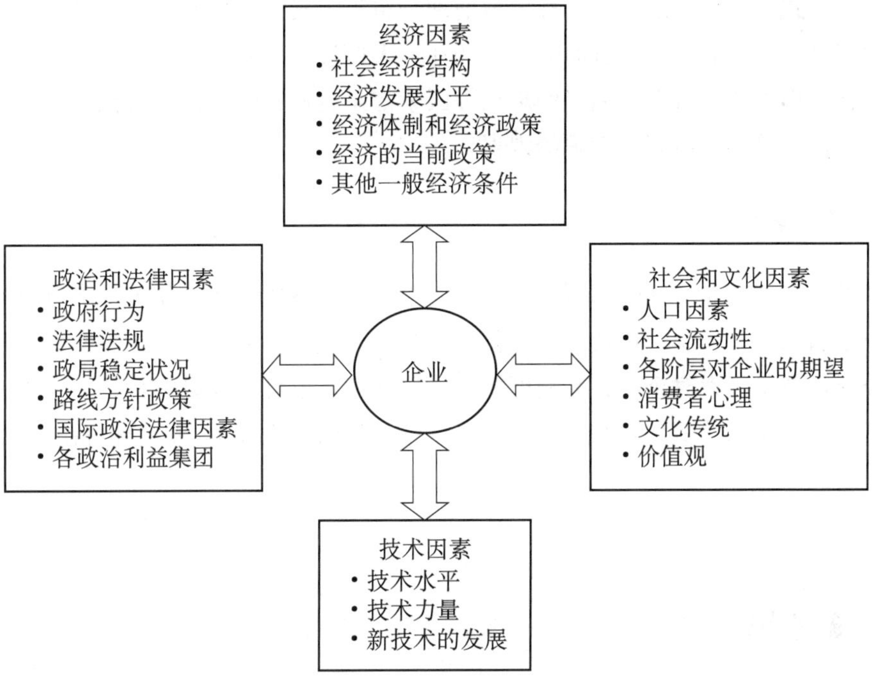

图 2-1 主要宏观环境因素

一、政治和法律因素

政治和法律因素是指那些制约和影响企业的政治因素和法律系统，以及其运行状态。政治因素包括国家的政治制度、权力机构、颁布的方针政策、政治团体和政治形势等。法律系统包括国家制定的法律、法规、法令以及国家的执法机构等因素。政治和法律因素是保障企业生产经营活动的基本条件。只有在一个稳定的法治环境中，企业才能够真正通过公平竞争，获取自己正当的权益，并得到长期、稳定的发展。国家的政策法规对企业的生产经营活动具有控制和调节作用，同一个政策或法规，可能会给不同的企业带来不同的机会或制约。

二、经济因素

经济因素是指构成企业生存和发展的社会经济状况及国家的经济政策，包括社会经济结构、经济体制、发展状况、宏观经济政策等因素。衡量这些因素的经济指标有国内生产总值、就业水平、物价水平、消费支出分配规模、国际收支状况，以及利率、通货供应量、政府支出、汇率等国家货币和财政政策。与政治和法律因素相比，经济因素对企业生产经营的影响更直接、更具体。

三、社会和文化因素

社会和文化因素是指企业所处的社会结构、社会风俗和习惯、信仰和价值观念、行为规范、生活方式、文化传统、人口规模与地理分布等因素的形成和变动。社会和文化因素对企业生产经营的影响也是不言而喻的。例如，人口规模、社会人口年龄结构、家庭人口结构、社会风俗对消费者消费偏好的影响等因素都是企业在确定投资方向、产品改进与革新等重大经营决策问题时必须考虑的因素。

四、技术因素

技术因素是指企业所处的环境中的科技要素以及与该要素直接相关的各种社会现象的集合，包括国家科技体制、科技政策、科技水平和科技发展趋势等。在科学技术迅速发展变化的今天，技术因素对企业的影响可能是创造性的，也可能是破坏性的，企业必须能够预见这些新技术带来的变化，在战略管理上做出相应的战略决策，以获得新的竞争优势。

第二节 微观环境分析

波特在《竞争战略》一书中指出：“形成竞争战略的实质就是将一个公司与其环境建立联系。尽管相关环境的范围广阔，包括社会的因素，也包括经济的因素，但公司环境的最关键部分就是公司投入竞争的一个或几个产业。”波特采用了一种关于产业的常用定义：“一个产业是由一群生产相似替代品的公司组成的。”[①]

一、产业（品）生命周期

波特认为，“预测产业演变过程的鼻祖是我们熟知的产品生命周期”，“关于生命周期只适用于个别产品还是适用于整个产业存在着争论。这里概括了适用于产业的观点”。

产业要经过四个阶段：导入期、成长期、成熟期和衰退期。这些阶段是以产业销售额增长率曲线的拐点划分的。产业的增长与衰退由于新产品的创新和推广过程而呈 S 形。

当产业走过它的生命周期时，竞争的性质将会变化。波特总结了常见的关于产业在其生命周期中如何变化以及它如何影响战略的预测。

（一）导入期

导入期的产品用户很少，只有高收入用户会尝试新的产品。产品虽然设计新颖，但质量有待提高，尤其是可靠性。由于产品刚刚出现，前途未卜，产品类型、特点、性能和目标市场等方面尚在不断发展变化当中。

导入期只有很少的竞争对手。为了说服客户购买，导入期的产品营销成本高，广告费

---

① 托马斯·加拉文，杰拉德·菲茨杰拉尔德，迈克·莫利．企业分析．马春光，等译．上海：上海三联书店，1997.

用大，而且销量小，产能过剩，生产成本高。

产品的独特性和客户的高收入使得价格弹性较小，可以采用高价格、高毛利的政策，但是销量小使得净利润较低。

企业的规模可能会非常小，企业的战略目标是扩大市场份额，争取成为“领头羊”。这个时期的主要战略路径是投资于研究开发和技术改进，提高产品质量。

导入期的经营风险非常高。研制的产品能否成功，研制成功的产品能否被顾客接受，被顾客接受的产品能否达到经济生产规模，可以规模生产的产品能否取得相应的市场份额等，都存在很大不确定性。通常，新产品只有成功和失败两种可能，成功则进入成长期，失败则无法收回前期投入的研发、设备投资和市场开拓等成本。

（二）成长期

成长期的标志是产品销量节节攀升，产品的销售群已经扩大。此时消费者会接受参差不齐的质量，并对质量的要求不高。各厂家的产品在技术和性能方面有较大差异。广告费用较高，但是每单位销售收入分担的广告费在下降。生产能力不足，需要向大批量生产转换，并建立大宗分销渠道。由于市场扩大，竞争者涌入，企业之间开始争夺人才和资源，会出现兼并等意外事件，引起市场动荡。由于需求大于供应，此时产品价格最高，单位产品净利润也最高。

企业的战略目标是争取最大市场份额，并坚持到成熟期的到来。如果以较小的市场份额进入成熟期，则在开拓市场方面的投资很难得到补偿。成长期的主要战略路径是市场营销，此时是改变价格形象和质量形象的好时机。

成长期的经营风险有所下降，主要是产品本身的不确定性在降低。但是，经营风险仍然维持在较高水平，原因是竞争激烈了，市场的不确定性增加。这些风险主要与产品的市场份额以及该份额能否保持到成熟期有关。

（三）成熟期

成熟期开始的标志是竞争者之间出现挑衅性的价格竞争。成熟期虽然市场巨大，但是已经基本饱和。新的客户减少，主要靠老客户的重复购买支撑。产品逐步标准化，差异不明显，技术和质量改进缓慢。生产稳定，局部生产能力过剩。产品价格开始下降，毛利率和净利润率都下降，利润空间适中。

由于整个产业销售额达到前所未有的规模，并且比较稳定，任何竞争者想要扩大市场份额，都会遇到对手的顽强抵抗，并引发价格竞争。既然扩大市场份额已经变得很困难，经营战略的重点就会转向在巩固市场份额的同时提高投资报酬率。成熟期的主要战略路径是提高效率，降低成本。

成熟期的经营风险进一步降低，达到中等水平。因为创业期和成长期的高风险因素已经消失，销售额和市场份额、盈利水平都比较稳定，现金流量变得比较容易预测。经营风险主要是稳定的销售额可以持续多长时间，以及总盈利水平的高低。企业和股东希望长期停留在能产生大量现金流入的成熟期，但是价格战随时会出现，衰退期迟早会到来。

（四）衰退期

衰退期产品的客户大多很精明，对性价比要求很高。各企业的产品差别小，因此价格差异也会缩小。为降低成本，产品质量可能会出现问题。产能严重过剩，只有具有大批量生产能力并有自己销售渠道的企业才具有竞争力。有些竞争者先于产品退出市场。产品的价格、毛利都很低。只有到后期，多数企业退出后，价格才有望上扬。

企业在衰退期的经营战略目标首先是防御，获取最后的现金流。战略途径是控制成本，以求能维持正的现金流量。如果缺乏成本控制的优势，就应采用退却战略，尽早退出。进入衰退期后，经营风险会进一步降低，主要的悬念是什么时间产品将完全退出市场。

产品生命周期理论也受到了一些批评：

(1) 各阶段的持续时间随着产业的不同而非常不同，并且一个产业究竟处于生命周期的哪一阶段通常不清楚。这就削弱了此概念作为规划工具的有用之处。

(2) 产业的增长并不总是呈S形。有时产业跳过成熟阶段，直接从成长走向衰亡；有的产业在一段时间的衰退之后又重新上升；还有的产业似乎完全跳过了导入期这个缓慢的起始阶段。

(3) 公司可以通过产品创新和产品的重新定位，来影响增长曲线的形状。如果公司认定所给的生命周期一成不变，那么它就成为一种没有意义的自我臆想的预言。

(4) 与生命周期每一阶段相联系的竞争属性随着产业的不同而不同。例如，有些产业开始集中，后来仍然集中；而有些产业集中了一段后就不那么集中了。

基于上述种种合理的批评，运用产品生命周期理论就不能仅仅停留在预测产业的演变，而应深入研究演变的过程本身，以了解是什么因素真正推进这种演变过程。

二、产业五种竞争力

波特在《竞争战略》一书中，从产业组织理论的角度，提出了产业结构分析的基本框架——五种竞争力分析。波特认为，在每一个产业中都存在五种基本竞争力量，即潜在进入者、替代品、购买者、供应者与现有竞争者间的抗衡，如图2-2所示。

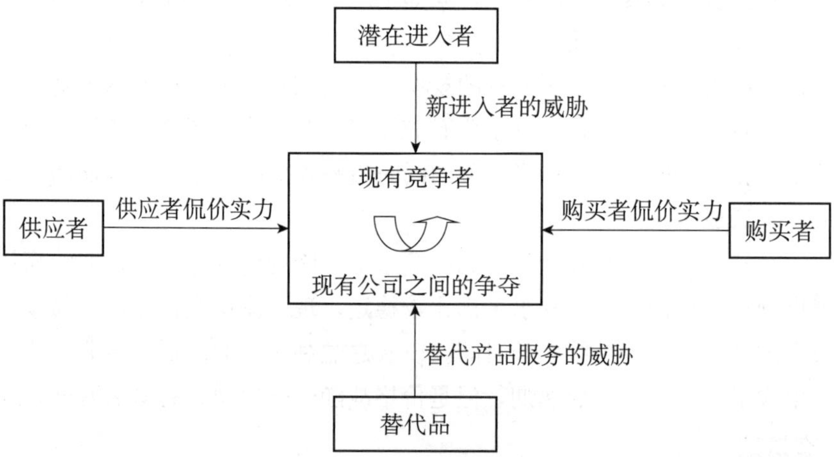

图2-2　五种竞争力

在一个产业中，这五种力量共同决定产业竞争的强度以及产业利润率，最强的一种或几种力量占据着统治地位并且从战略形成角度来看起着关键性作用。产业中众多经济技术特征对于每种竞争力的强弱都是至关重要的。

（一）五种竞争力分析

1. 潜在进入者的进入威胁

利润是对投资者的一个信号，能够导致潜在进入者的进入。潜在进入者将在两个方面减少现有厂商的利润：一方面，进入者会瓜分原有的市场份额，获得一些业务；另一方面，进入者降低了市场集中，从而激发现有企业间的竞争，减少价格-成本差。

对于一个产业来说，进入威胁的大小取决于进入障碍。进入障碍是指那些允许现有企业赚取正的经济利润，却使产业的新进入者无利可图的因素①。进入障碍分为以下两种：

（1）结构性障碍。

波特指出存在七种主要障碍：规模经济、产品差异、资金需求、转换成本、分销渠道、其他优势及政府政策。如果按照乔恩·贝恩（Joe Bain）的分类，这七种主要障碍又可归纳为三种主要进入障碍：规模经济、现有企业对关键资源的控制、现有企业的市场优势②。

1）规模经济。规模经济是指在一定时期内，企业所生产的产品或劳务的绝对量增加时，其单位成本趋于下降。当产业规模经济很显著时，处于最小有效规模（MES）或者超过最小有效规模经营的老企业对于较小的新进入者就有成本优势，从而构成进入障碍。

2）现有企业对关键资源的控制。现有企业对资源的控制一般表现为对资金、专利或专有技术、原材料供应、分销渠道、学习曲线（learning curve）等资源及资源使用方法的积累与控制。如果现有企业控制了生产经营所必需的某种资源，那么它就会受到保护而不被进入所侵犯。学习曲线（又称经验曲线），是指当某一产品累积生产量增加时，由于经验和专有技术的积累所带来的产品单位成本的下降。它与规模经济往往交叉地影响着产品成本的下降水平。区分由于学习曲线所产生的学习经济和由于规模而产生的规模经济是很必要的。规模经济使得当经济活动处于一个比较大的规模时，能够以较低的单位成本进行生产；学习经济是由于积累经验而导致的单位成本的减少。即使在学习经济很小的情况下，规模经济也可能是很大的，这在如铝罐制造这样的简单资本密集型的生产中通常能够产生③。同样，在规模经济很小时，学习经济也可以很大，这种情况存在于如计算机软件开发等复杂的劳动密集型产业中。

3）现有企业的市场优势。现有企业的市场优势主要表现在品牌优势上。这是产品差异化的结果。产品差异化是指由于顾客或用户对企业产品的质量或商标信誉的忠实程度不同而形成的产品之间的差别。此外，现有企业的优势还表现在政府政策上。政府的政策、

---

① 波特称这种竞争为“拓展竞争”（extended rivalry）。

② 戴维·贝赞可，等．公司战略经济学．武亚军，等译．北京：北京大学出版社，1999.

③ 迈克尔·波特．竞争战略：分析产业和竞争的技巧．陈小悦，译．北京：华夏出版社，1997.

法规和法令都会在某些产业中限制新的加入者或者清除一些不合格者，这就为在位企业造成了强有力的进入障碍。

（2）行为性障碍（或战略性障碍）。

行为性障碍是指现有企业对进入者实施报复手段所形成的进入障碍。报复手段主要有以下两类：

1）限制进入定价。限制进入定价往往是在位的大企业报复进入者的一个重要武器，特别是在那些技术优势正在削弱，而投资正在增加的市场上，情况更是如此。在限制价格的背后包含有一种假定，即从长期看，在一种足以阻止进入的较低价格条件下所取得的收益，将比一种会吸引进入的较高价格条件的收益要大。在位企业试图通过低价告诉进入者自己是低成本的，进入将是无利可图的。

2）进入对方领域。进入对方领域是寡头垄断市场上常见的一种报复行为，其目的在于抵消进入者首先采取行动可能带来的优势，避免对方的行动给自己带来的风险。

2. 替代品的替代威胁

研究替代品的替代威胁，首先需要澄清“产品替代”的两种概念。

产品替代有两类：一类是直接产品替代；另一类是间接产品替代。

（1）直接产品替代，即某一种产品直接取代另一种产品，如苹果计算机取代王安计算机。前面引用的波特关于产业定义中的替代品，是指直接替代品。

（2）间接产品替代，即由能起到相同作用的产品非直接地取代另外一些产品，如人工合成纤维取代天然布料。波特在这里提及的对某一产业而言的替代品的威胁，是指间接替代品。

对某些产品来说，直接替代品与间接替代品的界限并不一定十分清晰，因而，直接产品替代与间接产品替代只能是一个相对的概念。

替代品往往是新技术与社会新需求的产物。对于现有产业来说，这种“替代”威胁的严重性是不言而喻的。

老产品能否被新产品替代，或者反过来说，新产品能否替代老产品，主要取决于两种产品的性能-价格比的比较。如果新产品的性能-价格比高于老产品，新产品对老产品的替代就具有必然性；如果新产品的性能-价格比一时还低于老产品的性能-价格比，那么，新产品还不具备足够的实力与老产品竞争。这里性能-价格比的概念事实上就是价值工程中“价值”的概念。价值工程中的一个基本公式：价值＝功能/成本，贯穿于价值分析的整个过程，而价值工程就是起源于寻找物美价廉的替代品。①

由于老产品和新产品处于不同的产品生命周期，所以，提高新老产品价值的途径不同。在这里，我们着重讨论提高老产品价值的途径。

对于老产品来说，当替代品的威胁日益严重时，老产品往往已处于成熟期或衰退期，此时，产品的设计和生产标准化程度较高，技术已相当成熟。因此，提高老产品价值的主

① 迈克尔·波特．竞争战略：分析产业和竞争的技巧．陈小悦，译．北京：华夏出版社，1997.

要途径是降低成本与价格。替代品的替代威胁并不一定意味着新产品对老产品最终的取代。几种替代品长期共存也是很常见的情况。例如，在运输工具中，汽车、火车、飞机、轮船长期共存；城市交通中，公共汽车、地铁、出租车长期共存等。但是，替代品之间的竞争规律是不变的，那就是，价值高的产品获得竞争优势。

3. 供应者、购买者讨价还价的能力

五种竞争力模型的水平方向是对产业价值链（value chain）的描述。它反映的是产品（或服务）从获取原材料开始到最终产品的分配和销售的过程。产业价值链描述了厂商之间为生产最终交易的产品或服务，所经过的价值增值的活动过程。因此，产业价值链上的每一个环节都具有双重身份，对其上游单位，它是购买者，对其下游单位，它是供应者。购买者和供应者讨价还价的主要内容围绕价值增值的两个方面——功能与成本。讨价还价的双方都力求在交易中使自己获得更多的价值增值，因此，对购买者来说，希望购买到的产品物美价廉；而对供应者来说，则希望提供的产品质次价高。购买者和供应者讨价还价能力的大小，取决于以下几个方面的实力：

（1）买方（或卖方）的集中程度或业务量的大小。当购买者的购买力集中，或者对卖方来说是一笔很可观的交易，该购买者讨价还价的能力就会增加。相应地，当少数几家公司控制着供应者集团，在其将产品销售给较为零散的购买者时，供应者通常能够在价格、质量等条件上对购买者施加很大的压力。

（2）产品差异化程度与资产专用性程度。当供应者的产品存在差别化，因而替代品不能与供应者所销售的产品相竞争时，供应者讨价还价的能力就会增强。反之，如果供应者的产品是标准的，或者没有差别，又会增加购买者讨价还价的能力。因为在产品无差异的条件下，购买者总可以寻找到最低的价格。与产品差异化程度相联系的是资产专用化程度，当上游的供应者的产品是高度专用化的，那么它们的顾客将紧紧地与它们联系在一起，在这种情况下，供应商就能够影响产业利润。①

（3）纵向一体化程度。如果购买者实行了部分一体化或存在后向一体化的现实威胁，在讨价还价中就处于能迫使对方让步的有利地位。例如，通用汽车公司和福特汽车公司通常以“自己生产”这一筹码作为讲价的手段而著称，它们实际采取所谓的“渐变一体化”，即对某一零部件，自己生产一些满足部分需要，其余的向外部供应商购买。在这种情况下，购买者对供应者不仅形成进一步一体化的威胁，而且购买者自己生产一部分零件而使其具有详尽的成本知识，对于谈判极有帮助。同样，当供应者表现出前向一体化的现实威胁，也会提高其讨价还价能力。

（4）信息掌握的程度。当购买者充分了解需求、实际市场价格甚至供应商的成本等方面信息时，要比在信息贫乏的情况下掌握更多的讨价还价的筹码，保证自己从供应者那里得到最优惠的价格，并可以在供应者声称它们的经营受到威胁时予以回击。同样，如果供应者充分地掌握了购买者的有关信息，了解购买者的转换成本（即从一个供应者转换到另

---

① 邹昭晞．论替代品的威胁与新兴产业的风险．首都经济贸易大学学报，2000(3).

一个供应者的成本），也会增加其讨价还价的能力，并能够在购买者盈利水平还能承受的情况下，拒绝提供更优惠的供货条件。

需要注意的是，劳动力也是供应者的一部分，他们可能对许多产业施加压力。经验表明，短缺的、高技能雇员以及紧密团结起来的劳工可以与雇主或劳动力购买者讨价还价而削减相当一部分产业利润潜力。

4. 产业内现有企业的竞争

产业内现有企业的竞争是指一个产业内的企业为市场占有率而进行的竞争。产业内现有企业的竞争是通常意义上的竞争，这种竞争通常是以价格竞争、广告战、产品引进以及增加对消费者的服务等方式表现出来。

产业内现有企业的竞争在下面几种情况下可能是很激烈的：

（1）产业内有众多的或势均力敌的竞争对手。

（2）产业发展缓慢。

（3）顾客认为所有的商品都是同质的。

（4）产业中存在过剩的生产能力。

（5）产业进入障碍低而退出障碍高。

产业内现有企业的竞争分析，是公司战略分析的重点部分。我们将在本章的另一部分“产业内的战略群组”中，对产业内现有企业的竞争进行更深入的研究。

（二）对付五种竞争力的战略

五种竞争力分析表明了产业中的所有公司都必须面对产业利润的威胁力量。公司必须寻求几种战略来对抗这些竞争力量。

首先，公司必须自我定位，通过利用成本优势或差异优势把公司与五种竞争力相隔离，从而能够超过它们的竞争对手。在第五章我们将详细地讨论这两种对偶的战略定位。

其次，公司必须识别在产业的哪一个细分市场中，五种竞争力的影响更少一点，这就是波特提出的“集中战略”。

最后，公司必须努力改变这五种竞争力。公司可以通过与供应者或购买者建立长期战略联盟，以减少相互之间的讨价还价；公司还必须寻求进入阻绝战略以减少潜在进入者的威胁，等等。

（三）第六个要素——互动互补作用力①

哈佛商学院教授大卫·亚非（David B. Yoffie）在波特教授研究的基础上，根据企业全球化经营的特点，提出了第六个要素，即互动互补作用力，进一步丰富了五种竞争力理论框架，如图 2-3 所示。

亚非认为，任何一个产业内部都存在不同程度的互补互动（指互相配合一起使用）的产品或服务业务。例如，对于房地产业来说，交通、家具、电器、学校、汽车、物业管

---

① 戴维·贝赞可，等．公司战略经济学．武亚军，等译．北京：北京大学出版社，1999.

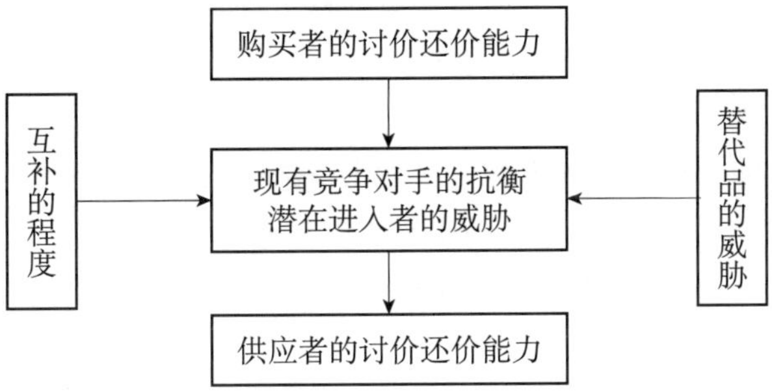

图 2－3　影响产业利润的六个要素

理、银行贷款、有关保险、社区、家庭服务等会对住房建设产生影响，进而影响到整个房地产业的结构。企业认真识别具有战略意义的互补互动品，并采取适当的战略，会使企业获得重要的竞争优势。

根据亚非教授提出的互补互动作用力理论，在产业发展初期阶段，企业在其经营战略定位时，可以考虑控制部分互补品的供应，这样有助于改善整个行业结构，包括提高行业、企业、产品、服务的整体形象，提高行业进入壁垒，降低现有企业之间的竞争程度。随着行业的发展，企业应有意识地帮助和促进互补行业的健康发展，如为中介代理行业提供培训、共享信息等，还可考虑采用捆绑式经营或交叉补贴销售等策略。

三、产业内的战略群组

产业分析的另一个重要方面是要确定产业内所有主要竞争对手的战略诸方面特征。波特用“战略群组”的划分来研究这些特征。一个战略群组是指某一个产业中在某一战略方面采用相同或相似战略，或具有相同战略特征的各公司组成的集团。如果产业中所有的公司基本认同了相同的战略，则该产业中就只有一个战略群组；就另一极端而言，每一个公司也可能成为一个不同的战略群组。一般来说，在一个产业中仅有几个群组，它们采用特征完全不同的战略。

（一）战略群组的特征

如何确定战略群组？很难对此问题做出清晰的解答。尽管各公司在许多方面会有差异，但并非所有差异都有利于区分战略群组。识别战略群组的特征可以考虑以下一些变量[①]：

（1）产品（或服务）差异化（多样化）的程度；

（2）各地区交叉的程度；

（3）细分市场的数目；

（4）所使用的分销渠道；

（5）品牌的数量；

① 马春光．国际企业经营与管理．北京：中国对外经济贸易出版社，2002.

（6）营销力度（如广告覆盖面、销售人员的数目等）；
（7）纵向一体化程度；
（8）产品的服务质量；
（9）技术领先程度（是技术领先者还是技术追随者）；
（10）研究开发能力（生产过程或产品的革新程度）；
（11）成本定位（如为降低成本而做的投资大小等）；
（12）能力的利用率；
（13）价格水平；
（14）装备水平；
（15）所有者结构（独立公司或者母公司的关系）；
（16）与政府、金融界等外部利益相关者的关系；
（17）组织的规模。

为了识别战略群组，必须选择这些特征的二至三项，并且将该产业的每个公司在“战略群组分析图”上标出来。选择划分产业内战略群组的特征要避免选择同一产业中所有公司都相同的特征。例如，很少有饭店被看作研发（R&D）的领先者，也很少有航空公司会涉及其他商品和服务的多样化。因而，这两个特征都不宜作为饭店或航空公司划分战略群组的特征。

图 2-4 列示了 20 世纪 80 年代欧洲食品工业的战略群组图，该图用营销力度和地区覆盖两个战略特征将四个群组清楚地区分开来。A1 是具有著名品牌、在全世界范围内经营的跨国公司；A3 是具有较强品牌和较高的营销能力的国内公司，但比 A1 的经营范围要小得多；B2 在国内经营但通常不是市场领导者；C3 在地区覆盖很小的范围内专门经营自己的低成本品牌。

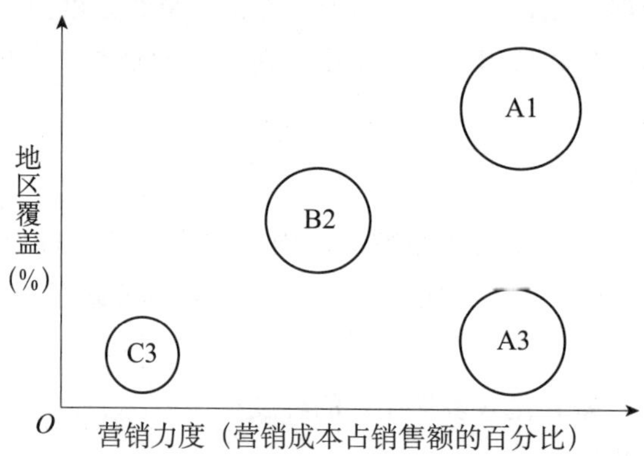

图 2-4　20 世纪 80 年代欧洲食品业的战略群组

（二）战略群组分析

战略群组分析有助于企业了解相对于其他企业而言本企业的战略地位以及公司战略的变化可能引起的对竞争的影响。

（1）有助于很好地了解战略群组间的竞争状况，主动地发现近处和远处的竞争者，也有助于了解某一群组与其他群组间的不同。从图 2-4 中可以看到，跨国公司 A1 主要致力于营销（尤其是品牌的推广）及各国家之间生产资源的控制；而自有品牌的供应商 C3 特别注意保持低成本。

（2）有助于了解各战略群组之间的“移动障碍”。移动障碍即一个群组转向另一个群组的障碍。图 2-5 中列示了欧洲食品工业中企业在各群组间转移的各种障碍。进入 A1 的市场阻力是很大的，在国内品牌不太知名、市场覆盖面较小的企业，很难保证其在国际市场中的地位，也很容易受到著名国际品牌和由规模经济导致的低价竞争的影响。

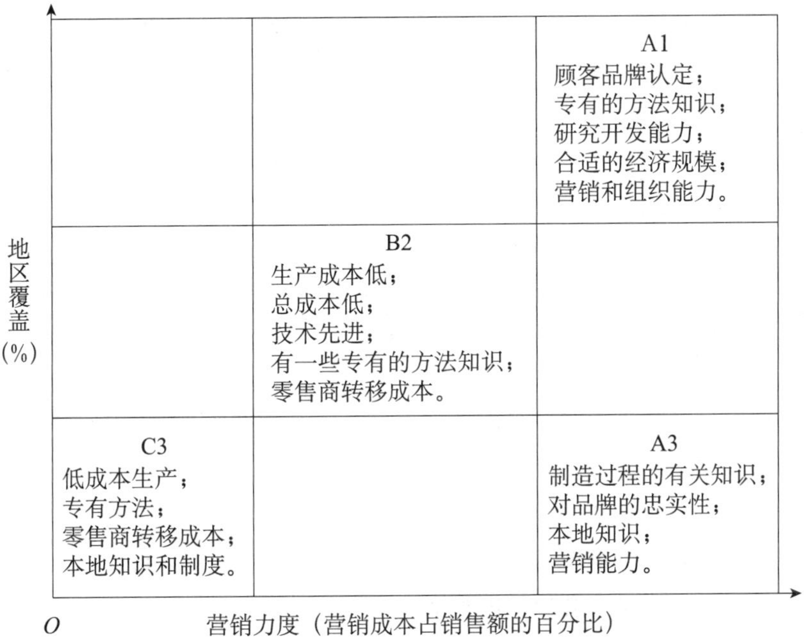

图 2-5　企业在各群组间转移的障碍汇总

（3）有助于了解战略群组内企业竞争的主要着眼点。同一战略群组内的企业虽然采用了相同的或类似的战略，但由于群组内各个企业的优势不同会形成各企业在实施战略的能力上的不同，因而导致实施同样战略而效果不同。战略群组分析可以帮助企业了解其所在战略群组的战略特征以及群组中其他竞争对手的战略实力，以选择本企业的竞争战略与战略开发方向。

（4）利用战略群组图还可以预测市场变化或发现战略机会。如图 2-6 所示，在欧洲食品产业中已存在“空缺”，这些领域能为新战略或新的战略群组提供机会。当然，重要的是要了解这些领域所能提供的战略机会的可行性。如 B1（著名的欧洲品牌）就很有吸引力，因为它能在跨市场中实现规模经济，难度也远远小于进入 A1 群组。事实上，在 20 世纪 90 年代，一些欧洲食品企业已经开始瞄准类似战略了。2005 年欧洲工商管理学院的 W. 钱·金和勒妮·莫博涅两位教授撰写的《蓝海战略》一书，进一步延伸了这一思路。他们认为，过去的战略思维立足于当前已存在的行业和市场，采取常规的竞争方式与同行业中的企业展开针锋相对的竞争，是一种“红海战略”。而“蓝海战略”是指不局限于现有产业边界，而是极力打破这样的边界条件，通过提供创新产品和服务，开辟并占领新的市场空间的战略。

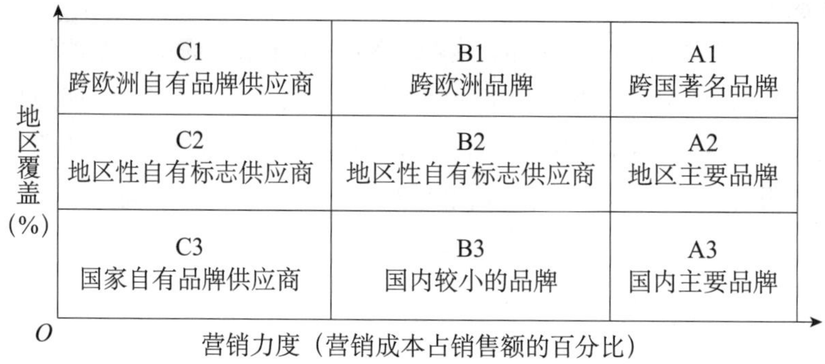

图 2-6　战略区间分析

四、国家竞争优势（钻石模型）

1990 年波特在《国家竞争优势》一书中，试图对能够加强国家在产业中的竞争优势的因素进行分析①。他识别出了国家竞争优势的四个决定因素，并以钻石模型来表示（见图 2-7）。

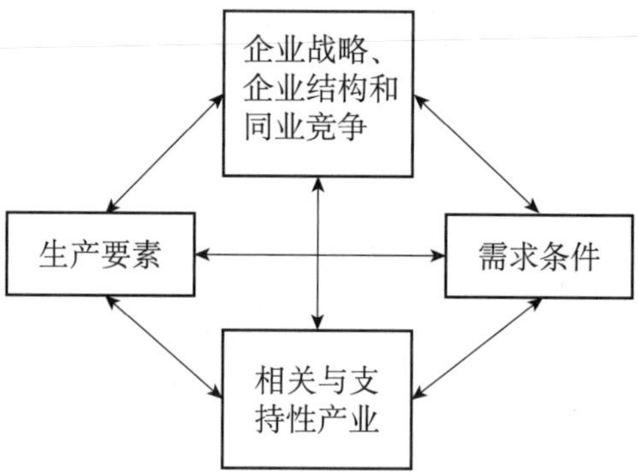

图 2-7　用于国家竞争优势分析的钻石模型

钻石模型四要素是：

（1）生产要素，包括人力资源、天然资源、知识资源、资本资源、基础设施。

（2）需求条件，主要是本国市场的需求。

（3）相关与支持性产业，即这些产业和相关上游产业的竞争力。

（4）企业战略、企业结构和同业竞争。

（一）生产要素

波特将生产要素划分为初级生产要素和高级生产要素，初级生产要素是指天然资源、气候、地理位置、非技术工人、资金等，高级生产要素则是指现代通信、信息、交通等基础设施，以及受过高等教育的人力、研究机构等。波特认为，初级生产要素重要性越来越低，因为对它的需求在减少，而且跨国公司可以通过全球的市场网络来取得（当然初级生产因素对农业和以天然产品为主的产业还是非常重要的）。高级生产要素对获得竞争优势具有不容置疑的重要性。高级生产要素需要先在人力和资本上大量和持续地投资，而作为培养高级生产要素的研究所和教育机构，本身就需要高级的人才。高等级生产要素很难从外部获得，必须自己投资创造。

从另一个角度，生产要素被分为一般生产要素和专业生产要素。高级专业人才、专业

① 迈克尔·波特．国家竞争优势．李明轩，邱如美，译．北京：华夏出版社，2002.

研究机构、专用的软、硬件设施等被归入专业生产要素。越是精致的产业越需要专业生产要素，而拥有专业生产要素的企业也会产生更加精致的竞争优势。

一个国家如果想通过生产要素建立起强大而又持久的产业优势，就必须发展高级生产要素和专业生产要素，这两类生产要素的可获得性与精致程度也决定了竞争优势的质量。如果国家把竞争优势建立在初级与一般生产要素的基础上，它通常是不稳定的。

波特同时指出，在实际竞争中，丰富的资源或廉价的成本因素往往造成没有效率的资源配置；另外，人工短缺、资源不足、地理气候条件恶劣等不利因素，反而会形成一种刺激产业创新的压力，促进企业竞争优势的持久升级。一个国家的竞争优势可以在不利的生产要素中形成。

一般认为，资源丰富和劳动力便宜的国家应该发展劳动力密集的产业，但是这类产业对大幅度提高国民收入不会有大的突破，同时仅仅依赖初级生产要素是无法获得全球竞争力的。

（二）需求条件

国内需求市场是产业发展的动力。国内市场与国际市场的不同之处在于企业可以及时发现国内市场的客户需求，这是国外竞争对手所不及的，因此波特认为全球性的竞争并没有减少国内市场的重要性。

波特指出，本地客户的本质非常重要，特别是内行而挑剔的客户。假如本地客户对产品、服务的要求或挑剔程度在国际上数一数二，就会激发出该国企业的竞争优势，这个道理很简单，如果能满足最难缠的顾客，其他客户的要求就不在话下。如日本消费者在汽车消费上的挑剔是全球出名的，欧洲严格的环保要求也使许多欧洲公司的汽车环保性能、节能性能全球一流。

另一个重要方面是预期性需求。如果本地的顾客需求领先于其他国家，这也可以成为本地企业的一种优势，因为先进的产品需要前卫的需求来支持。如德国高速公路传统上没有限速，当地汽车工业就非常卖力地满足驾驶人对高速的追求，而超过 200 千米乃至 300 千米的时速在其他国家毫无实际意义。有时国家政策会影响预期性需求，如汽车的环保和安全法规、节能法规、税费政策等。

（三）相关与支持性产业

对形成国家竞争优势而言，相关和支持性产业与优势产业是一种休戚与共的关系。波特的研究提醒人们注意“产业集群”这种现象，即一个优势产业不是单独存在的，它一定是同国内相关强势产业一同崛起。以德国印刷机行业为例，德国印刷机雄霸全球，与德国造纸业、油墨业、制版业、机械制造业的强势密切相关。美国、德国、日本汽车工业的竞争优势也离不开钢铁、机械、化工、零部件等行业的支持。有的经济学家指出，发展中国家往往采用集中资源配置，优先发展某一产业的政策，孤军深入的结果就是牺牲了其他行业，优先发展的产业也无法一枝独秀。

本国供应商是产业创新和升级过程中不可缺少的一环。因为产业要形成竞争优势，就不能缺少世界一流的供应商，也不能缺少上下游产业的密切合作关系。另外，有竞争力的本国产业通常会带动相关产业的竞争力。

波特指出，即使下游产业不在国际上竞争，但只要上游供应商具有国际竞争优势，对整个产业的影响仍然是正面的。

（四）企业战略、企业结构和同业竞争

波特指出，推进企业走向国际化竞争的动力很重要。这种动力可能来自国际需求的拉力，也可能来自本地竞争者的压力或市场的推力。创造与持续产业竞争优势的最大关联因素是国内市场强有力的竞争对手。波特认为，这一点与许多传统的观念相矛盾，例如一般认为，国内竞争太激烈，资源会过度消耗，妨碍规模经济的建立；最佳的国内市场状态是有两到三家大企业，用规模经济和外商抗衡，并促进内部运作的效率化；还有的观点认为，国际型产业并不需要国内市场的对手。波特指出，在其研究的10个国家中，强有力的国内竞争对手普遍存在于具有国际竞争力的产业中。在国际竞争中，成功的产业必然先经过国内市场的搏斗，迫使其进行改进和创新，海外市场则是竞争力的延伸。而在政府的保护和补贴下，放眼国内没有竞争对手的“超级明星企业”通常并不具有国际竞争能力。

五、成功关键因素

成功关键因素（KSF）① 是指公司在特定市场获得盈利必须拥有的技能和资产。成功关键因素所涉及的是那些每一个产业成员所必须擅长的东西，或者说公司要取得竞争和财务成功必须集中精力搞好的一些因素。

成功关键因素是企业取得产业成功的前提条件。下面三个问题是确认产业的关键成功因素必须考虑的：

（1）顾客在各个竞争品牌之间进行选择的基础是什么？

（2）产业中的一个卖方厂商要取得竞争成功需要什么样的资源和竞争能力？

（3）产业中的一个卖方厂商获取持久的竞争优势必须采取什么样的措施？

在啤酒行业，成功关键因素是充分利用酿酒能力（以使制造成本保持在较低的水平上）、强大的批发分销商网络（以尽可能多地进入零售渠道）、上乘的广告（以吸引饮用人购买某一特定品牌的啤酒）；在服装生产行业，其成功关键因素是吸引人的设计和色彩组合（以引起购买者的兴趣）以及低成本制造效率（以便制定吸引人的零售价格和获得很高的利润率）；在铝罐行业，由于空罐的装运成本很大，所以成功关键因素之一就是将生产工厂置于最终用户的近处，从而使得生产工厂出来的产品可在经济的范围之内进行销售（区域性市场份额远远比全国性的市场份额重要）。表2-1列出了几种常见的成功关键因素。

---

① 成功关键因素的概念由 Hofer 和 Schendel 提出，见 CHARLES W HOFER，DAN SCHENDEL. Strategy formulation：analytical concepts. St. Paul：West Publishing Company，1978.

表 2-1 常见的几种成功关键因素

与技术相关的成功关键因素	• 科学研究技能（在下面这些领域中尤为重要：制药产业、药品产业、空间探测以及其他一些高科技产业） • 在产品生产工艺和过程中进行有创造性的改进的技术能力 • 产品革新能力 • 在既定技术上的专有技能 • 运用互联网发布信息、承接订单、送货或提供服务的能力
与制造相关的成功关键因素	• 低成本生产效率（获得规模经济，取得经验曲线效应） • 固定资产很高的利用率（在资本密集型/高固定成本的产业中尤为重要） • 低成本的生产工厂定位 • 能够获得足够的娴熟劳动力 • 劳动生产率很高（对于劳动力成本很高的商品来说尤为重要） • 成本低的产品设计和产品工程（降低制造成本） • 能够灵活地生产一系列的产品满足顾客的需求
与分销相关的成功关键因素	• 强大的批发分销商/特约经销商网络（或者拥有通过互联网建立起来的电子化的分销能力） • 能够在零售商的货架上获得充足的空间 • 拥有公司自己的分销渠道和网点 • 分销成本低 • 送货很快
与市场营销相关的成功关键因素	• 快速、准确的技术支持 • 有礼貌的客户服务 • 顾客订单的准确满足（订单退回很少或者没有出现错误） • 产品线很宽，可供选择的产品很多 • 商品推销技巧 • 有吸引力的款式/包装 • 顾客保修和保险（对于邮购零售、大批量购买以及新推出的产品来说尤为重要） • 精明的广告
与技能相关的成功关键因素	• 劳动力拥有卓越的才能（对于专业型的服务，如会计和投资银行，这一点尤为重要） • 质量控制诀窍 • 设计方面的专有技能（对于时装和服装产业尤为重要，对于低成本的制造业也是一个关键的成功因素） • 在某一项具体的技术上的专有技能 • 能够开发出创造性的产品和取得创造性的产品改进 • 能够使最近构想出来的产品快速地经过研究与开发阶段到达市场的组织能力 • 卓越的信息系统（对于航空旅游业、汽车出租业、信用卡行业和住宿业来说很重要） • 能够快速地对变化的市场环境做出反应（简捷的决策过程，将新产品推向市场的时间很短） • 能够娴熟地运用互联网和电子商务来做生意 • 拥有比较多的经验和诀窍

其他类型的成功关键因素	• 在购买者中间拥有正面、良好的公司形象/声誉 • 总成本很低（不仅仅在制造过程中） • 便利的设施选址（对于很多的零售业务都很重要） • 公司的职员在所有与顾客打交道的时候都很礼貌、态度和蔼可亲 • 能够获得财务资本（对那些最新出现的有着高商业风险的新兴产业和资本密集型产业来说是很重要的） • 专利保护

成功关键因素随着产业的不同而不同，甚至在相同的产业中，也会因产业驱动因素和竞争环境的变化而变化。对于某个特定的行业来说，在某一特定时期，极少有超过三四个成功关键因素。在这三四个成功关键因素之中，也只有一两个占据较重要的地位。

如表 2－2 所示，原料资源是石油工业的关键因素，决定了石油生产者的利润；在纯碱工业中，生产技术是关键因素。企业要获得同样质量的纯碱，汞制作法的效益要比半透膜法高两倍以上，利用后一种方法的企业，无论做了多大的努力减少额外成本，也不可能在经营上取得成功。

表 2－2　　不同产业中的成功关键因素

产业类别	成功关键因素
铀、石油	原料资源
船舶制造、炼钢	生产设施
航空、高保真度音响	设计能力
纯碱、半导体	生产技术
百货商场、零部件	产品范围、花色品种
大规模集成电路、计算机	工程设计和技术能力
电梯、汽车	销售能力、售后服务
啤酒、家电	销售网络

随着产品生命周期的演变，成功关键因素会也发生变化（见表 2－3）。

表 2－3　　产品生命周期各阶段中的成功关键因素

	投入期	成长期	成熟期	衰退期
市场	广告宣传，开辟销售渠道	建立商标信誉，开拓新销售渠道	保护现有市场，渗入别人的市场	选择市场区域，改善企业形象
生产经营	提高生产效率，开发产品标准	改进产品质量，增加花色、品种	加强和顾客的关系，降低成本	缩减生产能力，保持价格优势
财力	利用金融杠杆	集聚资源以支持生产	控制成本	提高管理控制系统的效率
人事	使员工适应新的生产和市场	发展生产和技术能力	提高生产效率	面向新的增长领域
研究开发	掌握技术秘诀	提高产品的质量和功能	降低成本，开发新品种	面向新的增长领域
成功关键因素	销售、消费者的信任、市场份额	对市场需求的敏感、产品推销、产品质量	生产效率和产品功能、新产品开发利用	回收投资、缩减生产能力

即使是同一产业中的各个企业，也可能对该产业成功关键因素有不同的侧重。[①] 例如，在零售业中，沃尔玛是全球500强之一，且是全球零售业“老大”；而在中国零售业的“老大”是家乐福。两家企业对零售业的成功关键因素各有侧重。沃尔玛侧重于卫星定位系统支持下的系统、高效、完善的物流配送体系，以及在此基础上的与供应商的良好发展关系；而家乐福则侧重于鲜明的市场布局策略、兼有廉价性和综合性的大卖场的业态选择以及对消费者心理的准确把握等。

本章小结

- 宏观环境的主要影响因素是PEST四个主要方面。运用PEST分析要把握宏观环境的现状及变化趋势，利用有利于企业发展的机会，避开环境可能带来的威胁。
- 预测产业演变过程的鼻祖是我们熟知的产品生命周期。运用产品生命周期理论不能仅仅停留在预测产业的演变，而应深入研究演变的过程本身，以了解什么因素真正推进这种演变过程。
- 波特建立在产业组织理论基础上的五种竞争力模型是研究产业竞争环境的重要方法。亚非提出了第六个要素，即互动互补作用力，进一步丰富了波特产业结构理论框架。
- 波特产业内战略群组理论以及20世纪90年代后人们对战略群组理论新的发展，使得这一理论成为产业环境分析的一个重要工具。
- 波特识别出国家竞争优势的四个决定因素：生产要素，需求条件，相关与支持性产业，企业战略、企业结构和竞争对手的表现。波特关于竞争战略的研究从五种竞争力发展至钻石模型，标志着战略思维从“竞争”转向“竞合”。
- 成功关键因素分析是产业和市场分析不可或缺的重要内容，是企业取得产业成功的前提条件。对于不同的产业、产业所处的不同的生命周期阶段，成功关键因素不尽相同；不同的企业对成功关键因素侧重点也有所不同。

关键概念

PEST分析 宏观环境分析主要因素，即政治和法律因素（political factors）、经济因素（economical factors）、社会和文化因素（social factors）、技术因素（technological factors）。

产业（品）生命周期 由于产业是用产出来定义，产品的生命周期阶段就是产业的生命周期阶段。可分为导入期、成长期、成熟期和衰退期四个阶段。

五种竞争力 波特于1980年提出了产业结构分析的基本框架——五种竞争力分析，即潜在进入者、替代品、购买者、供应者与现有竞争者。

进入障碍 允许现有企业赚取正的经济利润，却使产业的新进入者无利可图的因素。

---

① 徐二明．企业战略管理．北京：中国经济出版社，1998.

规模经济 在一定时期内，企业所生产的产品或劳务的绝对量增加时，其单位成本趋于下降。

学习曲线（经验曲线） 当某一产品累积生产量增加时，由于经验和专有技术的积累所带来的产品单位成本的下降。

直接产品替代 某一种产品直接取代另一种产品。

间接产品替代 由能起到相同作用的产品非直接地取代另外一些产品。

战略群组 某一个产业中在某一战略方面采用相同或相似战略，或具有相同战略特征的各公司组成的集团。

钻石模型 波特在 1990 年从生产要素，需求条件，企业战略、企业结构和同业竞争，相关与支持性产业四个方面研究国家在产业中的竞争优势。

成功关键因素 公司在特定市场获得盈利必须拥有的技能和资产。

案例与分析

案例 2-1 T公司外部环境的 PEST 分析与五种竞争力分析

T 公司是国内一家二级民营电信运营商，专注于宽带接入业务，在国内一些重要城市设有 20 多个大规模主机托管数据中心机房，形成密集覆盖、高稳定、高品质的互联网资源。

T 公司的供应商主要分为带宽供应商和设备供应商。带宽供应商主要是三家一级电信运营商，它们控制了绝大部分互联网出口带宽资源。T 公司与其他二级电信运营商一样，只能从这三家一级运营商手中购买带宽资源。设备供应商数量众多且规模较小，T 公司每年都可以选择从不同供应商手中采购大量设备，在价格及付款方式等方面已达成很好的默契。T 公司的客户主要是中小企业，这些企业的资金实力有限，对 T 公司产品的价格较为敏感，加之 T 公司目前的产品较为单一，且容易被竞争对手复制，使客户具有较强的议价能力。

2013 年，政府制定政策，将宽带定位于重要的公共基础设施；并对民间资本进一步敞开了进入电信运营业的大门，以适应经济快速增长和互联网普及率迅速提高的需求。面对十分广阔的市场前景，许多投资者跃跃欲试，准备跻身于宽带接入行业。尤其是三大一级运营商，手中积累了大量资金，打造“全产业链”成为其战略发展方向。一旦它们的业务延伸到宽带接入领域，将很可能成为该领域的主导者。有的一级供应商还有可能一举用更为先进的 4G 技术来代替传统的宽带接入技术，从根本上改变行业竞争格局。这些一级运营商在直接介入宽带业务之前，已经利用其市场知名度和资金优势，调整市场开发策略，通过扶植众多的代理商参与市场竞争。这些代理商虽然目前实力较弱，覆盖区域较小，但价格灵活，服务的客户比较集中，它们往往以价格为利器与 T 公司展开竞争，其中个别代理商提供的产品价格已达到与 T 公司产品价格持平甚至略低的水平。

分析与思考

从宏观环境（PEST）和五种竞争力的角度分别分析T公司面临的机会与威胁。

提示：(1) 宏观环境（PEST）分析：

1) T公司面临的机会：

一是政治和法律因素："政府制定政策，将宽带定位于重要的公共基础设施；并对民间资本进一步敞开了进入电信运营业的大门"。

二是经济因素："经济快速增长"，"面对十分广阔的市场前景"。

三是社会和文化因素："互联网普及率迅速提高"。

2) T公司面临的威胁：

技术因素："有的一级供应商还有可能一举用更为先进的4G技术来代替传统的宽带接入技术，从根本上改变行业竞争格局"。

(2) 五种竞争力分析：

1) T公司面临的威胁：

一是潜在进入者的威胁："面对十分广阔的市场前景，许多投资者跃跃欲试，准备跻身于宽带接入行业。尤其是三大一级运营商，手中积累了大量资金，打造'全产业链'成为其战略发展方向。一旦它们的业务延伸到宽带接入领域，将很可能成为该领域的主导者"。

二是替代品威胁："有的一级供应商还有可能一举用更为先进的4G技术来代替传统的宽带接入技术"。

三是购买者讨价还价："T公司的客户主要是中小企业，这些企业的资金实力有限，对T公司产品的价格较为敏感，加之T公司目前的产品较为单一，且容易被竞争对手复制，使客户具有较强的议价能力"。

四是供应商讨价还价："带宽供应商主要是三家一级电信运营商，它们控制了绝大部分互联网出口带宽资源。T公司与其他二级电信运营商一样，只能从这三家一级运营商手中购买带宽资源"。

五是现有竞争者间的抗衡："这些代理商虽然目前实力较弱，覆盖区域较小，但价格灵活，服务的客户比较集中，它们往往以价格为利器与T公司展开竞争，其中个别代理商提供的产品价格已达到与T公司产品价格持平甚至略低的水平"。

2) T公司面临的机会：

供应商讨价还价："设备供应商数量众多且规模较小，T公司每年都可以选择从不同供应商手中采购大量设备，在价格及付款方式等方面已达成很好的默契"。

案例2-2　YC白药进入牙膏市场对产品生产周期曲线的影响

2004年，YC白药开始尝试进军日化行业。而此时的日化行业竞争已经异常激烈。国际巨头们运用其规模经济、品牌、技术、渠道和服务等竞争优势，占据了中国日化行业高端市场，树立起绝对的优势地位；本土的日化企业由于普遍存在产品特色不突出、品牌记忆度弱的问题，加上自身实力的不足，多是在中低端的区域市场中生存。整个日化行业市场基本饱和。想要扩大市场份额，都会遇到竞争对手的顽强抵抗，每年都有相当数量日化企业淡出市场。由于价格竞争开始成为市场竞争的主要手段，定位在高端市场的国际巨头们也面临着市场发展的瓶颈，在市场份额、增长速度、盈利能力等方面都面临着新的考验，国际巨头们的产品价格开始下调。

YC白药进入日化行业从牙膏市场开始。YC白药没有重蹈本土企业的中低端路线，而是反其道而行之。通过市场调研，YC白药了解到广大消费者对口腔健康日益重视，在用牙膏来解决口腔健康问题方面存在巨大潜在需求，而当时市场上的牙膏产品大多专注于美白、防蛀等功能，解决口腔健康问题的药物牙膏还是市场“空白点”。于是，YC白药研制出了一款药物牙膏——YC白药牙膏，综合解决消费者口腔健康问题，并以此树立起高价值、高价格、高端的“三高”形象。

YC白药牙膏进入市场，几年时间内表现突出，不仅打破了本土品牌低端化的现状，还提升了整个牙膏行业的价格。随着YC白药推出功能化的高端产品，国际品牌也纷纷凭借自身竞争优势推出功能化的高端牙膏抢占市场，且定价与YC白药牙膏不相上下。这些功能化的高端牙膏产品出现后，整个市场显现出“销售额增长大于销量增长”的新特点，牙膏消费区间也逐渐向中高端移动。

分析与思考

分析YC白药进军日化行业时，行业所处产品生命周期的状况。

提示：YC白药进军日化行业时，日化行业呈现出成熟期的典型特征：

（1）竞争者之间出现挑衅性的价格竞争。“价格竞争开始成为市场竞争的主要手段”；“国际巨头们的产品价格开始下调”。

（2）成熟期虽然市场巨大，但是已经基本饱和。“整个日化行业基本饱和。想要扩大市场份额，都会遇到竞争对手的顽强抵抗，每年都有相当数量日化企业淡出市场”。

（3）产品差异不明显。“当时市场上的牙膏产品大多专注于美白、防蛀等功能”。

（4）局部生产能力过剩。“定位在高端市场的国际巨头们也面临着市场发展的瓶颈”。

“随着YC白药推出功能化的高端产品，国际品牌也纷纷凭借自身竞争优势推出功能化的高端牙膏抢占市场”，“整个市场显现出‘销售额增长大于销量增长’的新特点，牙膏消费区间也逐渐向中高端移动”，说明YC白药牙膏的进入，改变了中国牙膏行业产品生产周期曲线，产业在成熟期之后又重新上升。

案例2-3　中国调味品产业五种竞争力分析

受益于调味品行业生产技术的不断提高以及下游需求市场的不断扩大，调味品行业在中国国内和国际市场上发展形势都十分看好，但国内调味品生产企业却面临着日益激烈的竞争压力。

其一，海外调味品企业纷纷通过收购国内老品牌或用其原有品牌在国内建厂这两种方式进入中国市场。其二，生产用原辅料成本、用工成本不断上涨已成为调味品企业面临的共性问题，而由于国内生产企业众多，产品差异较小，用户有充分的选择，加上国内居民人均收入水平不高，消费者总是千方百计为获得优惠价格进行有选择性的购买，致使生产厂家受到双重挤压，利润微薄。其三，随着产品市场细分程度以及消费者对于保健需求和养生食品的增加，具有美味和天然营养的综合型调料品层出不穷，对传统的调味品形成部分替代。

在激烈的竞争环境中，天地、开达、锦豪等几个老字号的调味品企业始终保持着优势地位。天地公司注重构建企业的规模优势，目前达到了世界最大的调味品生产规模，包揽了国内调味品行业“规模最大、品类最多、技术最好”等多项第一。开达公司以产品创新在行业中著称，其开达牌味极鲜酱油是公司的拳头产品，属国内首创，其高利润的产品线是公司竞争的主要优势。锦豪公司则专注于国内餐饮业调味品细分市场，成为餐饮市场调味品企业的领头羊，并与许多餐饮业企业建立了长期的合作关系。

这些老字号调味品企业凭借建立起来的竞争优势，逐步淘汰了国内调味品市场实力弱小的企业，改变着市场竞争格局，也对包括外资企业在内的潜在进入者形成很强的进入障碍。

分析与思考

1. 运用五种竞争力模型分析国内调味品生产企业面对的竞争压力。

2. 分析老字号调味品企业应对五种竞争力的战略措施。

3. 从结构性障碍角度，分析老字号调味企业对潜在进入者形成的进入障碍有哪些。

提示：(1) 运用五种竞争力模型，分析国内调味品生产企业面对的竞争压力如下：

1) 潜在进入者的进入威胁：“海外调味品企业纷纷通过收购国内老品牌或用其原有品牌在国内建厂这两种方式进入中国市场”。

2) 替代品的替代威胁：“随着产品市场细分程度以及人民对于保健需求和养生食品的增加，具有美味和天然营养的综合型调料品层出不穷，对传统的调味品形成部分替代”。

3) 供应者讨价还价：“生产用原辅料成本、用工成本不断上涨已成为调味品企业面临的共性问题”。

4) 购买者讨价还价：“用户有充分的选择，加上国内居民人均收入水平不高，消费者总是千方百计为获得优惠价格进行有选择性的购买”。

5) 产业内现有企业的竞争：“国内生产企业众多，产品差异较小”。

(2) 天地、开达、锦豪等几个老字号的调味品企业应对五种竞争力的战略措施如下：

1) 通过利用成本优势或差异优势把公司与五种竞争力相隔离，从而能够超过它们的竞争对手。天地公司树立成本优势，“注重构建企业的规模优势，目前达到了世界最大的调味品生产规模，包揽了国内调味品行业‘规模最大、品类最多、技术最好’等多项第一”；开达公司树立差异优势，“开达公司以产品创新在行业中著称，其开达牌味极鲜酱油是公司的拳头产品，属国内首创，其高利润的产品线是公司竞争的主要优势”。

2) 实施波特提出的“集中战略”。“锦豪公司则专注于国内餐饮业调味品细分市场，成为餐饮市场调味品企业的领头羊”。

3）努力改变五种竞争力。公司可以通过与供应者或购买者建立长期战略联盟，以减少相互之间的讨价还价；公司还必须寻求进入阻绝战略来减少潜在进入者的威胁。“锦豪公司专注于国内餐饮业调味品细分市场，与许多餐饮业企业建立了长期的合作关系”；“这些老字号调味品企业凭借建立起来的竞争优势……改变着市场竞争格局，也对包括外资企业在内的潜在进入者形成很强的进入障碍”。

（3）从结构性障碍角度，天地、开达、锦豪等几个老字号的调味品企业凭借建立起来的竞争优势对潜在进入者形成进入障碍主要表现为：

1）规模经济：“天地公司注重构建企业的规模优势，目前达到了世界最大的调味品生产规模，包揽了国内调味品行业‘规模最大、品类最多、技术最好’等多项第一”。

2）现有企业对关键资源的控制：“锦豪公司与许多餐饮业企业建立了长期的合作关系”。

3）现有企业的市场优势：“开达公司以产品创新在行业中著称，其开达牌味极鲜酱油是公司的拳头产品，属国内首创”。

案例2-4　国内饮料行业战略群组分析

D公司为一家食品生产企业。2016年，D公司拟扩大生产经营范围，投资于饮料行业。

D公司管理层在对当时国内饮料行业进行深入调研后发现，已有一批大中型饮料企业从事各类饮料的生产和销售。有关情况如下：

（1）N公司生产饮用水的历史最长，其生产的矿泉水的市场综合占有率多年位列行业前三。

（2）L公司实施相关多元化战略，已形成瓶装水、高档玻璃瓶装水、碳酸饮料、茶饮料、果汁饮料等几大系列、十几种产品，全方位地进入饮料市场。

（3）W公司从儿童营养液起步，已形成奶制品、饮用水、茶饮料、碳酸饮料、罐头食品五大战略业务单元。

（4）C公司以长期经营的多种饮料产品为基础，近年来开发了新产品果蔬饮料，短短两三年时间，就在全国各地成立了20家分公司，链接了60多个优质果蔬原料基地，建立了基本覆盖全国的营销服务网络，在果蔬饮料的开发、生产、销售及市场占有率等方面，具有绝对优势。

（5）K公司和B公司是两大国际知名外资企业，其产品主要为碳酸饮料。它们资金雄厚，研发能力强，依靠庞大的渠道网络和低成本的产量扩张，在饮料市场占据了最大的份额，在碳酸饮料市场的占有率超过80%。

通过对饮料市场的深入调研，D公司管理层对市场竞争格局有了清晰的把握。鉴于开发上述公司已经占据优势地位的饮料产品市场难度太大，D公司管理层决定：着手开发当时国内市场上尚属空白而发展前景良好的功能饮料，而且选择高端市场，注重品质和功能。2018年，D公司生产的第一批功能性饮料下线试销，受到消费者的广泛认同。

分析与思考

从战略群组的角度分析D公司的战略决策。

提示：运用“产品多样化程度”“新产品程度”两个战略特征，各分为“高”“低”两个档次，可将D公司所调研的国内饮料生产企业进行如下战略群组划分：

(1) 产品多样化程度高、新产品程度低的群组，包括W公司、L公司；

(2) 产品多样化程度低、新产品程度低的群组，包括N公司、K公司、B公司；

(3) 产品多样化程度高、新产品程度高的群组，包括C公司。

本案例中，D公司的战略决策体现了战略群组分析的思想：D公司通过对饮料市场战略群组分析，了解了战略群组间的竞争状况和战略群组内企业竞争的主要着眼点（“对市场竞争格局有了清晰的把握”）；了解了各战略群组之间的“移动障碍”（“开发上述公司已经占据优势地位的饮料产品市场难度太大”）；发现了战略机会（“着手开发当时国内市场上尚属空白而发展前景良好的功能饮料”）。

案例2-5　G省葡萄酒产业发展的钻石模型分析

据专家预测，到2020年国内葡萄酒将进入世界葡萄酒消费前三位；全球葡萄酒过剩时代结束，即将步入短缺时代。

葡萄酒界流传着“七分原料，三分工艺”的说法，意即决定葡萄酒品质最重要的是葡萄产地。G省的葡萄种植基地、葡萄酒生产企业主要集中在西北黄金产业带上。适宜的纬度、最佳光热水土资源组合，加之大幅度的昼夜温差、适宜有效的气温和干燥少雨的气候，使G省成为国内生产葡萄酒原料的最佳区域之一。

然而，G省葡萄酒企业在国内市场的竞争地位却不尽人意。2011年国内四大葡萄酒知名品牌占据中国葡萄酒市场份额为60%左右，而G省最具竞争力的高华品牌只在华南和西北地区占有很低的市场份额，省内另外几家企业的葡萄酒基本未进入省外市场。2011年G省省葡萄酒企业年销量仅占全国销量的1.1%。

以下三个方面因素在一定程度上影响着G省葡萄酒企业的竞争力：其一，相对于国内东部产区而言，G省产区交通条件欠发达，因此葡萄酒产品在外运过程中成本较高。其二，随着市场的发展，包装对于葡萄酒来说不仅是保护商品、方便流通的手段，更成为一种差异化、准确定位目标市场的营销方式。而G省与葡萄酒产业相关的包装印刷业发展缓慢，企业主要产品包装品的制作和商标的印刷主要依靠南方地区提供。其三，G省绝大多数葡萄酒生产企业规模小且分散，产品销售网覆盖地区有限，彼此之间的竞争不够充分。

近年来，为进一步完善本地葡萄酒企业发展环境，G省酒类商品管理局实施了“抱团走出去，择优引进来”策略，通过开展品牌宣传、招商引资等多种手段，努力提升G省葡萄酒在国内市场的知名度。

分析与思考

依据钻石模型四要素，对G省葡萄酒产业发展的优势与劣势进行简要分析。

提示：(1) 优势：

1) 生产要素：G省的葡萄种植基地、葡萄酒生产企业主要集中在西北黄金产业带上。适宜的纬度、最佳光热水土资源组合，加之大幅度的昼夜温差、适宜有效的气温和干燥少雨的气候，使G省成为国内生产葡萄酒原料的最佳区域之一。

2) 需求条件：据专家预测，到2020年国内葡萄酒将进入世界葡萄酒消费前三位；全球葡萄酒过剩时代结束，即将步入短缺时代。

(2) 劣势：

1) 相关与支持性产业：其一，相对于国内东部产区而言，G省产区交通条件欠发达，因此葡萄酒产品在外运过程中成本较高。其二，随着市场的发展，包装对于葡萄酒来说不仅是保护商品、方便流通的手段，更成为一种差异化、准确定位目标市场的营销方式。而G省与葡萄酒产业相关的包装印刷业发展缓慢，企业主要产品包装品的制作和商标的印刷主要依靠南方地区提供。

2) 企业战略、企业结构和竞争对手的表现：G省绝大多数葡萄酒生产企业规模小且分散，产品销售网覆盖地区有限，彼此之间的竞争不够充分。

第三章
企业内部环境分析

【本章要点提示】

※ 企业资源与能力

※ 企业核心能力

※ 价值链

※ 业务组合分析

※ SWOT 分析

本章内容引言

第二章强调了公司战略与公司所处的环境相匹配的重要性，本章将重点研究公司资源与战略能力对公司战略的影响，阐述企业资源与战略能力分析的理论与方法。

第一节
企业资源与能力分析

一、企业资源分析

企业资源分析的目的在于识别企业的资源状况、企业资源方面所表现出来的优势和劣势及其对未来战略目标制定和实施的影响。

企业资源，是指企业所拥有或控制的有效因素的总和。按照竞争优势的资源基础理论，企业的资源禀赋是其获得持续竞争优势的重要基础。

（一）企业资源的主要类型

企业资源主要分为三种：有形资源、无形资源和人力资源。

1. 有形资源

有形资源是指可见的、能用货币直接计量的资源，主要包括物质资源和财务资源。物质资源包括企业的土地、厂房、生产设备、原材料等，是企业的实物资源。财务资源是企业可以用于投资或生产的资金，包括应收账款、有价证券等。有形资源一般都反映在企业的资产当中。但是，由于会计核算的要求，资产负债表所记录的账面价值并不能完全代表有形资源的战略价值。

有些有形资源可以被竞争对手轻易地取得，因此，这些资源便不能成为企业竞争优势的来源。但是，具有稀缺性的有形资源能使公司获得竞争优势。例如，在香港的五星级观光酒店中，半岛酒店因为位于九龙半岛的天星码头旁，占有有利的地理位置，游客可以遥望对岸香港岛和维多利亚港。美不胜收的海景和夜景，是它的一大特色，构成其竞争优势的一个来源。

2. 无形资源

无形资源是指企业长期积累的、没有实物形态的，甚至无法用货币精确度量的资源，通常包括品牌、商誉、技术、专利、商标、企业文化及组织经验等。尽管无形资源难以精确度量，但由于无形资源一般都难以被竞争对手了解、购买、模仿或替代，因此，无形资源是一种十分重要的企业核心竞争力的来源。

例如，技术资源就是一种重要的无形资源，它主要是指专利、版权和商业秘密等。技术资源具有先进性、独创性和独占性等特点，使得企业可以据此建立自己的竞争优势。

商誉也是一种关键的无形资源。商誉，是指企业由于管理卓越、顾客信任或其他特殊优势而具有的企业形象，它能给企业带来超额利润。对于产品质量差异较小的行业，例如软饮料行业，商誉可以说是最重要的企业资源。

需要注意的是，由于会计核算的原因，资产负债表中的无形资产并不能代表企业的全部无形资源，甚至可以说，有相当一部分无形资源是游离在企业资产负债表之外的。

3. 人力资源

人力资源是指组织成员向组织提供的技能、知识以及推理和决策能力。大量研究发现，那些能够有效开发和利用人力资源的企业比那些忽视人力资源的企业发展得更好、更快。是人的进取心掌握的技能、知识创造了企业的繁荣，而不是其他资源。在技术飞速发展和信息化加快的新经济时代，人力资源在企业中的作用越来越突出。

（二）决定企业竞争优势的企业资源判断标准

在分析一个企业拥有的资源时，必须知道哪些资源是有价值的，可以使企业获得竞争优势。其主要的判断标准如下。

1. 资源的稀缺性

如果一种资源是所有竞争者都能轻易取得的，那么，这种资源便不能成为企业竞争优势的来源。如果企业掌握了处于短缺供应状态的资源，而其他的竞争对手又不能获取这种资源，那么，拥有这种稀缺性资源的企业便能获得竞争优势。如果企业能够持久地拥有这种稀缺性资源，则企业从这种稀缺性资源获得的竞争优势也将是可持续的。

2. 资源的不可模仿性

资源的不可模仿性是竞争优势的来源，也是价值创造的核心。资源的不可模仿性主要有以下四种形式：

（1）物理上独特的资源。有些资源的不可模仿性是物质本身的特性所决定的。例如，企业所拥有的房地产处于极佳的地理位置，拥有矿物开采权或是拥有法律保护的专利生产技术等。这些资源都有它的物理上的特殊性，是不可能被模仿的。

（2）具有路径依赖性的资源。这是指那些必须经过长期的积累才能获得的资源。例如，中国海尔公司在售后服务环节的竞争优势并不是仅仅在于有一支训练有素的售后服务人员队伍，更重要的是由于海尔多年来不断完善营销体制建设，能够为这支队伍健康运作提供坚实的基础和保障。其他公司想要模仿海尔的售后服务的资源优势，同样需要花费大量时间完善自身的营销体制，这在短期内是不可能实现的。

（3）具有因果含糊性的资源。企业对有些资源的形成原因并不能给出清晰的解释。例如，企业的文化常常是一种因果含糊性的资源。美国西南航空公司以拥有“家庭式愉快，节俭而投入”的企业文化著称，这种文化成为企业的重要资源，竞争对手难以对其进行模仿。其原因就是没有人可以明确地解释出形成这种文化的真实原因。具有因果含糊性的资源，是组织中最常见的一种资源，难以被竞争对手模仿。

（4）具有经济制约性的资源。这是指企业的竞争对手已经具有复制其资源的能力，但因市场空间有限不能与其竞争的情况。例如，企业在市场上处于领导者的地位，其战略是在特定的市场上投入大量资本。这个特定市场可能会由于空间太小，不能支撑两个竞争者同时盈利，在这种情况下，企业的竞争对手即使有很强的能力，也只好放弃竞争。这种资源便是具有经济制约性的资源。

3. 资源的不可替代性

波特的五力模型指出了替代产品的威胁力量，同样，企业的资源如果能够很容易地被替代，那么即使竞争者不能拥有或模仿企业的资源，它们也仍然可以通过获取替代资源而改变自己的竞争地位。例如，一些旅游景点的独特优势就很难被其他景点的资源所替代。

4. 资源的持久性

资源的贬值速度越慢，就越有利于形成核心竞争力。一般来说，有形资源往往都有自己的损耗周期，而无形资源和组织资源则很难确定其贬值速度。例如，一些品牌资源随着时代的发展实际上在不断地升值；反之，通信技术和计算机技术迅速地更新换代会对建立在这些技术之上的企业竞争优势构成严峻挑战。

二、企业能力分析

企业能力，是指企业配置资源，发挥其生产和竞争作用的能力。企业能力来源于企业有形资源、无形资源和组织资源的整合，是企业各种资源有机组合的结果。

企业能力主要由研发能力、生产管理能力、营销能力、财务能力和组织管理能力等组成。

（一）研发能力

随着市场需求的不断变化和科学技术的持续进步。研发能力已成为保持企业竞争活力的关键因素。企业的研发活动能够加快产品的更新换代，不断提高产品质量，降低产品成本，更好地满足消费者的需求。企业的研发能力主要从研发计划、研发组织、研发过程和研发效果几个方面进行衡量。

（二）生产管理能力

生产，是指将投入（原材料、资本、劳动等）转化为产品或服务并为消费者创造效用的活动，生产活动是企业最基本的活动。生产管理能力主要涉及五个方面，即生产过程、生产能力、库存管理、人力资源管理和质量管理。

（三）营销能力

企业的营销能力，是指企业引导消费以占领市场、获取利润的产品竞争能力、销售活动能力和市场决策能力。

1. 产品竞争能力

产品竞争能力主要可从产品的市场地位、收益性、成长性等方面来分析。产品的市场地位可以通过市场占有率、市场覆盖率等指标来衡量。产品的收益性可能通过利润空间和量本利进行分析。产品的成长性可以通过销售增长率、市场扩大率等指标进行比较分析。

2. 销售活动能力

销售活动能力是对企业销售组织、销售绩效、销售渠道、销售计划等方面的综合考察。销售组织分析主要包括对销售机构、销售人员和销售管理等基础数据的评估。销售绩效分析以销售计划完成率和销售活动效率分析为主要内容。销售渠道分析则主要分析销售渠道结构（例如，直接销售和间接销售的比例）、中间商评价和销售渠道管理。

3. 市场决策能力

市场决策能力是以产品竞争能力、销售活动能力的分析结果为依据的，是领导者对企业市场进行决策的能力。

（四）财务能力

企业的财务能力主要涉及两个方面：一是筹集资金的能力；二是使用和管理资金的能力。筹集资金的能力可以用资产负债率、流动比率和已获利息倍数等指标来衡量；使用和管理资金的能力可以用投资报酬率、销售利润率和资产周转率等指标来衡量。

（五）组织管理能力

组织管理能力主要从以下几个方面进行衡量：

（1）职能管理体系的任务分工；

（2）岗位责任；

(3) 集权和分权的情况;

(4) 组织结构(直线职能、事业部等);

(5) 管理层次和管理范围的匹配。

三、企业的核心能力

20 世纪 80 年代,库尔(Cool)和申德尔(Schendel)通过对制药业若干个企业的研究,确定了企业的特殊能力是造成它们业绩差异的重要原因。1990 年,美国学者普雷哈拉德(K. Prahald)和英国学者哈梅尔(G. Hamel)合作在《哈佛商业评论》上发表了《公司核心能力》一文,在对世界上优秀公司的经验进行研究的基础上提出,竞争优势的真正源泉在于“管理层将公司范围内的技术和生产技能合并为使各业务可以迅速适应变化机会的能力”。1994 年哈梅尔与普雷哈拉德又发表专著《竞争未来》。由此在西方管理学界掀起关于核心能力的研究与讨论的高潮,对企业界也产生了很大影响。作为竞争优势的源泉,企业独特的资源与能力日益受到人们的关注,“核心能力”“核心业务”也成为流行的术语。

核心能力的概念打破了以往企业的管理人员把企业看成是各项业务组合的思维模式,重新认识到企业是一种能力的组合。而核心能力就是企业中有价值的资源,它可以使企业获得竞争优势,并且不会随着使用而递减。

(一)核心能力的概念

所谓核心能力,就是企业在具有重要竞争意义的经营活动中能够比其竞争对手做得更好的能力。企业的核心能力可以是完成某项活动所需的优秀技能,也可以是在一定范围和深度上的企业的技术诀窍,或者是那些能够形成很大竞争价值的一系列具体生产技能的组合。从总体上讲,核心能力的产生是企业中各个不同部分有效合作的结果,也就是各种单个资源整合的结果。这种核心能力深深地根植于企业的各种技巧、知识和人的能力之中,对企业的竞争力起着至关重要的作用。

(二)核心能力的辨别

根据核心能力的概念,辨别企业能力是否属于核心能力的三个关键性测试是:

(1) 它对顾客是否有价值?

(2) 它与企业竞争对手相比是否有优势?

(3) 它是否很难被模仿或复制?

但是,企业的核心能力就其本质来讲非常复杂和微妙,有时很难满足上述三个关键性测试,在这种情况下,还需要运用其他识别方法,包括功能分析、资源分析以及过程系统分析。

1. 功能分析

考察企业功能是识别企业核心竞争力常用的方法,这种方法虽然比较有效,但是它只能识别出具有特定功能的核心能力。

2. 资源分析

分析实物资源比较容易,例如,企业商厦所处的区域、生产设备以及机器的质量等,而分析像商标或者商誉这类无形资源则比较困难。

3. 过程系统分析

过程涉及企业多种活动从而形成系统。过程和系统通常都会涉及企业的多种功能，因而过程和系统本身是比较复杂的。对企业整个过程和系统进行分析能够很好地判断企业的经营状况和核心能力。

（三）核心能力的评价

1. 评价的基础与方法

前面已述，企业的核心能力不仅仅是企业的优势（即产品或服务的质量超越大多数的竞争对手），而且这种能力很难被竞争对手模仿时，这种优势才具有战略价值。企业如何才能知道自己的能力是否强于竞争对手？以下是可以用来比较的几种方法：

（1）企业的自我评价。一种既快速又经济的办法就是企业在自己内部收集信息，例如，通过绩效趋势分析来判断与竞争对手相比企业经营是在改善还是在恶化；企业的内部人员根据自己的行业经验来判断企业是否在某一特定方面强于竞争对手。

（2）产业内部比较。产业专家通常会收集这个产业内企业的某些数据并进行企业间的比较，所收集的数据包括市场份额、成本结构、关键成本以及顾客满意度等。这类信息可以告诉企业自己是否强于竞争对手，但是并没有告诉其导致该结果的原因。

（3）基准分析。基准分析是企业比较自己和竞争对手的业绩，包括单个或多种具体活动、系统或过程的比较。最理想的方法是企业把自己和一流企业相比较，无论它们是否处在同一个产业。另一种方法是把企业与产业内的国内外其他企业进行比较，通常跨国企业会把自己的子公司设在好几个不同的国家，因而可以把企业与跨国公司在该国家设立的子公司进行比较，因为它们具有共同的经营环境与成本结构，特别是信息之间具有很强的可比性。

（4）成本驱动力和作业成本法。企业使用作业成本法以找出企业的成本驱动力，这与传统的成本会计方法相比能提供更有用的信息。然而，找出成本驱动力并非易事，因为作业一般不只是某项具体的活动，而是由一系列活动形成的系统。为了简便，我们可以找出对顾客没有什么价值但投入较多，以及对顾客有价值但投入不够的活动。

（5）收集竞争对手的信息。企业有多种收集其竞争对手信息的方式，主要包括：与顾客进行沟通；与供应商、代理人、发行人以及产业分析师进行沟通；对竞争对手进行实地考察；分析竞争对手的产品；通过私下沟通、电话交谈以及网上交谈的方式询问对方的产品；雇用竞争对手的员工，等等。

2. 基准分析概述

如上所述，基准分析是企业之间进行业绩比较的一种重要方法，其目的是发现竞争对手的优点和不足，针对其优点，补己之短；根据其不足，选择突破口，从而帮助企业从竞争对手的表现中获得思路和经验，冲出竞争者的包围，超越竞争对手。

（1）基准对象。一般来说，能够衡量业绩的活动都可以成为基准对象。当然，把企业的每一项活动都作为基准对象是不切实际的，企业可以主要关注以下几个领域：占用较多资金的活动；能显著改善与顾客关系的活动；能最终影响企业结果的活动，等等。

（2）基准类型。基准对象的不同决定了基准类型的不同。基准类型主要包括内部基准、竞争性基准、过程或活动基准、一般基准、顾客基准五种类型。

1）内部基准。即企业内部各个部门之间互为基准进行学习与比较。企业内部由于存在着处于不同地理区域的部门，它们之间有着不同的历史和文化、不同的业务类型以及管理层与职员之间不同程度的融洽关系，因此可互为基准进行比较。

2）竞争性基准。即直接以竞争对手为基准进行比较。企业需要收集关于竞争对手的产品、经营过程以及业绩方面的具体信息，与企业自身的情况进行比较。由于有些在商业上比较敏感的信息不容易获取，因而有时还需要借助第三方的帮助。

3）过程或活动基准。即以具有类似核心经营的企业为基准进行比较，但是二者之间的产品和服务不存在直接竞争的关系。这类基准分析的目的在于找出企业做得最突出的方面，例如，生产制造、市场营销、产品工艺、存货管理以及人力资源管理等方面。

4）一般基准。即以具有相同业务功能的企业为基准进行比较。

5）顾客基准。即以顾客的预期为基准进行比较。

越来越多的企业选择过程或活动基准进行分析比较。由于过程或活动基准的对象不是直接的竞争对手，因而更容易获取相关的信息，从而更有利于企业发现不足之处或创新点。例如，对于一家寻求提高质量、降低成本的酒店来说，需要确定能为酒店带来最大收益的客户，并着重满足这些客户的需求。酒店如果从客户满意度调查中发现其并未完全满足有利可图的商务旅行者的需求，就可运用过程或活动基准分析方法，了解其他公司如何满足这类客户的需求。这些公司可能包括诸如航空业、餐饮业等其他产业的公司。

（3）基准分析实践。一个企业进行基准分析的成败主要取决于高层管理人员的行为，他们必须清楚地认识到企业需要改革的地方。企业实施基准分析的具体步骤如图 3－1 所示。

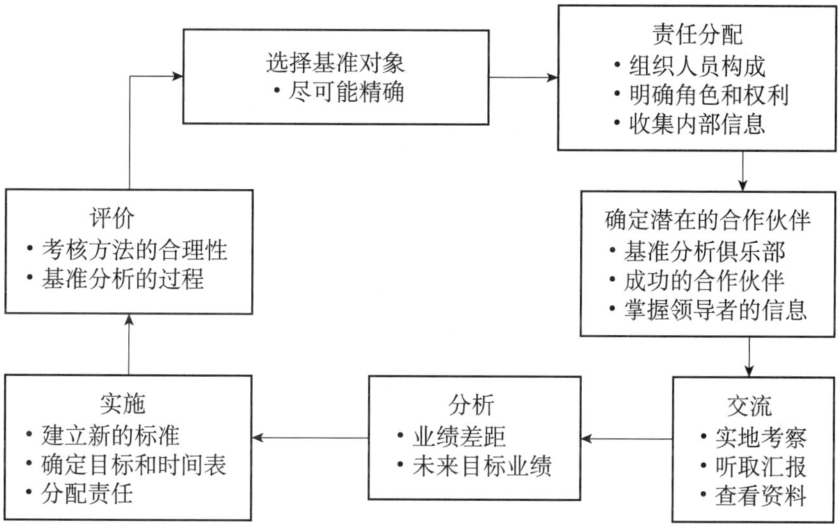

图 3－1　企业实施基准分析的步骤

首先是选择基准对象。管理人员在明确基准对象时应尽可能地精确。例如，企业如果考察的是顾客服务质量，那么管理人员就需要对与顾客服务相关的具体活动或领域非常熟悉。顾客服务包含相当多的活动，例如，订单管理、咨询回应、顾客投诉的处理、开立信用证以及货品计价等，这些活动之间都是相互独立的，它们有各自的技术与管理控制且属于不同的过程。

其次是建立工作小组，小组成员需要包括涉及每项活动的战略上、功能上及战术上的代表成员。如果企业需要减少货品的返回率，那么这个基准分析小组成员就需要包括顾客服务代表、收货员、装载人员以及质量控制管理人员。

再次是决定进行基准分析的问题，并决定对哪家企业做这样的分析。借助专家顾问、产业协会以及产业新闻媒介的力量，企业可以做出正确的决定。

最后，一旦确认了最优分析和比较对象，基准分析小组就可以收集对方的数据进行分析，把本企业的业绩与对方的业绩进行比较，以帮助自己找到可以改进的地方。工作小组通过衡量消除自身与对方差距的收益与成本来决定企业所要付出的努力水平。

3. 竞争对手分析

与竞争对手进行比较所得出的企业竞争优势能为企业带来有用的战略信息。对竞争对手的未来目标、假设、现行战略和潜在能力的分析都是企业自身核心能力识别和评价不可或缺的步骤和内容。

（四）企业核心能力与成功关键因素

第二章介绍了成功关键因素的概念，在这里又阐述了企业核心能力的概念。企业核心能力与成功关键因素是两类不同的概念。成功关键因素应被看作是产业和市场层次的特征，而不是针对某个个别公司。拥有成功关键因素是获得竞争优势的必要条件，而不是充分条件。比如，一个公司要成为成功的体育运动鞋的供应商，它就必须有开发新款式、管理供应商和分销商网络以及进行营销活动的能力。但只有这些还不够，所有大运动鞋公司都有产品发展部门、供应商和销售网络以及很大的营销预算，然而只有少数公司如耐克，才能将这些活动做得很出色，从而创造出高于竞争对手的价值。

企业核心能力和成功关键因素的共同之处在于它们都是公司盈利能力的指示器。虽然它们在概念上的区别是清楚的，但在特定的环境中区分它们并不容易。例如，一个成功关键因素可能是某产业所有企业要成功都必须具备的，也可能是特定公司所具备的独特能力。

第二节 价值链分析

迈克尔·波特在《竞争优势》一书中引入了“价值链”的概念。波特认为，企业每项生产经营活动都是其创造价值的经济活动。那么，企业所有的互不相同但又相互关联的生产经营活动，便构成了创造价值的一个动态过程，即价值链[①]。

价值链最初是为了在企业复杂的制造程序中分清各步骤的“利润率”而采用的一种会计分析方法，其目的在于确定在哪一步可以削减成本或提高产品的功能特性。波特认为，应该将会计分析中确定每一步骤新增价值与对组织竞争优势的分析结合起来，了解企业资源的使用与控制状况必须从发现这些独立的创造价值的活动开始。

价值链日益成为分析公司资源与能力有用的理论框架。价值链分析把企业活动进行分解，通过考虑这些单个活动本身及其相互关系来确定企业的竞争优势。

一、价值链的两类活动

价值链分析将企业的生产经营活动分为基本活动和支持活动两大类。图 3－2 是价值链的图解。

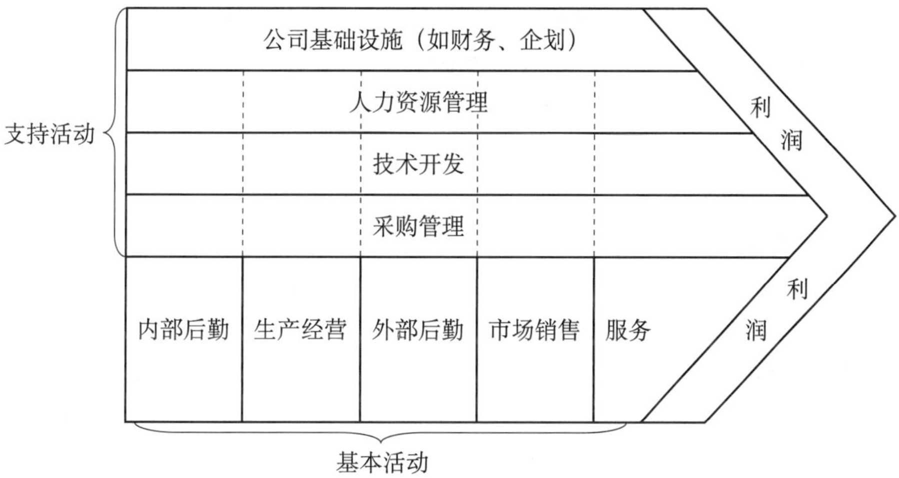

图 3－2　价值链

（一）基本活动

基本活动又称主体活动，是指生产经营的实质性活动，一般可以分为内部后勤、生产经营、外部后勤、市场销售和服务五种活动。这些活动与商品实体的加工流转直接有关，是企业的基本增值活动。每一种活动又可以根据具体的产业和企业的战略再进一步细分成若干项活动。

1. 内部后勤

内部后勤又称进货物流，是指与产品投入有关的进货、仓储和分配等活动，如原材料的装卸、入库、盘存、运输以及退货等。

① MICHAEL E PORTER. Competitive advantage. New York：Free Press，1985.

2. 生产经营

生产经营是指将投入转化为最终产品的活动，如机加工、装配、包装、设备维修、检测等。

3. 外部后勤

外部后勤又称出货物流，是指与产品的库存、分送给购买者有关的活动，如最终产品的入库、接受订单、送货等。

4. 市场销售

市场销售是指促进和引导购买者购买企业产品的活动，如广告、定价、销售渠道等。

5. 服务

服务是指与保持和提高产品价值有关的活动，如培训、修理、零部件的供应和产品的调试等。

（二）支持活动

支持活动又称辅助活动，是指用以支持基本活动而且内部之间又相互支持的活动，包括采购、技术开发、人力资源管理和企业基础设施。

1. 采购

这里的采购是广义的，既包括原材料的采购，也包括其他资源投入的购买与管理。例如，企业聘请咨询公司为企业进行广告策划、市场预测、管理信息系统设计、法律咨询等都属于采购管理。

2. 技术开发

技术开发是指可以改进企业产品和工序的一系列技术活动。这也是一个广义的概念，既包括生产性技术，也包括非生产性技术。因此，企业中每项生产经营活动都包含着技术，只不过其技术的性质、开发的程度和使用的范围不同而已。有的属于生产方面的工程技术，有的属于通信方面的信息技术，还有的属于领导的决策技术。这些技术开发活动不仅仅与企业最终产品直接相关，而且支持着企业的全部活动，成为判断企业竞争实力的一个重要因素。

3. 人力资源管理

人力资源管理是指企业职工的招聘、雇用、培训、提拔和退休等各项管理活动。这些活动支持着企业中每项基本活动和支持活动，以及整个价值链。人力资源管理在调动职工生产经营的积极性上起着重要的作用，影响着企业的竞争实力。

4. 公司基础设施

公司基础设施是指企业的组织结构、惯例、控制系统以及文化等。企业高层管理人员往往能在这些方面发挥重要的作用，因此高层管理人员也被视作基础设施的一部分。企业的基础设施与其他支持活动有所不同，它一般是用来支撑整个价值链的运行，即所有其他的价值创造活动都通过基础设施进行。在多种经营的企业里，公司总部和经营单位各有自己的基础设施。

二、价值链确定

为了在一个特定产业进行竞争并判定企业竞争优势，有必要确定企业的价值链。即从价值链分析入手，将各种不同的价值活动在一个特定的企业中得到确认。价值链中的每一个活动都能进一步分解为一些相互分离的活动。例如，图 3-3 显示了在价值链中对基本活动中“市场销售”活动的再分解，图 3-4 显示的是复印机制造企业的完整的价值链活动的再分解。

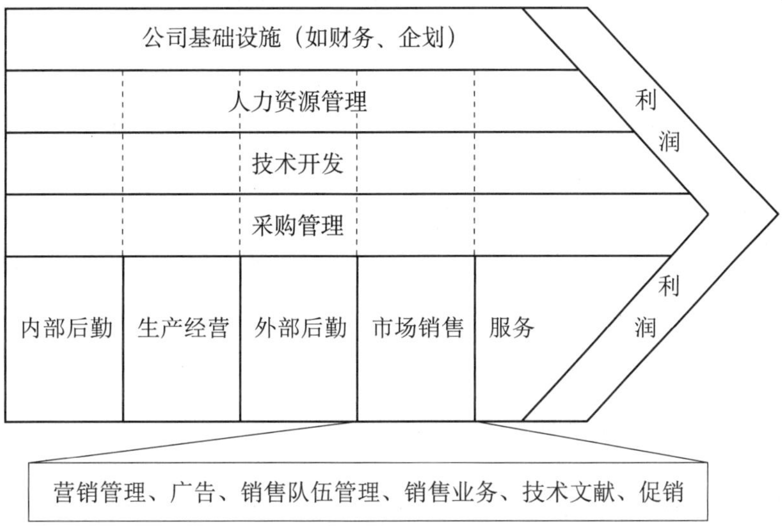

图 3-3 一条价值链再分解

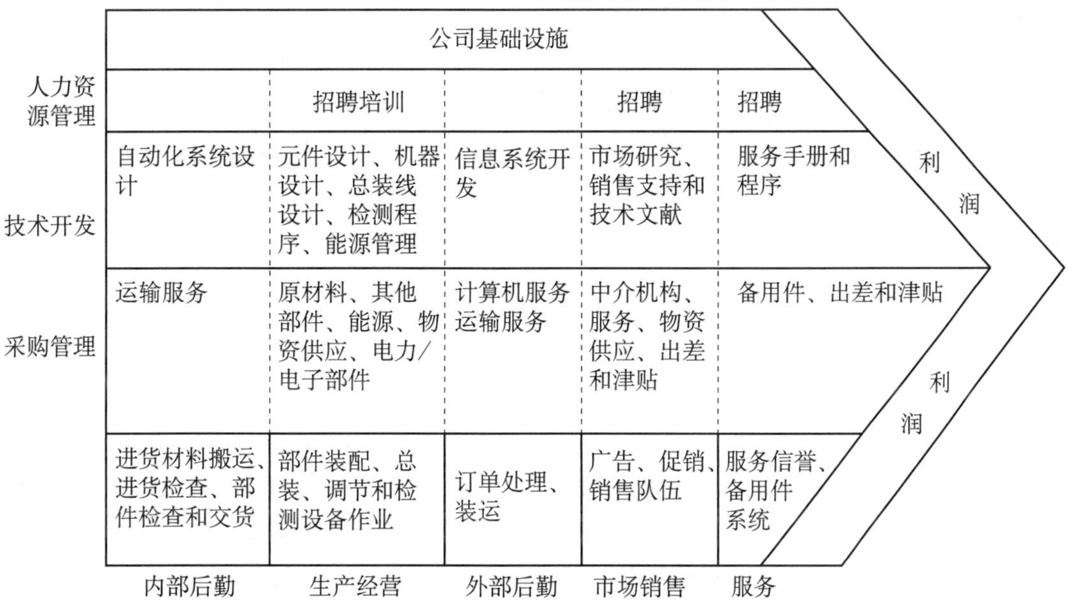

图 3-4 复印机生产企业的价值链

确定有关价值活动要求将在技术特征或经济效果方面可分离的活动分解出来。如生产或营销这样一些广义的职能应该进一步细分为一些活动。一些活动的再分解能够达到范围日趋狭窄的活动的层次，这些活动在一定程度上相互分离。例如，工厂里的每台机器可以被看作是一项分离的活动。这样，潜在活动的数量通常十分巨大。

分解的适当程度依赖于这些活动的经济性和分析价值链的目的。分离这些活动的基本原则是：(1) 具有不同的经济性；(2) 对产品差异化产生很大的潜在影响；(3) 在成本中所占比例很大或所占比例在上升。如果分解一些活动对于揭示企业竞争优势的作用很明显，那么对这些活动的分解就非常重要；相反，如果分解一些活动被证明对提示竞争优势无足轻重或这些活动具有相似的经济性，那么这些活动就没有必要分解，而是可以被组合起来。

将某一活动恰当归类需要进行判断。例如，订单处理可以作为外部后勤的一部分，也可作为市场营销的一部分来进行归类。对一个批发商而言，订单处理的作用更接近营销的一部分。同样，销售队伍也常发挥服务的职能。各项活动应分别归入能最好地反映它们对企业竞争优势贡献的类别中。例如，若订单处理是一个企业与其买方相互作用的一个方面，则它应被归入营销这一类别。同样，假如进货材料处理和发货材料处理用的是同一套设施和人员，那么二者就应该合并为同一活动，并从其职能具有最大的竞争性影响的角度进行分类。

三、企业资源能力的价值链分析

价值链分析的关键是，要认识企业不是机器、货币和人员的随机组合，如果不将这些资源有效地组织起来，生产出最终顾客认为有价值的产品或服务，那么这些资源将毫无价值。因此，资源分析必须是一个从资源评估到对怎样使用这些资源的评估过程。

企业资源能力分析的价值链分析要明确以下几点。

（一）确认支持企业竞争优势的关键性活动

虽然价值链的每项活动，包括基本活动和支持活动，都是企业成功所必经的环节，但是，这些活动对企业竞争优势的影响是不同的。在关键活动的基础上建立和强化这种优势很可能使企业获得成功。

支持企业竞争优势的关键性活动事实上就是企业的独特能力的一部分。

（二）明确价值链内各种活动之间的联系

价值链中基本活动之间、基本活动与支持活动之间以及支持活动之间存在各种联系，选择或构筑最佳的联系方式对于提高价值创造和战略能力是十分重要的。例如，在基本活动之间，保持高水平的存货会使生产安排变得容易，并且可以对顾客的需求做出快速反应，但会增加经营成本，因此，应该评估一下增加存货可能带来的利和弊。又如，传统的库存管理与 JIT（准时生产）反映了基本活动与支持活动之间不同的联系方式，前者要求库存部门按照既定的订货费用、准备结束费用、存货费用、保险量等因素以决定最佳库存量，后者则将这些因素都作为可变量，因而将优化库存的过程变为优化整个生产管理的过程。这两种管理方式显然是企业基础设施（企业整体的控制系统）与企业基本生产经营活动不同的联系方式。

（三）明确价值系统内各项价值活动之间的联系

价值活动的联系不仅存在于企业价值链内部，而且存在于企业与企业的价值链之间。图 3-5 所示的价值系统包括供应商、销售渠道和顾客在内的各项价值活动之间的许多联系。例如，一个企业的采购和内部后勤活动与供应商的订单处理系统相互作用；同时，供应商的工程人员与企业的技术开发和生产人员之间也可以协同工作；供应商的产品特点以及它与企业价值链的其他接触点能够十分显著地影响企业的成本和产品差异（如供应商频繁的运输能降低企业库存的要求；供应商产品的适当的包装能减少企业搬运费用；供应商对发货的检查能减少企业对产品进行检查的需要）。近年来，战略联盟的发展正是基于这一思路。例如，美国一些铝罐生产商把它们的生产工厂建在啤酒厂的附近，用顶端传输器直接把产品传送到啤酒厂的装瓶线上，这样可为双方节约生产安排、装运以及存货等费用。

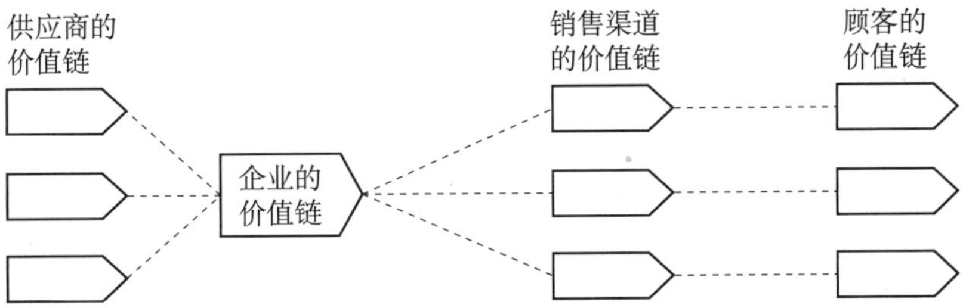

图 3-5　价值系统

第三节　业务组合分析

价值链分析有助于对企业的能力进行考察，这种能力来源于独立的产品、服务或业务单位。但是，对于多元化经营的公司来说，还需要将企业的资源和能力作为一个整体来考虑。因此，公司战略能力分析的另一个重要部分就是对公司业务组合进行分析，保证业务组合的优化是公司战略管理的主要责任。波士顿矩阵与通用矩阵就是公司业务组合分析的主要方法。

一、波士顿矩阵

（一）基本概念

波士顿矩阵（BCG matrix），又称市场增长率-相对市场份额矩阵、波士顿咨询集团法、四象限分析法、产品系列结构管理法等，是由美国著名的管理学家、波士顿咨询公司创始人布鲁斯·亨德森（Bruce Henderson）于1970年首创的一种用来分析和规划企业产品组合的方法。这种方法的核心在于，解决如何使企业的产品品种及其结构适合市场需求的变化，并如何将企业有限的资源有效地分配到合理的产品结构中去，以保证企业收益，是企业在激烈竞争中能否取胜的关键。

波士顿矩阵认为一般决定产品结构的基本因素有两个：市场引力与企业实力。市场引力包括市场增长率、目标市场容量、竞争对手强弱及利润高低等。其中最主要的是反映市场引力的综合指标——市场增长率，它是决定企业产品结构是否合理的外在因素。

企业实力包括企业市场占有率以及技术、设备、资金利用能力等，其中市场占有率是决定企业产品结构的内在要素，它直接显示出企业竞争实力。市场增长率与市场占有率既相互影响，又互为条件：市场引力大同时市场占有率高，显示产品发展的良好前景，企业也相应具备较强的实力；如果市场引力大而市场占有率低，则说明企业尚无足够实力，该产品也无法顺利发展；而企业实力强但市场引力小，则预示该产品的市场前景不佳。

（二）基本原理

波士顿矩阵将企业所有产品从市场增长率和市场占有率角度进行再组合。在坐标图上，波士顿矩阵的纵轴表示市场增长率，它是指企业所在产业某项业务前后两年市场销售额增长的百分比。这一增长率表示每项经营业务所在市场的相对吸引力。通常用10%作为增长率高、低的界限。横轴表示企业在产业中的相对市场占有率，是指以企业某项业务的市场份额与这个市场上最大竞争对手的市场份额之比。这一市场占有率反映企业在市场上的竞争地位。相对市场占有率的分界线为1.0（在该点本企业的某项业务的市场份额与该业务市场上最大竞争对手的市场份额相等），该分界线将市场占有率划分为高、低两个区域（见图3-6）。横轴之所以采用相对市场占有率而不采用绝对市场占有率，是考虑到企业不同产品所在产业的集中度差异，绝对市场占有率不能够准确反映企业在所处产业中实际的竞争地位。

图3-6中纵坐标与横坐标的交叉点表示企业的一项经营业务或产品，而圆圈面积的大小表示该业务或产品的收益与企业全部收益的比。

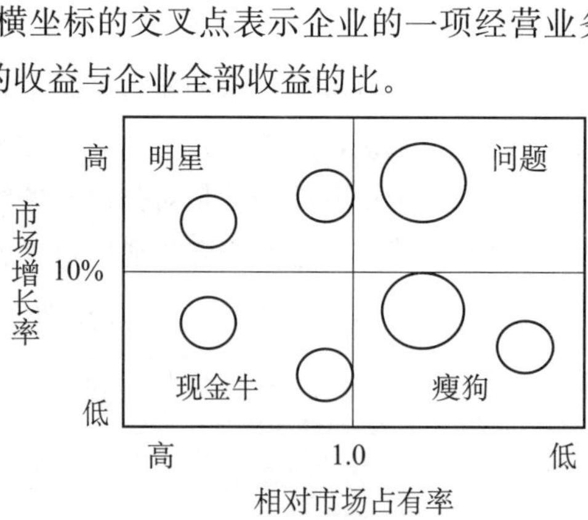

图3-6 波士顿矩阵

根据有关业务或产品的市场增长率和企业相对市场份额，波士顿矩阵把企业全部经营业务定位在四个区域中。

1. 高增长-强竞争地位的“明星”业务

这类业务处于迅速增长的市场，具有很大的市场份额。在企业的全部业务中，“明星”业务的增长和获利有着极好的长期机会，但它们是企业资源的主要消费者，需要大量的投资。为了保护和扩展“明星”业务在增长的市场上的主导地位，企业应在短期内优先供给它们所需的资源，支持它们继续发展。

“明星”业务适宜采用的战略是：积极扩大经济规模和市场机会，以长远利益为目标，提高市场占有率，加强竞争地位。“明星”业务的管理组织最好采用事业部形式，由对生产技术和销售两方面都很内行的经营者负责。

2. 高增长-低竞争地位的“问题”业务

这类业务通常处于最差的现金流量状态。一方面，其所在产业的市场增长率高，需要企业大量投资以支持其生产经营活动；另一方面，其相对市场占有率低，能够生成的资金很少。因此，企业对于“问题”业务的进一步投资需要进行分析，判断使其转移到“明星”业务所需要的投资量，分析其未来盈利，研究是否值得投资等问题。

例如，在产品生命周期中处于导入期时因种种原因未能开拓市场的新产品，进入成长期后即成为“问题”业务。对“问题”业务应采取选择性投资战略。即首先确定对该象限中那些经过改进可能会成为“明星”的业务进行重点投资，提高市场占有率，使之转变成“明星”业务；对其他将来有希望成为“明星”的业务则在一段时期内采取扶持的对策。对“问题”业务的改进与扶持方案一般均列入企业长期计划中。“问题”业务的管理组织最好是采取智囊团或项目组等形式，选拔有规划能力、敢于冒风险的人负责。

3. 低增长-强竞争地位的“现金牛”业务

这类业务处于成熟的低速增长的市场中，市场地位有利，盈利率高，本身不需要投资，反而能为企业提供大量资金，用以支持其他业务的发展。

这一象限内的大多数产品的市场增长率的下跌已成不可阻挡之势，因此可采用收获战略，即投入资源以达到短期收益最大化为限。一方面把设备投资和其他投资尽量压缩；另一方面采用榨油式方法，争取在短时间内获取更多利润，为其他产品提供资金。对于这一象限内市场增长率仍有所增长的业务，应进一步进行市场细分，维持现存市场增长率或延缓其下降速度。对于“现金牛”业务，适合用事业部制进行管理，其经营者最好是市场营销型人物。

4. 低增长-弱竞争地位的“瘦狗”业务

这类业务处于饱和的市场中，竞争激烈，可获利润很低，不能成为企业资金的来源。对这类业务应采用撤退战略：首先应减少批量，逐渐撤退。对那些还能自我维持的业务，应缩小经营范围，加强内部管理；而对那些市场增长率和企业市场占有率均极低的业务则应立即淘汰。其次是将剩余资源向其他业务转移。最后是整顿产品系列，最好将“瘦狗”

业务并入其他事业部，统一管理。

（三）波士顿矩阵的运用

充分了解了四种业务的特点后还需进一步明确各项业务在公司中的不同地位，从而进一步明确其战略。通常有四种战略分别适用于不同的业务。

1. 发展

以提高相对市场占有率为目标，增加资金投入，甚至不惜放弃短期收益。如：想尽快成为“明星”业务的“问题”业务，就应以此为战略。

2. 保持

投资维持现状，目标是保持该项业务现有的市场占有率。对于较大的“现金牛”业务可以此为战略，以使它们产生更多的收益。

3. 收割

目标是获得短期收益，即在短期内得到最大限度的现金收入。对处境不佳的“现金牛”业务及没有发展前途的“问题”业务和“瘦狗”业务应视具体情况采取这种策略。

4. 放弃

目标在于清理和撤销某些业务，减轻负担，以便将有限的资源用于效益较高的业务。这种战略适用于无利可图的“瘦狗”和“问题”业务。

（四）波士顿矩阵的贡献

波士顿矩阵有以下几方面重要的贡献：

(1) 波士顿矩阵是最早的组合分析方法之一，被广泛运用于产业环境与企业内部条件的综合分析、多样化的组合分析、大企业发展的理论依据等方面。

(2) 波士顿矩阵将企业不同的经营业务综合在一个矩阵中，具有简单明了的效果。

(3) 该矩阵指出了每个业务经营单位在竞争中的地位、作用和任务，从而使企业能够有选择地和集中运用有限的资金。每个业务经营单位也可以从矩阵中了解自己在总公司中的位置和可能的战略发展方向。

(4) 利用波士顿矩阵可以帮助企业推断竞争对手对相关业务的总体安排。其前提是竞争对手也使用波士顿矩阵的分析方法。

（五）波士顿矩阵的局限

企业把波士顿矩阵作为分析工具时，应该注意到它的局限性：

(1) 在实践中，企业要确定各业务的市场增长率和相对市场占有率是比较困难的。

(2) 波士顿矩阵过于简单。首先，它用市场增长率和企业相对市场占有率两个单一指标分别代表产业吸引力和企业竞争地位，不能全面反映这两方面的状况；其次，两个坐标的划分都只有两个位级，划分过粗。

(3) 波士顿矩阵暗含了一个假设：企业的市场份额与投资回报是呈正相关的。但在有些情况下这种假设是不成立或不全面的。一些市场占有率小的企业如果实施创新、差异化和市场细分等战略，仍能获得很高的利润。

(4) 波士顿矩阵的另一个条件是，资金是企业的主要资源。但在许多企业内，要进行规划和均衡的重要资源不是现金而是时间和人员的创造力。

(5) 波士顿矩阵在实际运用中有很多困难。例如，正确地应用组合计划会对企业的不同部分产生不同的影响和要求，这对许多管理人员来说是一个重要的文化变革，而这一文化变革往往是非常艰难的过程。又如，按波士顿矩阵的安排，“现金牛”业务要为“问题”业务和“明星”业务的发展筹资，但如何保证企业内部的经营机制能够与之配合？谁愿意将自己费力获得的盈余被投资到其他业务中去？因此，有些学者提出，与其如此，不如让市场配置资源可能更有效率。

二、通用矩阵

通用矩阵又称行业吸引力矩阵，是美国通用电气公司设计的一种业务组合分析方法。

(一) 基本原理

通用矩阵改进了波士顿矩阵过于简化的不足。首先，在两个坐标轴上都增加了中间等级；其次，其纵轴用多个指标反映产业吸引力，横轴用多个指标反映企业竞争地位。这样，通用矩阵不仅适用于波士顿矩阵所能适用的范围，而且 9 个区域的划分能更好地说明企业中处于不同竞争环境和不同地位的各类业务的状态（见图 3－7）。

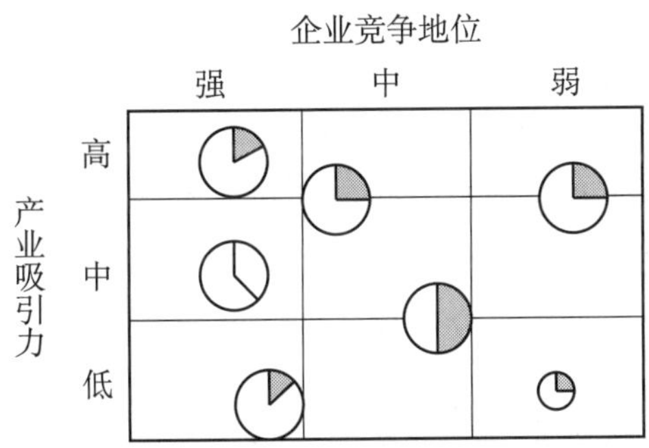

图 3－7　通用矩阵

在图 3－7 中，产业吸引力和企业竞争地位的值决定着企业某项业务在矩阵中的位置。矩阵中圆圈面积的大小与产业规模成正比，圈中扇形部分（阴影部分）表示某项业务的市场占有率。

影响产业吸引力的因素有产业增长率、市场价格、市场规模、获利能力、市场结构、竞争结构、技术及社会政治因素等。评价产业吸引力的大致步骤是：首先，根据每个因素的相对重要程度，定出各自的权数；其次，根据产业状况定出产业吸引力因素的级数；最后，用权数乘以级数，得出每个因素的加权数，并将各个因素的加权数汇总，得出整个产业吸引力的加权值。

影响企业竞争地位的因素有相对市场占有率、市场增长率、买方增长率、产品差别化、生产技术、生产能力、管理水平等。评估企业竞争地位的原理，与评估产业吸引力原理是相同的。

从矩阵图 9 个方格的分布来看，企业中处于左上方三个方格的业务适合采取增长与发展战略，企业应优先分配其资源；处于右下方三个方格的业务，一般应采取停止、转移、撤退战略；处于对角线三个方格的业务，应采取维持或有选择地发展的战略，维持原有的发展规模，同时调整其发展方向。

（二）通用矩阵的局限

通用矩阵虽然改进了波士顿矩阵过于简化的不足，但是也存在以下局限：

（1）用综合指标来测算产业吸引力和企业竞争地位，这些指标在每一个产业或每一个企业中的表现可能不一致，评价结果也会由于指标权数分配的不准确而产生偏差。

（2）分划较细，对于业务类型较多的多元化大公司必要性不大，且需要更多数据，方法比较繁杂，不易操作。

第四节 SWOT 分析

一、基本原理

SWOT 分析是一种综合考虑企业内部条件和外部环境的各种因素，进行系统评价，从而选择最佳经营战略的方法。这里，S 是指企业内部的优势（strengths）；W 是指企业内部的劣势（weakness）；O 是指企业外部环境的机会（opportunities）；T 是指企业外部环境的威胁（threats）。

企业内部的优势和劣势是相对于竞争对手而言的，一般表现在企业的资金、技术设备、员工素质、产品、市场、管理技能等方面。判断企业内部的优势和劣势一般有两项标准：一是单项的优势和劣势。例如，企业资金雄厚，则在资金上占优势；市场占有率低，则在市场上处于劣势。二是综合的优势和劣势。为了评估企业的综合优势和劣势，应选定一些重要因素，加以评价打分，然后根据其重要程度按加权平均法加以确定。

企业外部环境的机会是指环境中对企业有利的因素，如政府支持、高新技术的应用、良好的与购买者和供应者关系等。企业外部环境的威胁是指环境中对企业不利的因素，如新竞争对手的出现、市场增长缓慢、购买者和供应者讨价还价能力增强、技术老化等。

图 3-8 列示了 SWOT 分析的典型格式。

优势	劣势
• 企业拥有的专业市场知识 • 对自然资源的独有进入性 • 专利权 • 新颖的、创新的产品或服务 • 企业地理位置优越 • 由于自主知识产权所获得的成本优势 • 质量流程与控制优势 • 品牌和声誉优势	• 缺乏市场知识与经验 • 无差别的产品和服务（与竞争对手比较） • 企业地理位置较差 • 竞争对手进入分销渠道并占据优先位置 • 产品或服务质量低下 • 声誉败坏
机会	**威胁**
• 发展中国家新兴市场 • 并购、合资或战略联盟 • 进入具有吸引力的新的细分市场 • 新的国际市场 • 政府规则放宽 • 国际贸易壁垒消除 • 某一市场的领导者力量薄弱	• 企业所处的市场中出现新的竞争对手 • 价格战 • 竞争对手发明新颖的、创新性的替代产品或服务 • 政府颁布新的规则 • 出现新的贸易壁垒 • 针对企业产品或服务的潜在税务负担

图 3-8　SWOT 分析的典型格式

二、SWOT 分析的应用

SWOT 分析根据企业的目标列出对企业生产经营活动及发展有着重大影响的内部及外部因素，并且根据所确定的标准对这些因素进行评价，从中判定出企业的优势与劣势、机会和威胁。

SWOT 分析的目的是使企业考虑：为了更好地对新出现的产业和竞争环境做出反应，必须对企业的资源采取哪些调整行动；是否存在需要弥补的资源缺口；企业需要从哪些方面加强其资源；要建立企业未来的资源必须采取哪些行动；在分配公司资源时，哪些机会应该最先考虑。这就是说，SWOT 分析中最核心的部分是评价企业的优势和劣势、判断企业所面临的机会和威胁并做出决策，即在企业现有的内外部环境下，如何最优地运用自己的资源，并且建立公司未来的资源。

从图 3-9 中可以看出，第Ⅰ类型的企业具有很好的内部优势以及众多的外部机会，应当采取增长型战略，如开发市场、增加产量等。第Ⅱ类企业面临着良好的外部机会，却受到内部劣势的限制，应采用扭转型战略，充分利用环境带来的机会，设法清除劣势。第Ⅲ类企业内部存在劣势，外部面临威胁，应采用防御型战略，进行业务调整，设法避开威胁和消除劣势。第Ⅳ类企业具有内部优势，但外部环境存在威胁，应采取多种经营战略，利用自己的优势，在多样化经营上寻找长期发展的机会；或进一步增强自身竞争优势，以对抗的威胁。

图 3-10 显示了一家电力企业对发展风能业务的 SWOT 分析。从中可见，通过 SWOT 分析可以将企业战略分析过程中总结出的企业内部的优势与劣势、外部环境的机会与威胁转换为企业下一步的战略开发方向。SWOT 分析成为战略分析与战略选择两个

内部条件 \ 外部环境	机会	威胁
优势	增长型战略（SO） （Ⅰ）	多种经营战略（ST） （Ⅳ）
劣势	扭转型战略（WO） （Ⅱ）	防御型战略（WT） （Ⅲ）

图 3－9　SWOT 分析

阶段的连接点。值得注意的是，该例中的几个不同的象限会出现相同的战略方向。例如，“规模化发展风电产业”既属于 SO 战略，又属于 ST 战略，即这一战略方向的选择是综合了 S、O、T 三个方向的因素得出的结果。又如，“寻找有经验的国际战略合作伙伴”既属于 ST 战略，又属于 WO 战略，即这一战略方向的选择是综合了 S、W、O、T 四个方向的因素得出的结果。事实上，企业在进行 SWOT 分析之后，对于可选择的战略方向还要进行总结和梳理，最终确定公司战略选择的主要方向。

	优势（S） • 秉承某集团的办电经验及良好客户关系 • 秉承某集团的无形资源 • 全新公司的开业优势 • 规模化运作电力项目的整体能力 • 某集团的支持与实力	劣势（W） • 风电产业开发经验不足 • 风电产业市场份额较小 • 风电价格呈下降趋势 • 风电储备资源不足
机会（O） • 国民经济持续增长形成的发展空间 • 良好的外部环境和政策前景 • 率先行动者的机遇优势 • 世界风电产业的发展经验 • 常规发电企业竞争力的减弱	SO战略 • 抢占优质风电资源 • 规模化发展风电产业	WO战略 • 寻找有经验的国际战略合作伙伴 • 尽早进入能源公司尚未涉及的海上风力发电领域
威胁（T） • 能源公司的竞争优势 • 潜在进入者的加入 • 中小水电企业的替代压力 • 竞价上网的改革趋势 • 世界风电产业的快速发展引起与供应商议价能力的降低	ST战略 • 寻找有经验的国际战略合作伙伴 • 规模化发展风电产业 • 争取中小水电联动开发 • 规模化促进国产化	WT战略 • 聘请有经验的风电专家 • 尽快培养并吸引风电人才 • 选择新型高效风机，尽快形成规模并积累经验

图 3－10　一家电力企业对发展风能业务的 SWOT 分析

本章小结

● 企业资源主要分为三种：有形资源、无形资源和人力资源。能够使企业获得竞争优势的资源应当具有稀缺性、不可模仿性、不可替代性和持久性等特征。企业能力主要由研发能力、生产管理能力、营销能力、财务能力和组织管理能力等组成。

● 20 世纪 90 年代，西方管理学界掀起关于核心能力的研究与讨论的高潮，对企业界也造成很大影响。作为竞争优势的源泉，企业独特的资源与能力日益受到人们的关注，“核心能力”“核心业务”也成为流行术语。

● 价值链将企业的生产经营活动分为基本活动和支持活动两大类。资源使用的价值链分析要明确以下几点：确认支持企业竞争优势的关键性活动；明确价值链内各种活动之间的联系；明确价值系统内各项价值活动之间的联系。

● 战略能力分析的一个重要组成部分就是评估构成公司业务组合的互补程度。以波士顿矩阵为代表的组合分析是具有代表性的分析方法。

● 通过 SWOT 分析可以将企业战略分析过程中总结出的企业内部的优势与劣势、外部环境的机会与威胁转换为企业下一步的战略开发方向。SWOT 分析成为战略分析与战略选择两个阶段的连接点。

关键概念

企业资源 企业所拥有或控制的有效因素的总和。

企业能力 企业配置资源，发挥其生产和竞争作用的能力。

企业核心能力 企业在具有重要竞争意义的经营活动中能够比其竞争对手做得更好的能力。

价值链 波特认为，企业每项生产经营活动都是其创造价值的经济活动，那么，企业所有的互不相同但又相互关联的生产经营活动，便构成了创造价值的一个动态过程，即价值链。

基本活动 生产经营的实质性活动，一般可以分为内部后勤、生产经营、外部后勤、市场销售和服务五种活动。

支持活动 用以支持基本活动而且内部之间又相互支持的活动，包括采购、技术开发、人力资源管理和企业基础设施。

波士顿矩阵 由美国著名的管理学家、波士顿咨询公司创始人布鲁斯·亨德森（Bruce Henderson）于 1970 年首创的一种用来分析和规划企业产品组合的方法。

通用矩阵 又称行业吸引力矩阵，是美国通用电气公司设计的一种业务组合分析方法。

SWOT 分析 一种综合考虑企业内部条件和外部环境的各种因素，进行系统评价，从而选择最佳经营战略的方法。这里，S 是指企业内部的优势（strengths）；W 是指企业内部的劣势（weakness）；O 是指企业外部环境的机会（opportunities）；T 是指企业外部环境的威胁（threats）。

案例与分析

案例 3-1 JY 公司三个发展阶段的价值链分析

JY 公司成立于 2004 年，主营业务是将工业级二氧化碳共聚物材料经过提纯改性，应用于医用耗材类产品。JY 公司的核心优势在于科研与技术支持。经过多年的研究开发，目前已取得十多项专利技术成果，拥有独立自主的知识产权。

JY 公司根据不同阶段的发展状况，采用不同模式构筑企业竞争优势。JY 公司的发展战略可以分为三个阶段：

第一阶段：一体化商业模式（2004—2010 年）。

JY 公司实施科研、中试、生产一体化，覆盖公司价值链的各个环节。公司将资源和能力配置到价值链的各个环节，牢牢掌控价值链的各个经营活动，把握生产经营的全部所得。

第二阶段：外包转型（2010—2014 年）。

随着业务发展，JY 公司发现自己在融资、采购、生产、销售等价值活动方面处于劣势，导致开发出的产品无法尽快实现商业转化。于是 JY 公司将自身的经营业务聚焦于研发和营销服务两个价值创造环节上，而将生产制造环节外包出去，以增加价值链整体价值。同时，JY 公司还将自己的非核心专利转让出去，通过获取专利许可使用费在价值链上增加了一个价值创造的环节。

第三阶段：平台战略（2014 年至今）。

第二阶段的转型外包，不仅使 JY 公司优化了资源配置，而且使 JY 公司与生产企业达成良好的协作关系，这提供了平台战略实施的前提。而网络技术的发展，使得 JY 公司实施平台战略成为可能。JY 公司的平台战略就是以技术研发以及核心医疗产品为核心，以网络效应吸引生产企业、客户（医院、养老院、药店）等多方加入，搭建起跨企业、跨区域、跨行业的医疗设备资源合作、共享的专业化平台。

分析与思考

运用价值链分析 JY 公司是如何在三个发展阶段构筑竞争优势的。

提示：（1）确认支持企业竞争优势的关键性活动："JY 公司核心优势在于科研与技术支持"，"于是 JY 公司将自身的经营业务聚焦于研发和营销服务两个价值创造环节上"。

（2）明确价值链内各种活动之间的联系：选择或构筑最佳的联系方式对于提高价值创造和战略能力是十分重要的，JY 公司在三个发展阶段的发展战略都是根据公司不同时期的发展状况，选择或构筑价值链内各种活动之间最佳的联系方式。

（3）明确价值系统内各项价值活动之间的联系：价值活动的联系不仅存在于企业价值链内部，而且存在于企业与企业的价值链之间。JY 公司"第三阶段"的"平台战略"，"以网络效应吸引生产企业、客户（医院、养老院、药店）等多方加入，搭建起跨企业、跨区域、跨行业的医疗设备资源合作、共享的专业化平台"，就是选择和构筑了企业与企业的价值链之间的最佳联系方式。

案例 3－2　WV 公司新业务的波士顿矩阵分析

WV 公司是国内最大的豆奶生产企业。自 2002 年以来，WV 公司凭借其在豆奶行业的优势地位，积累了大量的资金，急需寻找新的投资领域。

WV公司在豆奶行业的成功经营使公司在食品行业具备了品牌、渠道、研发资源等多方面的竞争优势，运用这些优势公司顺利地将核心主业豆奶粉延伸至大食品概念的其他业务：

（1）乳制品。国内乳制品市场在过去的十年中，每年以两位数的增长速度迅猛发展。自2002年开始，WV公司在短时间内收购了遍布全国各地的40家乳制品生产企业，实现了公司乳制品在全国范围内快速布局，占据了行业的优势地位。

（2）白酒。国内名优白酒生产企业销售收入和利润增长稳健。2006年WV公司采用控股两家酒业公司的方式进入白酒业，公司白酒业务得以快速增长，在白酒市场中的占有率不断提升。

（3）粮油。2008年开始，WV公司将豆奶粉业务延伸至粮油产品。WV公司的粮油业务经营成功，市场占有率高，为其进一步战略扩张提供了大量的现金流。

WV公司以大食品概念经营的乳制品、白酒、粮油，充分发挥各个业务之间的协同效应，取得了良好业绩。

近年来，国内豆奶业的发展速度开始减缓，公司领导层认为豆奶行业发展已经遭遇瓶颈，公司需要涉足一些高利行业，期望能够为其未来发展创造新的利润增长点。基于国内甚嚣尘上的房地产热，2007—2010年WV公司以新建方式投资房地产业。最终由于经验不足，加之之后的几年国家对房地产业进行宏观调控，房地产业进入“寒冬期”，公司房地产业务最终对外出售。

分析与思考

运用波士顿矩阵分析方法，对WV公司的乳制品、白酒、粮油和房地产业务类型及其发展方向进行分析。

提示：WV公司的乳制品业务和白酒业务在波士顿矩阵中属于高增长-强竞争地位的“明星”业务。“乳制品市场在过去的十年中，每年以两位数的增长速度迅猛发展”，“WV公司在短时间内收购了遍布全国各地的40家乳制品生产企业，实现了公司乳制品在全国范围内快速布局，占据了行业的优势地位”；“国内名优白酒生产企业销售收入和利润增长稳健”，“WV公司白酒业务得以快速增长，在白酒市场中的占有率不断提升”。为了保护和扩展“明星”业务在增长的市场上占主导地位，企业应在短期内优先供给其所需的资源，支持其继续发展。

WV公司的粮油业务在波士顿矩阵中属于低增长-强竞争地位的“现金牛”业务，“WV公司的粮油业务经营成功，市场占有率高，为其进一步战略扩张提供了大量的现金流”。这类业务处于成熟的低速增长的市场中，市场地位有利，盈利率高，本身不需要投资，反而能为企业提供大量资金，用以支持其他业务的发展。

WV公司的房地产业务在波士顿矩阵中属于低增长-弱竞争地位的“瘦狗”业务，“由于经验不足”，加之“房地产业进入‘寒冬期’”，“公司房地产业务最终对外出售”。对这类业务应采用撤退战略（WV公司已经采用）。

第四章

企业总体战略

【本章要点提示】

※ 总体战略的主要类型

※ 发展战略的方向与途径

※ 收缩战略的原因、方式与困难

本章内容引言

第二章与第三章关于企业外部与内部的分析回答了“企业目前在什么位置上”的问题，本章基本问题是“我们从这里向何处走”。不仅如此，本章还要回答“为什么要这样走”，以及“怎样走”的问题。本章研究企业总体战略的开发方向及其途径，重点研究企业发展战略与收缩战略。

第一节 总体战略的主要类型

总体战略（公司层战略）是企业最高层次的战略。它需要根据企业的目标，选择企业可以竞争的经营领域，合理配置企业经营所必需的资源，使各项经营业务相互支持、相互协调。公司战略常常涉及整个企业的财务结构和组织结构方面的问题。图 4 - 1 显示了总体战略的主要类型及其发展战略的主要方向与实现途径。

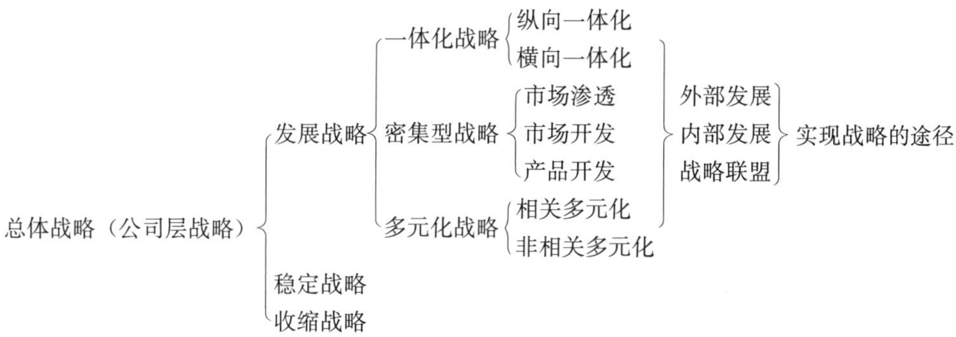

图 4-1　企业总体战略的主要类型及其发展战略的主要方向与实现途径

企业总体战略可分为三大类：发展战略、稳定战略和收缩战略。

一、发展战略

企业发展战略强调充分利用外部环境的机会，充分发掘企业内部的优势资源，以求得企业在现有的基础上向更高一级的方向发展。

发展战略主要包括三种基本类型：一体化战略、密集型战略和多元化战略。

（一）一体化战略

一体化战略是指企业对具有优势和增长潜力的产品或业务，沿其经营链条的纵向或横向延展业务的深度和广度，扩大经营规模，实现企业成长。一体化战略按照业务拓展的方向可以分为纵向一体化和横向一体化。

1. 纵向一体化战略

纵向一体化战略是指企业沿着产品或业务链向前或向后，延伸和扩展企业现有业务的战略。企业采用纵向一体化战略有利于节约与上、下游企业在市场上进行购买或销售的交易成本，控制稀缺资源，保证关键投入的质量或者获得新客户。不过，企业一体化也会增加企业的内部管理成本。纵向一体化战略可以分为前向一体化战略和后向一体化战略。

（1）前向一体化战略是指获得分销商或零售商的所有权或加强对它们的控制权的战略。前向一体化战略通过控制销售过程和渠道，有利于企业控制和掌握市场，增强对消费者需求变化的敏感性，提高企业产品的市场适应性和竞争力。

前向一体化战略的主要适用条件包括：

1）企业现有销售商的销售成本较高或者可靠性较差而难以满足企业的销售需要；

2）企业所在产业的增长潜力较大；

3）企业具备前向一体化所需的资金、人力资源等；

4）销售环节的利润率较高。

（2）后向一体化战略是指获得供应商的所有权或加强对其控制权。后向一体化有利于企业有效控制关键原材料等投入的成本、质量及供应可靠性，确保企业生产经营活动稳步进行。后向一体化战略在汽车、钢铁等产业采用得较多。

后向一体化战略主要适用条件包括：

1）企业现有的供应商供应成本较高或者可靠性较差而难以满足企业对原材料、零件等的需求；

2）供应商数量较少而需求方竞争者众多；

3）企业所在产业的增长潜力较大；

4）企业具备后向一体化所需的资金、人力资源等；

5）供应环节的利润率较高；

6）企业产品价格的稳定对企业而言十分关键，后向一体化有利于控制原材料成本，从而确保产品价格的稳定。

企业采用纵向一体化战略的主要风险包括：不熟悉新业务领域所带来的风险；纵向一体化，尤其是后向一体化，一般涉及的投资数额较大且资产专用性较强，增加了企业在该产业的退出成本。

2. 横向一体化战略

横向一体化战略是指企业向产业价值链相同阶段方向扩张的战略。企业采用横向一体化战略的主要目的是实现规模经济以获取竞争优势。

在下列情形中，比较适宜采用横向一体化战略：

（1）企业所在产业竞争较为激烈；

（2）企业所在产业的规模经济较为显著；

（3）企业的横向一体化符合反垄断法律法规，能够在局部地区获得一定的垄断地位；

（4）企业所在产业的增长潜力较大；

（5）企业具备横向一体化所需的资金、人力资源等。

（二）密集型战略

通常采用安索夫（H. I. Ansoff）提出的“产品-市场战略组合”矩阵研究企业密集型战略，见表 4－1。

表 4－1　产品-市场战略组合

		产品	
		现有产品	新产品
市场	现有市场	市场渗透：在单一市场，依靠单一产品，目的在于大幅度增加市场占有率	产品开发：在现有市场上推出新产品；延长产品生命周期
	新市场	市场开发：将现有产品推销到新地区；在现有实力、技能和能力基础上发展，改变销售和广告方法	多元化：与现有技术或市场有关的相关多元化；与现有产品或市场无关的非相关多元化

1. 市场渗透——现有产品和现有市场

彼德斯（T. J. Peter）和沃特曼（R. H. Waterman）把这种战略称为“坚守阵地”，这种战略强调发展单一产品，试图通过更强的营销手段来获得更大的市场占有率。

（1）主要方法。

市场渗透战略的基础是增加现有产品或服务的市场份额，或增加现有市场中正在经营的业务。它的目标是通过各种方法来增加产品的使用频率。主要方法有：

1）扩大市场份额，这个方法特别适用于整体正在成长的市场。企业可以通过提供折扣或增加广告来增加在现有市场中的销售额；通过改进销售和分销方式来提高所提供的服务水平；通过改进产品或包装来提高和加强其对消费者的吸引力并降低成本。

2）开发小众市场，其目标是在行业中的一系列目标小众市场中获得增长，从而扩大总的市场份额。如果与竞争对手相比企业的规模较小，那么这种方法尤为适用。

3）保持市场份额，当市场发生衰退时，保持市场份额具有重要意义。

企业运用市场渗透战略的难易程度取决于市场的性质及竞争对手的市场地位。当整个市场正在增长时，拥有少量市场份额的企业提高质量和生产力，并增加市场活动可能比较容易；而当市场处于停滞状态时，则比较困难。此外，经验曲线效应使企业很难向成熟市场中渗透，在成熟市场中领先企业的成本结构会阻止拥有少量市场份额的竞争对手进入市场。

（2）适用情况。

市场渗透战略主要适用于以下情况：

1）当整个市场正在增长时，那些想要增加市场份额的企业能够以较快的速度达到目标。相反，向停滞或衰退的市场渗透可能会难得多。

2）如果一家企业决定将利益局限在现有产品或市场领域，即使在整个市场衰退时也不允许销售额下降，那么企业就必须采取市场渗透战略。

3）如果其他企业由于各种原因离开了市场，那么采用市场渗透战略比较容易成功。

4）企业拥有强大的市场地位，并且能够利用经验和能力来获得强有力的独特竞争优势，那么实施市场渗透战略是比较容易的。

5）当市场渗透战略对应的风险较低、高级管理者参与度较高，且在需要的投资较少的时候，也比较适用市场渗透战略。

2. 市场开发——现有产品和新市场

市场开发战略是指将现有产品或服务打入新市场的战略。实施市场开发战略的主要途径包括开辟其他区域市场和细分市场。

（1）采用市场开发战略的原因。

1）企业发现现有产品生产过程的性质导致难以转而生产全新的产品，因此希望能开发其他市场。

2）市场开发往往与产品改进结合在一起，例如，将工业用的地板或地毯清洁设备做得更小、更轻，这样可以将其引入民用市场。

3）现有市场或细分市场已经饱和，企业只能去寻找新的市场。

（2）适用情况。

市场开发战略主要适用于以下几种情况：

1）存在未开发或未饱和的市场；

2）可得到新的、可靠的、经济的和高质量的销售渠道；

3）企业在现有经营领域十分成功；

4）企业拥有扩大经营所需的资金和人力资源；

5）企业存在过剩的生产能力；

6）企业的主业属于正在迅速全球化的产业。

3. 产品开发——新产品和现有市场

这种战略是在原有市场上，通过技术改进与开发研制新产品。这种战略可以延长产品的生命周期，提高产品的差异化程度，满足市场新的需求，从而改善企业的竞争地位。

（1）特点。

拥有特定细分市场、综合性不强的产品或服务范围窄小的企业可能会采用这一战略。产品开发战略有利于企业利用现有产品的声誉和商标，吸引用户购买新产品。另外，产品开发战略是对现有产品进行改进，由于企业对现有市场较为了解，产品开发的针对性较强，因而较易取得成功。可采用多种方法来实现产品开发战略。例如，提供不同尺寸和不同颜色的产品、对产品使用不同的包装等。

产品开发战略比较富有挑战性，这是因为它通常要求企业对产品进行强有力的研究与开发。这可能是由产品的本质或市场的需求决定的。例如，在技术较复杂的市场中，产品（如计算机）的生命周期较短，迫使企业必须采取产品开发战略；消费者对供应商会实施潜在的压力，要求企业在正常经营范围内提供丰富多样的产品或服务，这也会促使企业去开发新的产品。

（2）采用原因。

开发新产品可能会极具风险，这会导致该战略实施起来有难度。尽管如此，企业仍然有以下合理的原因采用该战略：

1）充分利用企业对市场的了解；

2）保持相对于竞争对手的领先地位；

3）从现有产品组合的不足中寻求新的机会；

4）使企业能继续在现有市场中保持稳固的地位。

（3）适用情况。

产品开发战略适用于以下几种情况：

1）企业产品具有较高的市场信誉度和顾客满意度；

2）企业所在产业属于适宜创新的高速发展的高新技术产业；

3）企业所在产业正处于高速增长阶段；

4）企业具有较强的研究与开发能力；

5）主要竞争对手以近似价格提供更高质量的产品。

新产品开发能有效地帮助企业发展，这是因为在大多数情况下，营销成功来源于对市场进行预测而不是仅仅对消费者的变化做出反应。真正的企业家会促使变化发生，创造需求。当然，产品开发不仅是对全新产品的开发，还包括对现有产品进行较小的改变（例如，将含糖饮料改为无糖的饮料）和升级等。

4. 多元化——新产品和新市场

这是新产品与新市场结合的结果。又可分为相关多样化和不相关多样化。这一战略方向也可以从密集型战略类型中分离出来，归为发展战略的另一种基本类型。

（三）多元化战略

1. 多元化战略的含义

多元化战略指企业进入与现有产品和市场不同的领域。安索夫认为："在任何经营环境中，没有一家企业可以认为自身能够不受产品过时和需求枯竭的影响"。这个观点得到了许多人的认同。由于市场变化如此迅速，企业必须持续地调查市场环境以寻找多元化的机会。

当现有产品或市场不存在期望的增长空间时（例如，受到地理条件限制、市场规模或竞争太过激烈的限制），企业通常会考虑多元化战略。采用多元化战略有下列三大原因：

（1）在现有产品或市场中持续经营不能达到目标。这一点可通过差距分析来予以证明。当前产业令人不满，原因可能是产品处于衰退期因而回报率低，或同一领域中的技术创新机会很少，或产业缺少灵活性。

（2）企业由于以前在现有产品或市场中成功经营而保留下来的资金超过了其在现有产品或市场中的财务扩张所需要的资金。

（3）与在现有产品或市场中的扩张相比，多元化战略意味着更高的利润。

2. 多元化战略的类型

多元化战略又可以分为两种：相关多元化和非相关多元化。

（1）相关多元化。

相关多元化也称同心多元化，是指企业以现有业务或市场为基础进入相关产业或市场的战略。相关多元化的相关性可以是产品、生产技术、管理技能、营销渠道、营销技能或用户等方面的类似。采用相关多元化战略，有利于企业利用原有产业的产品知识、制造能力、营销渠道、营销技能等优势来获取融合优势，即两种业务或两个市场同时经营的盈利能力大于各自经营时的盈利能力之和。当企业在产业或市场内具有较强的竞争优势，而该产业或市场成长性或吸引力逐渐下降时，适宜采用同心多元化战略。

（2）非相关多元化。

非相关多元化也称离心多元化，是指企业进入与当前产业和市场均不相关的领域的战略。如果企业当前产业或市场缺乏吸引力，而企业也不具备较强的能力和技能转向相关产品或市场，较为现实的选择就是采用非相关多元化战略。采用非相关多元化战略的主要目标不是利用产品、技术、营销渠道等方面的共同性，而是从财务上考虑平衡现金流或者获取新的利润增长点，规避产业或市场的发展风险。

3. 多元化战略的优点

企业采用多元化战略具有如下优点：

（1）分散风险，当现有产品及市场失败时，新产品或新市场可能为企业提供保护。

（2）能更容易地从资本市场中获得融资。

（3）当企业在原产业无法增长时找到新的增长点。

（4）利用未被充分利用的资源。

（5）运用盈余资金。

（6）获得资金或其他财务利益，例如，累计税项亏损。

（7）运用企业在某个产业或某个市场中的形象和声誉来进入另一个产业或市场，而在另一个产业或市场中要取得成功，企业形象和声誉是至关重要的。

4. 多元化战略的风险

企业必须充分认识实施多元化战略的风险：

（1）来自原有经营产业的风险。企业资源总是有限的，多元化经营往往意味着原有经营的产业要受到削弱。这种削弱不仅是资金方面的，管理层注意力的分散也是一个方面。

（2）市场整体风险。市场经济中的广泛相互关联性决定了多元化经营的各产业仍面临共同的风险。在宏观力量的冲击之下，企业多元化经营的资源分散反而加大了风险。例如，一家产品出口公司通过多元化经营扩大业务规模，然而在面临金融危机冲击下，这家公司难以在各个经营业务中与最强的对手展开竞争，最终落得被各个击破的下场。

（3）产业进入风险。企业在进入新产业之后必须不断地注入后续资源，去学习这个行业的有关知识并培养自己的员工队伍，塑造企业品牌。另外，产业的竞争态势是不断变化的，竞争者的策略也是一个未知数，企业必须相应地不断调整自己的经营策略，否则会面临极大的风险。

（4）产业退出风险。如果企业深陷一个错误的投资项目却无法做到全身而退，那么很可能导致企业全军覆没。一个设计良好的经营退出渠道能有效地降低多元化经营风险。例如，美国铱星公司当初看好卫星通信业务而发起了“铱星”计划，当最后“铱星”负债数十亿美元而陨落时，该公司因一开始就将“铱星”项目注册为独立的实体而只承受了有限的责任和损失。

（5）内部经营整合风险。新投资的业务会通过财务流、物流、决策流、人事流给企业以及企业的既有产业经营带来全面的影响。不同的业务有不同的业务流程和不同的市场模式，因而对企业的管理机制有不同的要求。企业作为一个整体，必须把不同业务对其管理机制的要求以某种形式融合在一起。多元化经营、多重目标和企业有限资源之间的冲突，使这种管理机制上的融合更为困难，甚至使企业多元化经营的战略目标最终由于内部冲突而无法实现。当企业通过并购方式进行多元化经营的时候还会面临一种风险，那就是不同企业文化是否能够成功融合的风险。

二、稳定战略

稳定战略又称维持战略，是指限于经营环境和内部条件，企业在战略期所期望达到的经营状况基本保持在战略起点的范围和水平上的战略。

采用稳定战略的企业不需要改变自己的宗旨和目标，而只需要集中资源用于原有的经营范围和产品，以增加其竞争优势。

稳定战略适用于对环境的预测变化不大，而在前期经营相当成功的企业。采用这种战略的风险比较小，因为企业可以充分利用原有生产经营领域中的各种资源；避免开发新产品和新市场所必需的巨大资金投入和开发风险；避免资源重新配置和组合的成本；防止由于发展过快、过急造成的失衡状态。

但是，采用稳定战略也有一定的风险。一旦企业外部环境发生较大变动，企业战略目标、外部环境、企业实力三者之间就会失去平衡，使企业陷入困境。稳定战略还容易使企业减弱风险意识，甚至会形成惧怕风险、回避风险的企业文化，降低企业对风险的敏感性和适应性。

三、收缩战略

收缩战略也称撤退战略，是指企业缩小原有经营范围和规模的战略。

（一）采用收缩战略的原因

企业采用收缩战略的原因有多种，大致可分为主动和被动两大类。

1. 主动原因

（1）大企业战略重组的需要。第三章所介绍的波士顿矩阵就是大企业战略重组的依据。出于筹措资本营运所需资金、改善企业投资回报率等原因，大型企业可能会重新调整业务组合。

（2）小企业的短期行为。例如，一些小型企业家的目标是“赚 100 万元”。当目标基本达到后，企业不愿再去承受继续经营的代价与风险。

2. 被动原因

（1）外部原因。由于多种原因，如整体经济形势、产业周期、技术变化、政策变化、社会价值观或时尚的变化、市场的饱和、竞争行为等，导致企业赖以生存的外部环境出现危机。

（2）企业（或企业某业务）失去竞争优势。由于企业内部经营机制不顺、决策失误、管理不善等原因，企业经营陷入困境，不得不采用防御措施。

（二）收缩战略的方式

1. 紧缩与集中战略

紧缩与集中战略往往集中于短期效益，主要涉及采取补救措施制止利润下滑，以期立即产生效果。具体做法有：

（1）机制变革。包括调整管理层领导班子、重新制定新的政策和管理控制系统，以改善激励机制与约束机制等。

（2）财政和财务战略。如引进和建立有效的财务控制系统，严格控制现金流量；与关键的债权人协商，重新签订偿还协议，甚至把需要偿付的利息和本金转换成其他的财务证券（如把贷款转换成普通股或可转换优先股）等。

（3）削减成本战略。如削减人工成本、材料成本、管理费用以及资产（内部放弃或改租、售后回租）等；缩小分部和职能部门的规模。

2. 转向战略

转向战略更多涉及企业经营方向或经营策略的改变。具体做法有：

（1）重新定位或调整现有的产品和服务。

（2）调整营销策略。在价格、广告、渠道等环节推出新的举措。

3. 放弃战略

放弃战略涉及企业（或子公司）产权的变更，与前面两种战略相比，是比较彻底的撤退方式。表 4－2 为放弃战略的类型。

表 4－2　放弃战略的类型

类型	所有权的终止	相对频繁性	新的所有权形式
1. 特许经营	全部，有限期	经常发生	子公司或独立机构
2. 分包	全部，但仍保留贸易关系	经常发生	子公司
3. 卖断	全部，往往是永久性的	小规模卖断经常发生，属于一系列行动中的一部分；大规模卖断往往是危机的表现	子公司
4. 管理层或杠杆收购	全部，永久性的，母公司可能拥有股权	小规模收购经常发生，大规模收购常为欧美国家企业用	独立机构
5. 拆产为股/分拆	分离而不是终止所有权，可能带来所有权的稀释，通常是永久性的	小规模分拆经常发生，尤其是高科技企业经常采用，由管理层购入股权	准独立机构
6. 资产互换与战略贸易	全部，保持了母公司的规模，只涉及资产	不常见，小规模资产互换多由反托拉斯所致，大规模资产互换多是自愿的	子公司

（1）特许经营，指企业卖给被特许经营企业有限权利，而收取一次性付清的费用。被特许经营企业可以使用特许经营企业的商标品牌，但要严格遵守许可方的经营规定。

（2）分包，指公司采用招标的方式让其他公司生产本公司的某种产品或者经营本公司的某种业务。与特许经营方式的不同之处在于，卖方出售了自己的一部分业务，要求买方在一个具体的时间内，按一定的价格向卖方提供一定数量的产品或服务。这样，买方在合同期限内处于一种垄断地位。公司可以将不宜内部开拓的一部分业务转移给他人经营，但仍维持原先的拥有权。

（3）卖断，指母公司将其所属的业务单位卖给其他企业，从而与该业务单位断绝一切关系，实现产权的彻底转移。

（4）管理层与杠杆收购，即一家公司把大部分业务卖给它的管理层或者是另外一家财团，母公司可以在短期或者中期保留股权。对于买者来说，这就相当于延迟付款。

（5）拆产为股/分拆，指母公司的一部分分拆为战略性的法人实体，以多元持股的形式形成子公司的所有权。母公司仍然在很大程度上控制着这部分企业。与母公司脱离的子公司可以看成是准独立机构。

（6）资产互换与战略贸易，指通过企业之间交换资产来实现所有权的转让。这要在两个公司之间达成一种匹配，卖方公司和买方公司要能够接受彼此的资产。

（三）收缩战略的困难

收缩战略对企业主管来说，是一项非常困难的决策。困难主要来自以下两个方面。

1. 对企业或业务状况的判断

收缩战略效果如何，取决于对公司或业务状况判断的准确程度。而这是一项难度很大的工作。汤普森（J. L. Thompson）于1989年提出了一个详尽的清单[①]，这一清单对于增强判断企业或业务状况的能力会有一定帮助：

（1）企业产品所处的生命周期以及今后的盈利情况和发展趋势。

（2）产品或者企业的当前市场状况，以及竞争优势的机会。

（3）腾出来的资源应如何运用。

（4）寻找一个愿出合理价格的买主。

（5）放弃一部分获利的业务或者一些经营活动，转而投资其他可能获利较大的业务是否值得。

（6）关闭一家企业或者一家工厂，是否比在微利下仍然维持运转合算？特别是退出的障碍是否较大，而且成本高昂？

（7）准备放弃的那部分业务在整个公司中所起的作用和协同优势。

（8）用其他产品和服务来满足现有顾客需求的机会。

（9）企业降低分散经营的程度所带来的有形和无形的效益。

（10）寻找合适的买主。是否应公开寻找买主？如何审查买主？买主是否会因购入企业的业务而对企业余下的业务构成竞争威胁？

2. 退出障碍

波特在《竞争战略》一书中阐述了几种主要的退出障碍：

（1）固定资产的专用性程度。当资产涉及具体业务或地点的专用性程度较高时，其转移及转换成本就较高，从而难以退出现有产业。

（2）退出成本。退出成本包括劳工协议、重新安置的成本、备件维修能力等。如果这些成本过高，会加大退出障碍。

（3）内部战略联系。这是指企业内某经营单位与其他业务单位在市场形象、市场营销能力、利用金融市场及设施共享等方面的内部相互联系。这些联系使企业认为保留该业务单位具有战略重要性。

---

① 托马斯·加拉文，杰拉德·菲茨杰拉尔德，迈克·莫利．企业分析．马春光，等译．上海：上海三联书店，1997.

（4）感情障碍。企业在制定退出战略时，会引发一些管理人员和职工的抵触情绪，因为企业的退出往往使这些人员的利益受损。

（5）政府与社会约束。政府考虑到失业问题和对地区经济的影响，有时会出面反对或劝阻企业退出的决策。

第二节 发展战略的主要途径

前面阐述的公司总体战略的三种类型——发展战略、稳定战略、收缩战略，可以采用不同的实现途径。以下我们重点阐述发展战略可选择的途径。

一、发展战略可选择的途径

发展战略一般可以采用三种途径，即外部发展（并购）、内部发展（新建）与战略联盟。

（一）外部发展（并购）

外部发展是指企业通过取得外部经营资源谋求发展的战略。外部发展的狭义内涵是并购，并购包括收购与合并。收购指一个企业（收购者）购买和吸纳了另一个企业（被收购者）的股权并控股该企业。合并指两个或两个以上的企业之间的重新组合。

（二）内部发展（新建）

内部发展是指企业利用自身内部资源谋求发展的战略。内部发展的狭义内涵是新建，新建与并购相对应，是指建立一个新的企业。

（三）企业战略联盟

战略联盟是指两个或两个以上经营实体之间为了达到某种战略目的而建立的一种合作关系。从交易费用经济学角度看，并购方式的实质是运用“统一规制”方式实现企业一体化，即以企业组织形态取代市场组织形态；而新建方式的实质则是运用“市场规制”实现企业的市场交易，即以市场组织形态取代企业组织形态。企业战略联盟则是这两种组织形态的一种中间形态。

二、并购战略

（一）并购的类型

企业并购有许多具体形式，这些形式可以从不同的角度加以分类。

1. 按并购双方所处的产业分类

按并购方与被并购方所处的产业相同与否，可以分为横向并购、纵向并购和多元化并购三种。

（1）横向并购，是指并购方与被并购方处于同一产业。横向并购可以消除重复设施，提供系列产品或服务，实现优势互补，扩大市场份额。例如，一家外资饮料企业，收购了中国一家大型饮料企业，这属于一个横向并购的案例。

（2）纵向并购，是指在经营对象上有密切联系，但处于不同产销阶段的企业之间的并购。按照产品实体流动的方向，纵向并购可分为前向并购与后向并购。前向并购是指沿着产品实体流动方向所发生的并购，如产品原料生产企业并购加工企业或销售商或最终客户，或加工企业并购销售企业等；后向并购是指沿着产品实体流动的反向所发生的并购，如加工企业并购原料供应商，或销售企业并购原料供应企业或加工企业等。例如，一家汽车制造商并购一家出租汽车公司，这是一个纵向并购的例子。

（3）多元化并购，是指处于不同产业、在经营上也无密切联系的企业之间的并购。例如，一家生产家用电器的企业收购一家旅行社，这属于多元化并购。

2. 按被并购方的态度分类

按被并购方对并购所持态度不同，可分为友善并购和敌意并购。

（1）友善并购，通常是指并购方与被并购方通过友好协商确定并购条件，在双方意见基本一致的情况下实现产权转让的一类并购。此种并购一般先由并购方选择被并购方，并主动与对方的管理当局接洽，商讨并购事宜。经过双方充分磋商签订并购协议，履行必要的手续后完成并购。在某些时候，也有被并购方主动请求并购方接管本企业的情形。

（2）敌意并购，又叫恶意并购，通常是指当友好协商遭到拒绝后，并购方不顾被并购方的意愿采取强制手段，强行收购对方企业的一类并购。敌意并购也可能采取不与被并购方进行任何接触，而在股票市场上收购被并购方股票，从而实现对被并购方控股或兼并的形式。由于种种原因，并购往往不能通过友好协商达成协议，被并购方从自身的利益出发，拒不接受并购方的并购条件，并可能采取一切抵制并购的措施加以反抗。在这种情形下，敌意并购就有可能发生。

3. 按并购方的身份分类

按照并购方的不同身份，可以分为产业资本并购和金融资本并购。

（1）产业资本并购，一般由非金融企业进行，即非金融企业作为并购方，通过一定程序和渠道取得目标企业全部或部分资产所有权的并购行为。并购的具体过程是从证券市场上取得目标企业的股权证券，或者向目标企业直接投资，以分享目标企业的产业利润。因此，产业资本并购往往表现出针锋相对、寸利必争的态势，谈判时间长，条件苛刻。

（2）金融资本并购，一般由投资银行或非银行金融机构（如金融投资企业、私募基金、风险投资基金等）进行。金融资本并购有两种形式：第一种是金融资本直接与目标企业谈判，以一定的条件购买目标企业的所有权，或当目标企业增资扩股时，以一定的价格购买其股权；第二种是由金融资本在证券市场上收购目标企业的股票从而达到控股的目的。金融资本与产业资本不同，它是一种寄生性资本，既无需先进技术，也无须直接管理收购的企业。金融资本一般并不以谋求产业利润为首要目的，而是靠购入然后售出企业的所有权来获得投资利润。因此，金融资本并购具有较大的风险性。

4. 按收购资金来源分类

按收购资金来源渠道的不同，可分为杠杆收购和非杠杆收购。无论以何种形式实现企业收购，收购方总要为取得目标企业的部分或全部所有权而支出一定数量的资金。收购方在实施收购时，如果其主体资金来源是对外负债，即在银行贷款或金融市场借贷的支持下完成，就称为杠杆收购。相应地，如果收购方的主体资金来源是自有资金，则称为非杠杆收购。

杠杆收购的一般做法是由收购企业委托专门从事企业收购的经纪企业，派有经验的专家负责分析市场，发现和研究那些经营业绩不佳却很有发展前途的企业。确定收购目标后，再以收购企业的名义向外借债，通过股市或以向股东发出要约的方式，收购目标企业的股权，取得目标企业的经营控制权。

杠杆收购的突出特点是收购者不需要投入全部资本即可完成收购。一般而言，在收购所需要的全部资本构成中，收购者自有资本大约只占收购资本总额的 10%～15%，银行贷款占收购资本总额的 50%～70%，发行债券筹资占 20%～40%（一般资本结构稳健的企业，债务资本不会超过总资本的 2/3，而举借高利贷收购的企业，其债务资本则远远超过其自有资本，往往占总资本的 90%～95%）。由于这种做法只需以较少的资本代价即可完成收购，即利用“财务杠杆”原理进行收购，故而被称为杠杆收购。显然，只有企业的全部资产收益大于借贷资本的平均成本，杠杆才能产生正效应。因此，杠杆收购是一种风险很高的企业并购方式。杠杆收购在 20 世纪 60 年代出现于美国，其后得到较快发展，20 世纪 80 年代曾风行于美国和欧洲。

（二）并购的动机

如前所述，企业实施发展战略的途径有多种选择，为什么要选择并购战略？以下的分析将着重于并购战略不同于新建战略的动机。

1. 避开进入壁垒，迅速进入，争取市场机会，规避各种风险

在第二章讨论了构成进入障碍的多方面因素。而企业并购将目标领域中的一个企业合并过来，不存在重新进入和进入障碍的问题。对制造业来说，并购方式还可以省掉建厂的时间，迅速获得现成的管理人员、技术人员和生产设备，可以在新的领域中迅速建立产销据点。因此，并购方式有利于企业迅速做出反应，抓住市场机会。希利曼（Peter Uwe Schliemann）对德国和英国的跨国公司在巴西的 14 例收购做了的研究，发现其中有 12 例（占 86%）在收购年份和收购后重新开始生产的年份之间没有时间滞差。①

---

① PETER UWE SCHLIEMANN. The strategy of British and German direct investors in Brazil. Surrey：Gower Publishing Company，1981：134.

在制造业中，新建一般要比并购慢得多，除了要组织必需的资源外，还要选择工厂地址、修建厂房和安装生产设备、安排管理人员、技术人员和工人等一系列复杂的工作。根据一些产业的实证研究，采用新建战略组成新的经营单位一般要经过 8 年的时间才有获利能力；经过 10～12 年的时间，该单位的效益才可达到成熟业务的水平；12 年以后，该单位才会获得很高效益和市场占有率。[①] 此外，政府的有关法令也会影响到新建的速度，例如，在美国设厂要经过 EPA（有关厂外污染问题）和 OSHA（有关厂内安全生产问题）的严格检查，方能取得营业许可；而并购则没有这些麻烦。

2. 获得协同效应

与新建方式相比，并购是一种合并，成功的合并可以获得协同效应。协同效应产生于互补资源，协同效应通常通过技术转移或经营活动共享来得以实现。

用系统理论剖析这种协同效应，可以分为三个层次：第一，并购后的两个企业的“作用力”的时空排列得到有序化和优化，从而使企业获得“聚焦效应”。例如，两个企业在生产、营销和人员方面的统一调配、可以获得这种效应。第二，并购后的企业内部不同“作用力”发生转移、扩散、互补，从而改变了公司的整体功能状况。例如，公司内部的转移定价；信息、人员、产品种类、先进技术与管理、分销渠道、商标品牌、融资渠道等资源的优势互补与共享，都是这种效应的体现。第三，并购后两个企业内的“作用力”发生耦合、反馈、互激振荡，改变了作用力的性质和力量。例如，在公司内部的技术转让、消化、吸收以及技术创新后的再反馈中，可以产生这种效应。

3. 克服企业负外部性，减少竞争，增强对市场的控制力

微观经济学理论表明，企业负外部性的一种表现是“个体理性导致集体非理性”。两个独立企业的竞争表现了这种外部性。竞争的结果往往是两败俱伤。而并购战略可以减少残酷的竞争，还能够增强对其他竞争对手的竞争优势。

（三）并购失败的原因

并购方式的失败率是很高的，在企业并购的实践中，许多企业并没有达到预期的目标，甚至遭到了失败。造成并购失败的主要原因有以下几种。

1. 决策不当

企业在并购前，或者没有认真地分析目标企业的潜在成本和效益，过于草率地并购，结果无法对被并购企业进行合理的管理；或者高估并购对象所在产业的吸引力和自己对被并购企业的管理能力，从而高估并购带来的潜在经济效益，结果遭到失败。

2. 并购后不能很好地进行企业整合

企业在通过并购战略进入一个新的经营领域时，并购行为的结束只是成功的一半，并购后的整合状况将最终决定并购战略的实施是否有利于企业的发展。企业完成并购后面临着战略、组织、制度、业务和文化等多方面的整合。其中，企业文化的整合是最基本、最

① 徐二明．企业战略管理．北京：中国经济出版社，2002.

核心，也是最困难的工作。企业文化能否融为一体影响着企业生产运营的各个方面。如果并购企业与被并购企业在企业文化上存在很大的差异，企业并购以后，被并购企业的员工不接受并购企业的文化，并购后的企业便很难管理，而且企业效益会受到严重影响。

3. 支付过高的并购费用

不论是否通过股票市场，价值评估都是并购战略中卖方与买方较量的焦点。如果不能对被并购企业进行准确的价值评估，并购方就可能承受支付过高并购费用的风险。当企业想以收购股票的方式并购上市公司时，对方往往会抬高股票价格，尤其是在被收购公司拒绝被收购时，会为收购企业设置种种障碍，增加收购的代价。另外，企业在采用竞标方式进行并购时，也往往要支付高于标的的价格才能成功。这种高代价并购会增加企业的财务负担，使企业从并购的一开始就面临效益的挑战。

三、内部发展战略

内部发展也称内生增长，是企业在不收购其他企业的情况下利用自身的规模、利润、活动等内部资源来实现扩张。对于许多企业来说，特别是对那些需要以高科技设计或制造产品的企业来说，内部发展已经成为主要的战略发展方式。

（一）企业采取内部发展战略的动因

（1）开发新产品的过程使企业能深刻地了解市场及产品。

（2）不存在合适的收购对象。

（3）保持统一的管理风格和企业文化。

（4）为管理者提供职业发展机会。

（5）代价较低，因为获得资产时无须为商誉支付额外的金额。

（6）并购通常会产生隐藏的或无法预测的损失，而内部发展不太可能发生这种情况。

（7）这可能是唯一合理的、实现真正技术创新的方法。

（8）可以有计划地进行，容易从企业资源获得财务支持，并且成本可以按时间分摊。

（9）风险较低。在收购中，购买者可能还需承担被并购者以前所做的决策产生的后果。例如，由于医疗及安全方面的违规而欠下员工的债务。

（10）内部发展的成本增速较慢。尽管内部开发新活动的最终成本可能高于并购其他企业，但是成本的分摊可能会对企业更有利且比较符合实际，特别是对那些没有资金进行大额投资的小企业或公共服务类型的组织来说，这是它们选择内部发展的一个主要理由。

（二）内部发展的缺点

（1）与并购市场中现有的企业相比，内部发展增加了市场上的竞争者，这可能会激化某一市场内的竞争。

（2）企业不能接触到其他企业的知识及系统，这可能更具风险。

（3）从一开始就缺乏规模经济或经验曲线效应。

（4）当市场发展得非常快时，内部发展会显得过于缓慢。

(5) 进入新市场可能要面对非常高的障碍。

(三) 内部发展战略的应用条件

1. 产业处于不均衡状况，结构性障碍还没有完全建立起来

一般说来，新兴产业更具有这样的特点。在快速成长的新兴产业中，竞争结构常常不够完善，尚没有企业封锁原材料渠道或建立了有效的品牌识别，此时进入成本可能会比较低。但是，对于是否进入某个新兴产业的决策不仅限于进入障碍的高低，还要考虑其他几方面的问题。首先，最重要的是要判断这一产业能否在足够长的时间内获得高于平均水平的利润。其次，判断何时进入该产业最为有利。此外，考虑到其他潜在进入者可能随时进入新兴产业，为了获取期望的高利润，企业必须有一定经济基础以保证后进入者将面临比自己更高的进入成本。

2. 产业内现有企业的行为性障碍容易被制约

在一些产业中，现有企业采取报复性措施的成本超过了因此所获得的收益，使得这些企业不急于采取报复性措施，或者报复性措施效果不佳。如果进入者能通过有效的战略承诺（如较大的投资）使现有企业相信它将永远不会放弃在该产业中求得一个合适的地位的决心，那么现有企业就不会采用垄断限价手段阻拦进入者，因为那只会使自己丧失更多的利润。此外，如果现有企业用进入对方领域的手段报复进入者，在它自身实力不足时，反而会削弱它在本行业的竞争优势。

3. 企业有能力克服结构性障碍与行为性障碍，或者企业克服障碍的代价小于企业进入后的收益

在一个产业中，并非所有的企业都面临着同样的进入成本。如果某个企业能够比其他大多数潜在进入者以更小的代价克服结构性进入障碍，或者只引起较少的报复，它便会从进入中获取高于平均水平的利润。

克服进入障碍的能力往往表现在以下几个方面：

(1) 企业现有业务的资产、技能、分销渠道同新的经营领域有较强的相关性。某电脑公司在 1981 年进入个人计算机市场就是采用内部发展方式。它在进入后两年内获得 35% 的市场份额。其成功的原因是，个人计算机与该公司当时所拥有的计算机系列制造技术具有高度相关性。

(2) 企业进入新领域后，有独特的能力影响行业结构，使之为自己服务。尼尔·胡德 (Neil Hood) 和斯蒂芬·扬 (Stephen Young) 曾经分析过发达国家跨国公司的对外直接投资对东道国市场结构的影响[①]：在发展中国家，跨国公司几乎没有遇到当地企业的有效竞争，反而以其垄断力量，在东道国市场设置各种进入障碍。上述分析表明了跨国公司的垄断优势在克服东道国市场进入障碍方面的重要作用。

(3) 企业进入新领域后，有利于发展企业现有的经营内容。如果内部发展能够改善销

---

① 尼尔·胡德，斯蒂芬·扬．跨国企业经济学．叶刚，等译．北京：经济科学出版社，1990.

售渠道、公司形象等，从而对进入者的现有业务产生有利的影响，那么，即使新业务仅仅获取平均回报，从公司整体考虑，进入也是可行的。美国S复印机公司进入数字数据传输网络领域就是基于这种考虑。虽然S公司在数据网络业务中没有什么优势，但是，计算机之间的数据传输、电子邮件及公司地点的精密联网，以及该公司原有的业务——传统的复印，都可能成为“未来办公室”业务设计中重要和广泛的基础。因而，从长远考虑，这种进入是必要的。

四、企业战略联盟

20世纪80年代以来，西方企业尤其是跨国公司迫于强大的竞争压力，开始对企业竞争关系进行战略性调整，纷纷从对立竞争走向大规模合作竞争。其中合作竞争最主要的形式之一就是建立企业战略联盟。战略联盟作为现代企业组织制度创新中的一种，已成为现代企业强化其竞争优势的重要手段，被誉为“20世纪20年代以来最重要的组织创新”。

（一）企业战略联盟的基本特征

（1）从经济组织形式来看，战略联盟是介于企业与市场之间的一种“中间组织”。科斯（Coase）和威廉姆森（Williamson）从交易费用理论出发，认为企业组织的存在是对市场交易费用的节约，企业和市场是两种可以相互替代的资源配置组织。战略联盟属于“中间组织”，联盟内交易既非企业的，因为交易的组织不完全依赖于某一企业的治理结构；也是非市场的，因为交易的进行也不完全依赖于市场价格机制。战略联盟的形成模糊了企业和市场之间的界限。

（2）从企业关系来看，组建战略联盟的企业各方是在资源共享、优势相长、相互信任、相互独立的基础上通过事先达成协议而结成的一种平等的合作伙伴关系。这既不同于组织内部的行政隶属关系，也不同于组织与组织之间的市场交易关系。联盟企业之间的协作关系主要表现为：

1）相互往来的平等性。联盟成员均为独立法人实体，相互之间的往来不是由行政层级关系所决定，而是遵循自愿互利原则，为彼此的优势互补和合作利益所驱动。各成员企业始终拥有自己独立的决策权，而不受其他成员企业的决策所左右。

2）合作关系的长期性。联盟关系并不是企业与企业之间的一次性交易关系，而是相对稳定的长期合作关系。因此，企业参与联盟的目标不在于获取短期利益，而是希望通过持续的合作增强自身的竞争优势，实现长远收益的最大化。

3）整体利益的互补性。联盟关系并不是企业与企业之间的市场交易关系，也不是一个企业对另一个企业的辅助关系，而是各成员之间的一种利益互补关系。每个成员企业都拥有自己的特定优势，通过相互之间的扬长避短，可有效降低交易成本，产生协同效应。同时，每个成员企业都能获得与其在联盟中的地位和对联盟的贡献相对应的收益，这种收益仅依靠企业自身的力量将难以获取。

4）组织形式的开放性。企业联盟往往是松散的协作关系，通常以共同占领市场、合作开发技术等为基本目标。若机会来临，联盟中各成员便聚兵会战；一旦目标实现又各奔前程，或与其他企业结成新的联盟。因而企业战略联盟本身是一个动态的、开放的体系，是一种松散的公司间一体化组织形式。

（3）从企业行为来看，联盟是一种战略性的合作行为。它并不是对瞬间变化所做出的应急反应，而是着眼于优化企业未来竞争环境的长远谋划。因此，联合行为注重从战略高度改善联盟共有的经营环境和经营条件。特别是在竞争激烈的高科技行业中，没有哪个企业的技术能在所有方面都居于领先水平。通过战略联盟可把各个企业独有的优势结合起来建立一个“全优”的组织体系，其中每个环节都可能是世界一流的，是任何单个企业望尘莫及的。

（二）企业战略联盟形成的动因

促使企业建立战略联盟有许多直接动因。根据近年来企业战略联盟的实践和发展，可把促使战略联盟形成的主要动因归结为以下六个方面。

1. 促进技术创新

随着技术创新和普及速度不断加快，企业在充分利用和改进原有核心技术的同时，必须不断创新，拓展新的技术领域。而高新技术产品的开发费用日益增大，单个企业难以独立支付，必须通过建立战略联盟的方式共同分担。

2. 避免经营风险

当今企业面临的经营环境变化迅速，而且许多环境因素的变化方向与变化速度都具有较大的不确定性，难以准确地预期。通过建立战略联盟、扩大信息传递的密度与速度，可以避免单个企业在市场开发和研究开发中的盲目性和因孤军作战而引起的全社会范围内的创新资源浪费，并降低市场开发与技术创新的风险。

3. 避免或减少竞争

建立战略联盟，有利于形成新的竞争模式，以合作取代竞争，减少应付激烈竞争的高昂费用。这种竞合思路不仅表现在供应者和购买者之间，也表现在同产业中的竞争对手之间。

4. 实现资源互补

资源在企业之间的配置总是不均衡的。在资源方面或拥有某种优势，或存在某种不足，通过战略联盟可达到资源共享、优势互补的效果。

5. 开拓新的市场

企业通过建立广泛的战略联盟可迅速实现经营范围的多样化和经营地区的扩张。

6. 降低协调成本

前述五条动因通过并购的方式也能够实现。而与并购方式相比，战略联盟的方式不需要进行企业的整合，因此可以降低协调成本。例如，美国思科公司在成功地并购了 80 多家大大小小的公司之后，总结出来的经验是，对于大的目标企业，并购后整合效果一般不理想，因此，采用战略联盟的方式进行合作最为适宜。其原因就在于并购大企业的协调成本太大。

（三）企业战略联盟的主要类型

企业战略联盟的类型多种多样，根据不同的标准可以对战略联盟进行不同的分类。从股权参与和契约联结的方式角度来看，可以把企业战略联盟归纳为以下几种重要类型。

1. 合资企业

合资企业（joint ventures）是战略联盟最常见的一种类型。它是指将各自不同的资产组合在一起进行生产，共担风险和共享收益。这种合资企业与一般意义上的合资企业相比具有一些新的特征，它更多地体现了联盟企业之间的战略意图，并非限于寻求较高的投资回报率。

2. 相互持股投资

相互持股投资（equity investments）通常是联盟成员之间通过交换彼此的股份而建立的一种长期相互合作的关系。与合资企业不同的是，相互持有股份不需要将彼此的设备和人员合并，通过这种股权联结的方式便于使双方在某些领域采取协作行为。它与合并或兼并也不同，这种投资性的联盟仅持有对方少量的股份，联盟企业之间仍保持着相对独立性，而且股权持有往往是双向的。

3. 功能性协议

功能性协议（functional agreement）是一种契约式的战略联盟，与前面两种涉及股权参与的方式明显不同，有人称之为无资产性投资的战略联盟。它主要是指企业之间决定在某些具体的领域进行合作。比如，在联合研究与开发、联合市场行动等方面通过功能性协议结成一种联盟。最常见的形式包括：技术交流协议——联盟成员间相互交流技术资料，通过知识的学习以增强竞争实力；合作研究开发协议——分享现成的科研成果，共同使用科研设施和生产能力，共同开发新产品；生产营销协议——共同生产和销售某一产品。这种协议并不是使联盟内各成员的资产规模、组织结构和管理方式发生变化，而是仅仅通过订立协议来对合作事项和完成时间等内容做出规定，成员之间仍然保持着各自的独立性，甚至在协议规定的领域之外相互竞争；产业协调协议——建立全面协作与分工的产业联盟体系，多见于高科技产业中。

相对于股权式战略联盟而言，契约式战略联盟由于更强调相关企业的协调与默契，从而更具有战略联盟的本质特征。其在经营的灵活性、自主权和经济效益等方面比股权式战略联盟具有更大的优越性。相对而言，股权式战略联盟有利于扩大企业的资金实力，并通过部分“拥有”对方的形式，增强双方的信任感和责任感，因而更利于长久合作，不足之处是灵活性差。契约式战略联盟具有较好的灵活性，但也有一些先天不足，如企业对联盟的控制能力差、松散的组织缺乏稳定性和长远利益、联盟内成员之间的沟通不充分、组织效率低下等。

从联盟内容上来看，在开发、生产、供给和销售等价值链各个环节上都可能形成战略联盟，美国的全国咨询中心（NRC）根据战略联盟在企业经营不同阶段的合作内容对战略联盟进行了详细分类，如表 4－3 所示。

表 4-3　　战略联盟的分类

阶段	联盟内容
研究开发阶段的战略联盟	1. 许可证协议 2. 交换许可证合同 3. 技术交换 4. 技术人员交流计划 5. 共同研究开发 6. 以获得技术为目的的投资
生产制造阶段的战略联盟	7. OEM（委托定制）供给 8. 辅助制造合同 9. 零部件标准协定 10. 产品的组装及检验协定
销售阶段的战略联盟	11. 销售代理协定
全面性的战略联盟	12. 产品规格的调整 13. 联合分担风险

资料来源：史占中．企业战略联盟．上海：上海财经大学出版社，2001.

由表 4-3 可见，企业战略联盟的内容非常丰富，涉及的范围也相当广泛。

研究与开发阶段的合作通常是联盟成员之间合作研究和开发某一个新的产品或技术，它不仅仅是分享现有技术设备和生产能力，而且包含着分享新的产品或技术，以及提高现有的技术水平。

生产制造阶段的联盟是指通过达成一项协议，共同生产某一种产品，根据联盟成员各自的优势来生产不同的零部件。这种联盟并不带来联盟各方在资产、组织结构和管理方面的变化，而仅仅是通过协议来规定合作项目、完成的时间等。

销售阶段的战略联盟一般通过销售代理协定实现联盟中的代理人为委托人销售某些特定产品或全部产品。

全面性的战略联盟是一种更为紧密的合作关系，包括为共同确立某项产品或技术的行业标准而在技术开发和市场开拓等方面采取协调一致的行动，这种合作常常需要共同承担新技术和新市场开发带来的巨大风险。

（四）战略联盟的管控

虽然战略联盟能够兼顾并购战略与新建战略的优点，但是相对并购战略，战略联盟企业之间的关系比较松散，如果管控不到位，可能会导致并购战略与新建战略各自的缺点在联盟中表现出来。因此，怎样订立联盟以及管理联盟，是战略联盟能否实现预期目标的关键。

1. 订立协议

战略联盟通过契约或协议关系生成时，联盟各方能否遵守所签署的契约或协议主要靠企业的监督管理，发生纠纷时往往不会选择执行成本较高的法院判决或第三方仲裁，而是联盟之间自行商议解决。因此，订立协议需要明确以下基本内容：

（1）严格界定联盟的目标。一些失败的联盟往往是由于协议签订得过于模糊，既没有清楚地指出联盟目标和范围，也没有严格指出企业之间将如何实现优势互补等，因而造成了联盟形同虚设或者解散。

（2）周密设计联盟结构。由于战略联盟是两家（或几家）企业各自以独立企业的身份在市场上进行合作，如果不能周密地设计联盟结构，可能会使合作难以奏效。

（3）准确评估投入的资产。准确评估联盟各方的资产与资本投入是非常重要的，尤其是对于股权式战略联盟的企业而言，每一个合作方的投入都与股权占比直接关联。在评估过程中，最容易忽略的是无形资产或资本的投入，如日本富士通公司经常向不同的联盟伙伴提供其独特的工业技术，但在进行战略联盟谈判时，常常会遇到无法准确评估其技术价值的困难。

（4）规定违约责任和解散条款。在联盟协议中，应规定联盟各方的违约责任和解散条件。如违约行为的生效条件、发生争执的解决方法以及联盟期满后的续约程序等。协议中应该包括一个“重大变化”的条款，也就是当联盟各方遭遇不可抗力事件、国家经济政策变化等情况时，在联盟协议中规定协议变更或解除的处理方法，以免发生纠纷。

2. 建立合作信任的联盟关系

联盟企业之间必须相互信任，并且以双方利益最大化为导向，而不是以自身利益最大化为导向。一旦合作双方相互信任，那么正式的联盟契约就显得不那么重要了，联盟关系还将因为信任而更加稳固。相比于国内企业之间的战略联盟而言，跨国战略联盟中的互相信任更加难得，联盟企业之间在政策、文化、法律和制度环境各方面的差异都可能造成合作中的不信任，从而使合作联盟陷入困境。

信任可以降低联盟伙伴之间的监督成本，大大提升联盟成功的可能性，是影响和控制联盟伙伴行为的最有效手段。研究表明，信任可以成为企业有价值的、稀缺的、难以模仿以及难以替代的战略资源。因此，联盟企业之间只有相互信任，才能在联盟合作期间获取共同的竞争优势，在一定程度上克服正式协议中难以避免的所有细节缺陷。

本章小结

● 企业总体战略的开发方向可分为三大类：发展、稳定和收缩。发展战略强调充分利用外部环境的机会，充分发掘企业内部的优势资源，以求得企业在现有的战略基础上向更高一级的方向发展；稳定战略是指限于经营环境和内部条件，企业在战略期所期望达到的经营状况基本保持在战略起点的范围和水平上的战略；收缩战略是指企业缩小原有经营范围和规模的战略。

● 研究企业发展战略包括发展战略类型与发展途径两个方面。发展战略主要包括三种基本类型：一体化战略、密集型战略和多元化战略。可选择的发展途径有三大类：外部发展（并购）、内部发展（新建）和企业战略联盟。企业战略联盟是前两种形式的中间形式。

● 收缩战略经常被忽视。企业选择撤退战略既有被动原因也有主动原因；收缩方式主要有紧缩、转向、放弃等几种类型；企业选择收缩战略要充分估计可能的困难，包括对企业或业务状况的判断、退出障碍等。

关键概念

发展战略　强调充分利用外部环境的机会，充分发掘企业内部的优势资源，以求得企业在现有的战略基础上向更高一级的方向发展。

稳定战略　限于经营环境和内部条件，企业在战略期所期望达到的经营状况基本保持在战略起点的范围和水平上的战略。

收缩战略　企业缩小原有经营范围和规模的战略。

纵向一体化　企业沿着产品或业务链向前或向后，延伸和扩展企业现有业务的战略。

横向一体化　企业向产业价值链相同阶段方向扩张的战略。

市场渗透　增加现有产品或服务的市场份额，或增加正在现有市场中经营的业务。

市场开发　将现有产品或服务打入新市场。

产品开发　在原有市场上通过技术改进与开发研制新产品。

相关多样化　又称同心多元化，企业以现有业务或市场为基础进入相关产业或市场的战略。

非相关多样化　又称离心多元化，企业进入与当前产业和市场均不相关的领域的战略。

外部发展　企业通过取得外部经营资源谋求发展的战略。

内部发展　企业利用自身内部资源谋求发展的战略。

并购　包括收购与合并。收购指一个企业（收购者）购买和吸纳了另一个企业（被收购者）的业务。合并指两个或两个以上的企业之间的重新组合。

新建　建立一个新的企业，与并购相对应。

战略联盟　两个或两个以上经营实体之间为了达到某种战略目的而建立的一种合作关系。合并或兼并就意味着战略联盟的结束。

紧缩与集中战略　往往集中于短期效益，采取补救措施挽救利润下滑，以期立即产生效果。

转向战略　更多地涉及企业的整个经营努力的改变。

放弃战略　涉及企业（或子公司）产权的变更，是比较彻底的撤退方式。

案例与分析

案例 4－1　SZ 钢铁公司实施纵向一体化战略

规模位列国内钢铁行业前列的 SZ 钢铁公司已连续三年盈利能力低于 6%。究其原因，SZ 钢铁公司长期采用的“集中式”战略（即生产组织仅局限于钢铁冶炼流程）已不能适应近年来国内外钢铁产业企业竞争转换为产业链竞争态势之需要。

一方面，世界钢铁企业通过对原料企业的整合使得钢铁原料矿石、煤粉等资源处于被垄断地位，进口铁矿石价格连年暴涨，带动国内铁矿石价格不断攀升，导致 SZ 钢铁公司原料供应受制于人。另一方面，钢铁市场的需求虽然依旧十分旺盛，但下游客户面临的选择越来越多，对用料的要求也越来越高。SZ 钢铁公司固守于钢铁冶炼阶段，对客户需求的变化缺乏敏感性，导致公司结构性产能过剩。

目前钢铁产业链中的上游原料的销售利润率可以达到 15%，而下游产品的销售利润率可以达到 7%～10%。SZ 钢铁公司在以往的经营过程中，与上下游企业业务联系密切，因而可以在现有人才和技术不需要做大的投入和调整的前提下，实现纵向一体化的整合。

SZ 钢铁公司纵向一体化战略的实施从以下两个方面展开：

（1）前向整合。与 Q 公司等石油公司签订集研发、生产、销售为一体的合作协议，待条件成熟，进行合资生产；收购 Y 造船厂；参股 G 造船厂；与 D 钢帘线制造厂签订合作协议。

（2）后向整合。SZ 钢铁公司开始着手在远东地区建立铁矿资源生产企业，确保公司铁矿资源的长期稳定供应；与 L 煤炭集团建立长期合作协议，解决煤炭资源供应问题。

分析与思考

分析 SZ 钢铁公司实施一体化战略的动因和适用条件。

提示：（1）SZ 钢铁公司实施纵向一体化战略的动因（或优势）如下：

1）前向一体化战略通过控制销售过程和渠道，有利于企业控制和掌握市场，增强对消费者需求变化的敏感性，提高企业产品的市场适应性和竞争力。“下游客户面临的选择越来越多，对用料的要求也越来越高。SZ 钢铁公司固守于钢铁冶炼阶段，对客户需求的变化缺乏敏感性，导致公司结构性产能过剩”。

2）后向一体化有利于企业有效控制关键原材料等投入的成本、质量及供应可靠性，确保企业生产经营活动稳步进行。“SZ 钢铁公司原料供应受制于人”，需“确保公司铁矿资源的长期稳定供应”，“解决煤炭资源供应问题”。

（2）SZ 钢铁公司实施纵向一体化战略的适用条件如下：

1）前向一体化战略的主要适用条件包括：

一是企业现有销售商的销售成本较高或者可靠性较差而难以满足企业的销售需要，“下游客户面临的选择越来越多，对用料的要求也越来越高”。

二是企业所在产业的增长潜力较大，“钢铁市场的需求虽然依旧十分旺盛”。

三是企业具备前向一体化所需的资金、人力资源等，“SZ 钢铁公司在以往的经营过程中，与上下游企业业务联系密切，因而可以在现有人才和技术不需要做大的投入和调整的前提下，实现纵向一体化的整合”。

四是销售环节的利润率较高，“下游产品的销售利润率可以达到 7%～10%（SZ 钢铁公司已连续三年盈利能力低于 6%）”。

2）后向一体化战略的主要适用条件包括：

一是企业现有的供应商供应成本较高或者可靠性较差而难以满足企业对原材料、零件等的需求，“导致 SZ 钢铁公司原料供应受制于人”。

二是供应商数量较少而需求方竞争者众多，“使得钢铁原料矿石、煤粉等资源处于被垄断地位”。

三是企业所在产业的增长潜力较大，“钢铁市场的需求虽然依旧十分旺盛”，供应环节的利润率较高，“上游原料的销售利润率可以达到 15%（SZ 钢铁公司已连续三年盈利能力低于 6%）”。

四是企业具备后向一体化所需的资金、人力资源等，“SZ 钢铁公司在以往的经营过程中，与上下游企业业务联系密切，因而可以在现有人才和技术不需要做大的投入和调整的前提下，实现纵向一体化的整合”。

五是企业产品价格的稳定对企业而言十分关键，后向一体化有利于控制原材料成本，从而确保产品价格的稳定，“进口铁矿石价格连年暴涨，带动国内铁矿石价格不断攀升，导致 SZ 钢铁公司原料供应受制于人”。

案例 4－2 CL 公司的多元化经营战略

1994 年，CL 公司成为国内最大的空调生产基地，公司积累了大量的资金，急需找到新的投资渠道。为了最大限度地利用市场机会和公司在家电行业的优势地位，CL 公司陆续上马了电冰箱、洗衣机、电视机、电脑等产品项目，希望利用品牌优势，为公司获取更多的利润。

然而，1994 年后，CL 公司领导层不再看好家电行业，认为家电行业即将进入行业生命周期的衰退期，因此，公司必须开拓新的领域，建立新的经济增长点。

1995 年初，CL 公司开始向机动车领域发展。到 1995 年年底，CL 公司投资 1.5 亿元兴建了年产 100 万辆摩托车生产线，投资 2.5 亿元兴建了年产 100 万台摩托车发动机的生产线。CL 公司的摩托车产品凭借先进的技术和新颖的外观，1997 年上半年就实现了 6 万台的销量，销售收入近 10 亿元。但好景不长，由于 CL 公司的摩托车的售价较高，其主要消费者是大中城市中收入较高的人群，而主要的大中城市都于 1997 年前后相继实行“禁摩令”，封闭了 CL 公司摩托车的消费市场。2005 年 CL 公司不得不将摩托车业务低价转让给其他公司。

1997 年，CL 公司斥资 7.2 亿元收购了国内一家汽车厂，上马中型卡车项目，成为首家非汽车企业入主汽车行业的企业。但是，CL 公司在汽车制造方面缺乏高素质的管理人员，对相关业务流程的监管及持续改进能力不足，同时没有对汽车市场需求与行业发展状况进行深入的调研和分析，其生产经营的中型卡车的载重量都在 15 吨以下，与市场需求脱节，且关键零部件都需外购，尤其是动力配置须向竞争对手采购，企业的发展受到竞争对手制约。2012 年 CL 公司不得不将中型卡车业务出售。

从 1998 年开始，国内加大对新能源行业的政策支持，CL 公司领导层认为这一领域发展潜力巨大、前景广阔。1999 年 CL 公司对高能动力镍氢电池项目进行了立项。2002 年，CL 公司召开了“高能动力镍氢电池及应用发布会”，标志着这个跨度更大的新能源行业成为CL公司的又一个主营领域。至2013年，CL公司是国内仅有的掌握镍氢电池自主专利技术的厂家，技术优势明显，但国内整个镍氢电池市场规模还不大，从新能源产业中的获利不足以支撑整个公司的发展。

2009年CL公司的领导人力排众议，坚持成立CL房地产开发有限公司，宣布进入房地产行业，希望高回报率的房地产业能给公司发展带来新的转机。然而，之后不久政府对房地产行业进行宏观调控，房地产业进入“寒冬期”，资金链紧张，房地产销售面积大降。而作为一个没有房地产开发经验的行业“新手”，要想在宏观政策收紧的情况下，从众多经验丰富、实力雄厚、拥有良好品牌的房地产企业中夺取市场份额无疑难度极大。2010年CL公司房地产业务亏损近百万元。

CL公司将大量人力、财力、物力转向与主业完全不相关的领域，对其主业发展带来了极大的负面影响，原有的核心能力基本丧失殆尽。CL公司家电业几大产业的经营状况如下：

（1）空调器业务。由于CL公司的领导层未充分利用企业资源对空调业务进行扩大投资，公司生产的空调逐渐失去了市场优势，其市场份额逐年下降，已沦为国内空调器三类品牌。

（2）洗衣机业务。CL公司的洗衣机业务只有在投产的第一年实现基本盈亏平衡，之后都是亏损，CL公司试图通过调整产品结构、不断推出新产品来打开市场局面，但效果一直不理想，洗衣机业务的经营状况未得到根本扭转。

（3）电冰箱业务。CL公司的电冰箱业务的发展不如人意。在2003年CL公司将电冰箱业务全数出售给另一家公司。

分析与思考

分析CL公司的多元化战略及其动机和风险。

提示：（1）CL公司主业是空调器，进入电冰箱、洗衣机、电视机、电脑等领域是相关多元化，进入摩托车、中型卡车、高能动力镍氢电池、房地产领域是非相关多元化。

（2）CL公司实施多元化战略的动机（优点）包括：

1）分散风险，“认为家电行业已经面临行业生命周期的衰退期”。

2）在企业无法增长的情况下找到新的增长点，“认为……公司必须开拓新的领域，建立新的经济增长点”。

3）利用未被充分利用的资源，“为了最大限度地利用市场机会和公司在家电行业的优势地位”。

4）运用盈余资金，“公司积累了大量的资金，急需找到新的投资渠道”。

5）运用企业在某个产业或某个市场中的形象和声誉来进入另一个产业或市场，“希望利用品牌优势，为公司获取更多的利润”。

（3）CL公司实施多元化战略的面临的风险包括：

1）来自原有经营产业的风险。多元化经营往往意味着原有经营的产业要受到削弱。“公司生产的空调逐渐失去了市场优势，其市场份额逐年下降，已沦为国内空调器三类品牌”。

2）市场整体风险。市场经济中的广泛相互关联性决定了多元化经营的各产业仍面临共同的风险。“公司生产的空调逐渐丧失了市场优势”“洗衣机业务只有在投产的第一年实现基本盈亏平衡，其余都是亏损”“冰箱的发展不如人意”“不得不将摩托车业务低价转让给其他公司”“中型卡车业务的发展受到竞争对手制约”“房地产业务亏损近百万元”。

3）产业进入风险。企业在进入新产业之后还必须不断地注入后续资源，竞争者的策略也是一个未知数。“作为一个没有房地产开发经验的行业‘新手’”，想要“从众多经验丰富、实力雄厚、拥有良好品牌的房地产企业中夺取市场份额无疑难度极大”。

4）内部经营整合风险。新投资的业务会通过财务流、物流、决策流、人事流给企业以及企业的既有产业经营带来全面的影响。“公司的领导层未充分利用企业资源对空调业务进行扩大投资”，“缺乏高素质的管理人员”，“将大量人力、财力、物力转向与主业完全不相关的领域，对其主业发展带来了极大的负面影响”。

案例 4-3 JR 公司实施收缩战略

1991 年，以电脑软件开发为主营业务的 JR 公司注册成立。公司发展很快，1993 年成为国内第二大民营高科技企业。

1994 年，JR 公司领导层发现，计算机市场发展日新月异，如果继续仅从事电脑软件开发，扛不过猖獗的盗版，于是把一部分注意力转向了当时国内正在起步且市场潜力很大的保健品市场，希望利用公司的品牌优势，最大限度地利用市场机会。公司保健品项目开始起步。

1995 年，JR 公司将开发的 12 种保健品一起推向市场，投放 1 亿元资金展开广告攻势，JR 公司的保健品受到市场的广泛关注。但是评估结果表明，广告攻势虽然提高了公司的知名度和关注度，而广告效果几乎为零，因为公司并不知道消费者需要什么，广告攻势无的放矢，无法达到刺激消费者购买欲望的效果。此外，公司内部管理混乱，各项规章制度形同虚设，沟通激励机制不健全，欺上瞒下成风。1996 年公司保健品销售额为 5.6 亿元，但烂账有 3 亿元，资金在各个环节被无情地吞噬。

1996 年，JR 公司在 1994 年初动土兴建的 JR 大厦资金告急，由于预算与实际出入太大，公司领导层决定将用于保健品业务的全部资金调往 JR 大厦，保健品业务因资金“抽血”过量，再加上管理不善，迅速衰落。1997 年年初，JR 大厦未按期完工，各方债主纷纷上门，JR 公司现金流彻底断裂，负债 2.5 亿元，陷入破产危机。

公司陷入破产危机，决心从保健品市场寻找出路，JR 公司领导层总结过去市场调研不足的教训，对 300 位潜在消费者进行了深入的交流，调研了解保健品市场营销中可能遇到的各种问题。之后，选择距离两个大城市较近，而投入广告成本低得多的一个县级市作为公司东山再起的根据地。通过前期调研，发现老年消费者对公司产品有需求，但希望儿女们提供，于是将广告的创意定位在“向爹妈送礼”，这一广告历时十年经久不衰。

针对过去公司内部管理混乱导致的问题，JR 公司领导层从两个方面进行整改。

首先是严格各项管理制度，打造过硬的管理团队。历经破产危机的 JR 公司锻造队伍执行力的第一步，就是从管理好现金流开始。为了实现“让企业永远保持充沛的现金流”，做保健品业务时，总部把货卖给各地的经销商，且坚持全部先款后货，而促销、市场维护等工作主要由JR公司各地分公司负责。分公司经理坚决不能碰货款。同时，公司还通过制度安排，体现出一个分公司经理没有按总部制度办事，其他分公司经理都要受到牵连的利害关系，这样再也没有人敢拿公司的制度当儿戏。公司还建立了内部稽查队，长期持续进行市场稽查，一旦发现分公司弄虚作假或隐瞒问题，就会对分公司进行处罚。省级分公司也有稽查队稽查市级市场，市级稽查队又稽查县级市场。正是这种安排，让JR公司的营销团队在各终端非常强势，摆脱了一般保健品企业对于经销商的严重依赖。10年来JR公司保健品销售额100多亿元，但坏账金额始终是0。

其次是建立完善的沟通激励机制。公司陷入破产危机后，调集全国分公司精英分析失败原因，研究下一步变革方向。进而通过召开员工大会的方式将变革的思想传达给公司全体员工。公司召开表彰大会，对在保健品销售战役第一阶段做出重大贡献的一批“销售功臣”予以重奖，同时倡导“有奖必有罚，奖罚必配套”的企业文化。公司内部良好的沟通和激励造就了团队的超强凝聚力，不论是在公司强盛时还是在面临破产危机时，总是有一支管理团队不离不弃。

就这样，不到三年时间，JR公司又重新站立起来。2000年，保健品业务为公司创造了13亿元的销售奇迹，并建立了在全国拥有200多个销售点的庞大销售网络，规模超过JR公司的鼎盛时期。

分析与思考

分析JR公司二次实施收缩战略的原因和所采用的方式。

提示：（1）JR公司二次实施收缩战略的原因：

1）JR公司从电脑软件开发撤退的原因是被动原因——外部原因。“JR公司领导层发现，计算机市场发展日新月异，如果继续仅从事电脑软件开发，扛不过猖獗的盗版”。

2）JR公司在陷入破产危机后不得不实施收缩战略的原因是被动原因——企业（或企业某业务）失去竞争优势。

一是机制不顺：“公司内部各项规章制度形同虚设，沟通激励机制不健全，欺上瞒下成风，1996年公司保健品销售额为5.6亿元，但烂账有3亿元，资金在各个环节被无情地吞噬”。

二是决策失误：“公司不知道消费者需要什么，广告攻势无的放矢，无法达到刺激消费者购买欲望的效果”；“由于预算与实际出入太大，公司领导层决定将用于保健品业务的全部资金调往JR大厦，保健品业务因资金‘抽血’过量……迅速衰落”。

三是管理不善：“公司内部管理混乱，各种规章制度形同虚设，沟通激励机制不健全，欺上瞒下成风”。

（2）JR公司二次实施收缩战略所采用的方式：

1）JR公司从电脑软件开发撤退所采用的方式属于转向战略——重新定位或调整现有的产品和服务，“把一部分注意力转向了当时国内正在起步且市场潜力很大的保健品市场，希望利用公司的品牌优势，最大限度地利用市场机会。公司保健品项目开始起步”。

2）JR公司在陷入破产危机后实施撤退的方式有两类：紧缩与集中战略和转向战略。

一是紧缩与集中战略。

首先，机制变革，包括“严格各项管理制度”和“建立完善的沟通激励机制”。

其次，财政和财务战略。“从管理好现金流开始”，“为了实现‘让企业永远保持充沛的现金流’，做保健品业务时，总部把货卖给各地的经销商，且坚持全部先款后货，而促销、市场维护等工作主要由JR公司各地分公司负责”，“10年来JR公司保健品销售额100多亿元，但坏账金额始终是0”。

最后，削减成本战略。“调研了解保健品市场营销中可能遇到的各种问题……选择距离两个大城市较近，而投入广告成本低得多的一个县级市作为公司东山再起的根据地”。

二是转向战略。

首先，重新定位或调整现有的产品和服务。“当公司陷入破产危机，决心从保健品市场寻找出路”。

其次，调整营销策略，在价格、广告、渠道等环节推出新的举措。“选择距离两个大城市较近，而投入广告成本低得多的一个县级市作为公司东山再起的根据地。通过前期调研，发现老年消费者对公司产品有需求，但希望儿女们提供，于是将广告的创意定位在‘向爹妈送礼’，这一广告历时十年经久不衰”。

案例4-4　HN航空公司跨国并购之路

2004年，中国HN航空公司正式开通至东欧匈牙利首都的首条洲际航线，这也是中国首条连接东欧的航线。匈牙利政府邀请HN航空公司参与重组连年亏损濒临破产倒闭L航空公司，并承诺如果重组成功，将给予HN航空公司L航空公司49%的股权。

HN航空公司股东大会决定放弃这次并购，股东大会决定的主要依据是：第一，虽然HN航空公司已开通至匈牙利的国际航线，但其在欧洲尚不具备完善的航线网络，即便重组L公司也无法发挥在匈牙利首都的中转优势。第二，HN航空公司的资产负债率远高于行业平均水平，而收购一家已经连年亏损的航空公司将进一步增大公司的财务风险。

经过9年内涵式发展，HN航空公司竞争实力显著增强，而世界航空业市场的竞争也日趋激烈。首先是高铁在世界各国的迅速发展对航空业带来了巨大的冲击；其次是国内外竞争对手（特别是低成本航空公司）的激烈竞争。2013年，HN航空公司购买法国Y航空公司48%的股权，成为该公司的第一大股东。HN航空公司收购Y航空公司主要出于以下两点考虑：第一，两家航空公司具有良好的航线互补性，HN航空公司已经开通了多条亚洲和欧洲直达航线，Y航空公司主要运营北非和法国国内航线，可以构建连接亚、欧、非的航线网络。第二，收购Y航空公司可以使HN航空公司获得期待已久的国际黄金航线航权，提高HN航空公司在欧洲尤其是在西欧航线的竞争力。

分析与思考

分析HN航空公司并购战略的依据。

提示：(1) HN航空公司放弃收购L航空公司的原因：

1) 避免决策不当的并购。避免高估计并购对象所在产业的吸引力和自己对被并购企业的管理能力，从而高估并购后所带来的潜在经济效益。L 公司是“一家已经连年亏损的航空公司”；“虽然 HN 航空公司已开通至匈牙利的国际航线，但其在欧洲尚不具备完善的航线网络，即便重组 L 公司也无法发挥在匈牙利首都的中转优势”。

2）避免并购后不能很好地进行企业整合。“收购一家已经连年亏损的航空公司将进一步增大公司的财务风险”。

（2）HN 航空公司收购 Y 航空公司的主要动机：

1）避开进入壁垒，迅速进入，争取市场机会，规避各种风险。“通过并购可以使 HN 航空公司获得期待已久的国际黄金航线航权”。

2）获得协同效应。“两家航空公司具有良好的航线互补性。HN 航空公司已经开通了多条亚洲和欧洲直达航线，Y 航空公司主要运营北非和法国国内航线，可以构建连接亚、欧、非的航线网络”。

3）克服企业负外部性，减少竞争，增强对市场的控制力。“高铁在世界各国的迅速发展对航空业带来了巨大的冲击”，“国内外竞争对手（特别是低成本航空公司）的激烈竞争”。

案例 4－5　美国 A 公司与韩国 S 公司的战略联盟

2005 年，韩国 S 公司为美国 A 公司的第一代产品提供闪存芯片。2013 年，S 公司成为 A 公司最大的元器件和闪存供应商。

对 A 公司而言，S 公司为其设备提供 32%的零部件，大大降低了制造成本。而 S 公司在与 A 公司的合作过程中，从技术的积累、学习到技术的革新，从专门制造“山寨”手机的公司，变成在智能手机市场位列世界第一的公司。

S 公司在替 A 公司“打工”的过程中，自己推出了系列智能手机以及平板电脑，成为 A 公司在智能手机和平板电脑市场最重要的竞争对手。这样 A 公司从竞争对手 S 公司处采购显示屏、处理器、存储芯片等核心组件，相当于与 S 公司分享关于未来产品的关键信息，增强了 S 公司与其对抗的竞争力。

S 公司的芯片、面板等产品肯定要优先保证 S 公司终端产品的使用。A 公司和 S 公司在全球多个国家就产品的外观和功能发生过专利权诉讼。由于在联盟协议中，双方没有规定相应的违约责任条款对 S 公司的侵权行为进行制约，2011 年 4 月 19 日 A 公司只得向法院起诉 S 公司侵犯了其商标和专利权。2012 年 8 月 25 日，法院裁定 S 公司侵犯 A 公司的专利权，同时裁决 S 公司必须赔偿 A 公司高达 10.5 亿美金的罚款。

A 公司正在想办法摆脱对 S 公司的依赖，但由于 S 公司的技术更好，在关键零部件方面的能力牵制了 A 公司，在短期内 A 公司仍离不开它。2009 年 A 公司宣布，将向 D 公司预付 5 亿美元，确保未来的闪存芯片供应；帮助其他屏幕供应商，包括 P 公司和 D 公司，扩建了工厂；A 公司自己建厂，从 2014 年开始生产处理器。A 公司所做的这些都是为了摆脱对 S 公司关键零部件的依赖。

分析与思考

1. 分析 S 公司与 A 公司的战略联盟类型及动因。

2. A公司防止战略联盟的不利影响的措施有哪些?

3. 根据五种竞争力模型，分析A公司对S公司零部件供给依赖度较大的原因，以及A公司为摆脱依赖应采取哪些措施。

提示：(1) S公司与A公司所结成的战略联盟的类型为功能性协议（或契约式战略联盟)。主要动因如下：

1) 促进技术创新。“S公司在与A公司的合作过程中，从技术的积累、学习到技术的革新，从专门制造‘山寨’手机的公司，变成在智能手机市场位列世界第一的公司”。

2) 避免经营风险。“A公司从竞争对手S公司处采购显示屏、处理器、存储芯片等核心组件，相当于与S公司分享关于未来产品的关键信息，增强了S公司与其对抗的竞争力”。

3) 实现资源互补。“对A公司而言，S公司为其设备提供32%的零部件，大大降低了制造成本”；“S公司在与A公司的合作过程中，从技术的积累、学习到技术的革新”；“A公司从竞争对手S公司处采购显示屏、处理器、存储芯片等核心组件，相当于与S公司分享关于未来产品的关键信息”。

4) 开拓市场。“S公司成为A公司最大的元器件和闪存供应商”；“变成在智能手机市场位列世界第一的公司”。

(2) 依据战略联盟管控的要求，A公司为了防止与S公司战略联盟合作过程中对自己所带来的不利影响，应当采取的措施如下：

1) 订立协议。A公司在与S公司战略联盟合作过程中，这一管控手段没有到位。“由于在联盟协议中，双方没有规定相应的违约责任条款对S公司的侵权行为进行制约，2011年4月19日A公司只得向法院起诉S公司侵犯了其商标和专利权”。

2) 建立合作信任的联盟关系。A公司在与S公司战略联盟合作过程中，没有注意防范可能存在的信任危机，这一管控手段没有到位。“双方没有规定相应的违约责任条款对S公司的侵权行为进行制约”；“A公司和S公司在全球多个国家就产品的外观和功能发生过专利权诉讼”。

(3) 依据第二章五种竞争力模型中影响供应者讨价还价能力的主要因素，分析A公司对S公司零部件供给依赖度较大的原因是：S公司零部件供给产品差异化程度与资产专用性程度较高，“对A公司而言，S公司为其设备提供32%的零部件”；“S公司的技术更好，在关键零部件方面的能力牵制了A公司，在短期内A公司仍离不开它”，增强了S公司对A公司讨价还价能力。

A公司为摆脱对S公司关键零部件的依赖应采取的措施有：

1) 降低S公司零部件供给产品差异化程度与资产专用性程度，“2009年A公司宣布，将向D公司预付5亿美元，确保未来的闪存芯片供应；帮助其他屏幕供应商，包括P公司和D公司，扩建了工厂”。

2) 提高A公司纵向一体化程度，“A公司自己建厂，从2014年开始生产处理器”。

通过这些措施，提高A公司对S公司讨价还价能力，从而摆脱对S公司关键零部件的依赖。

第五章 企业业务单位战略

【本章要点提示】

※ 基本竞争战略

※ 中小企业竞争战略

※ 蓝海战略

本章内容引言

本章讨论企业在一个具体业务或市场领域中的战略，它们属于企业经营单位战略的范畴。波特在《竞争战略》一书中把竞争战略描述为：采取进攻性或防守性行动，在产业中建立起进退有据的地位，成功地对付五种竞争力，从而为公司赢得超常的投资收益。为了达到这一目的，各个公司可以采用的方法是不同的，对每个具体公司来说，其最佳战略是最终反映公司所处的内外部环境的独特产物。

第一节 基本竞争战略

波特归纳总结了三种具有内部一致性的基本竞争战略，即成本领先战略（cost leadership strategy）、差异化战略（differentiation strategy）和集中化战略（focus strategy）。三种基本竞争战略之间的关系可由图 5－1 表示。

从图 5－1 可以看到，在三种基本竞争战略中成本领先战略和差异化战略是基本竞争战略的基础，它们是一对“对偶”的战略，而集中化战略不过是将这两种战略运用在一个

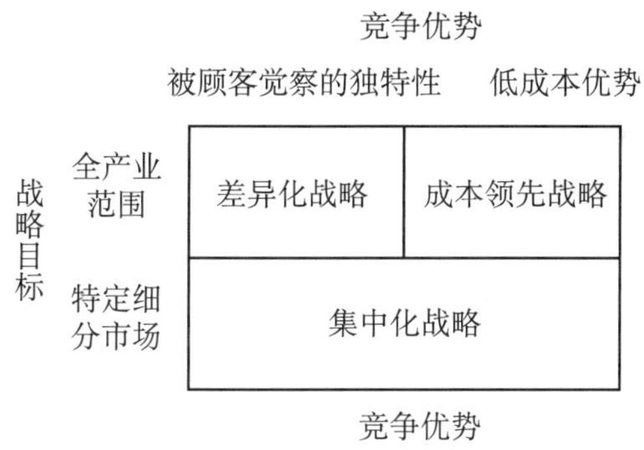

图 5－1　三种基本竞争战略

资料来源：迈克尔·波特．竞争战略：分析产业和竞争的技巧．陈小悦，译．北京：华夏出版社，1997.

特定的细分市场而已。

一、成本领先战略

成本领先战略是指企业通过在内部加强成本控制，在研究开发、生产、销售、服务和广告等领域把成本降到最低，成为产业中的成本领先者的战略。按照波特的思想，成本领先战略应该体现为产品相对于竞争对手而言的低价格。[①] 但是，成本领先战略并不意味着仅仅获得短期成本优势或者仅仅是削减成本，它是一个“可持续成本领先”的概念，即企业通过其低成本地位来获得持久的竞争优势。

（一）采用成本领先战略的优势

1. 形成进入障碍

企业的生产经营成本低，便为产业的潜在的进入者设置了较高的进入障碍。那些在生产技术不熟练、经营上缺乏经验或缺乏规模经济的企业都很难进入此产业。

2. 增强讨价还价能力

企业成本低，可以应付投入费用的增长，提高企业对供应商的讨价还价能力，降低投入因素变化所引起的影响。同时，企业成本低，可以提高自己对购买者的讨价还价的能力，能对抗强有力的购买者。

3. 降低替代品的威胁

企业的成本低，在与替代品竞争时，可以凭借其低成本的产品和服务吸引大量的顾客，降低或缓解替代品的威胁，使自己处于有利的竞争地位。

4. 保持领先的竞争地位

在与产业内的竞争对手进行价格战时，企业由于成本低，可以在其对手毫无利润的低价格水平上保持盈利，从而扩大市场份额，保持绝对的竞争优势。

① 格里·约翰逊，凯万·斯科尔斯．公司战略教程．金占明，贾秀梅，译．北京：华夏出版社，1998.

总之，采用成本领先战略可以使企业有效地对付产业中的五种竞争力量，以其低成本的优势，获得高于行业平均水平的利润。

（二）成本领先战略的实施条件

1. 市场情况

从市场情况考察，成本领先战略主要适用于以下一些情况：

（1）产品具有较高的价格弹性，市场中存在大量的价格敏感用户；

（2）产业中所有企业的产品都是标准化的产品，产品难以实现差异化；

（3）购买者不太关注品牌，大多数购买者以同样的方式使用产品；

（4）价格竞争是市场竞争的主要手段，消费者的转换成本较低。

2. 资源和能力

实现成本领先战略的资源和能力包括：

（1）在规模经济显著的产业中装备相应的生产设施来实现规模经济。

（2）降低各种要素成本。各种投入包括资金、劳动力、原材料和零部件等生产要素都是企业成本的直接来源，力求以最优惠的供给价格获得各种要素。

（3）提高生产率。生产率即单位要素的产出，它与单位产品的成本互为倒数，因此，提高生产率与降低成本密切相关。采用最新的技术、工艺或流程和充分利用学习曲线来降低成本，都是提高生产率必要的手段。

（4）改进产品工艺设计。企业价值工程研究的一个重要内容是寻找物美价廉的替代品。通过采用简单的产品设计，减少产品的功能但同时又能充分满足消费者需要来降低成本。

（5）提高生产能力利用程度。生产能力利用程度决定分摊在单位产品上的固定成本的多少。

（6）选择适宜的交易组织形式。在不同情况下，是采取内部化生产，还是靠市场获取，成本会有很大的不同。

（7）重点集聚。企业集中相关资源用于某一经营领域，如用于某一顾客群体、某一特定市场、某一类型产品、某一特定的技术等，可能会比分散地使用资源获得更多的效率。

（三）采取成本领先战略的风险

（1）技术的变化可能使过去用于降低成本的投资（如扩大规模、工艺革新等）与积累的经验一笔勾销。

（2）产业的新加入者或追随者通过模仿或者以更高技术水平设施的投资能力，达到同样的甚至更低的产品成本。

（3）市场需求从注重价格转向注重产品的品牌形象，使得企业原有的优势变为劣势。企业在采用成本领先战略时，应注意这些风险，及早采取防范措施。

二、差异化战略

差异化战略是指企业向顾客提供的产品和服务在产业范围内独具特色，这种特色可以给产品带来额外的加价，如果一个企业的产品或服务的溢出价格超过因其独特性所增加的成本，那么，拥有这种差异化的企业将获得竞争优势。

（一）采用差异化战略的优势

企业采用差异化战略，可以很好地防御产业中的五种竞争力量，获得超过平均水平的利润。具体讲，采用差异化战略的优势主要表现在以下几方面。

1. 形成进入障碍

由于产品的特色，顾客对该产品或服务具有很高的忠实程度，从而使该产品和服务具有强有力的进入障碍。潜在的进入者要与该企业竞争，就需要克服由这种产品的独特性所造成的进入障碍。

2. 降低顾客敏感程度

由于顾客对企业产品或服务有很高的忠实性，所以当这种产品或服务的价格发生变化时，顾客对价格的敏感程度不高。生产该产品或提供该服务的企业便可以运用差异化战略，在产业的竞争中形成一个隔离地带，避免竞争的侵害。

3. 增强讨价还价能力

差异化战略可以为企业带来较高的边际收益，降低企业的总成本，增强企业对付供应商讨价还价的能力。同时，由于购买者别无其他选择，对价格的敏感程度又低，所以企业又可以运用这一战略削弱购买者讨价还价的能力。

4. 抵御替代品威胁

替代品能否替代老产品，主要取决于两种产品的性能-价格比的比较。差异化战略通过提高产品的性能来提高产品的性能-价格比，有助于抵御替代品的威胁。

（二）差异化战略的实施条件

1. 市场情况

（1）产品能够充分地实现差异化，且为顾客所认可；

（2）顾客的需求是多样化的；

（3）企业所在产业技术变革较快，创新成为竞争的焦点。

2. 资源和能力

实施差异化战略应具备的资源和能力包括：

（1）具有强大的研发能力和产品设计能力；

（2）具有很强的市场营销能力；

（3）有能够确保激励员工创造性的激励体制、管理体制和良好的创造性文化；

（4）具有从总体上提高某项经营业务的质量、树立产品形象、保持先进技术和建立完善分销渠道的能力。

（三）采取差异化战略的风险

1. 企业形成产品差别化的成本过高

企业形成产品差别化的成本过高，从而与实施成本领先战略的竞争对手的产品价格差距过大，购买者不愿意为获得差异化的产品支付过高的价格。

2. 市场需求发生变化

市场需求发生变化，购买者需要的产品差异化程度下降，使企业失去竞争优势。

3. 竞争对手的模仿和进攻使已建立的差异缩小甚至转向

竞争对手的模仿和进攻使已建立的差异缩小甚至转向，这是随着产业的发展成熟而发生的一种普遍现象。

三、集中化战略

集中化战略是指针对某一特定购买群体、产品细分市场或区域市场，采用成本领先或产品差异化来获取竞争优势的战略。集中化战略一般是中小企业采用的战略，可分为两类：集中成本领先战略和集中差异战略。

（一）采用集中化战略的优势

由于采用集中化战略是企业在一个特定的目标市场上实施成本领先或差异化战略，所以，成本领先和差异化战略抵御产业五种竞争力的优势也都能在集中化战略中体现出来。此外，由于集中化战略避开了在大范围内与竞争对手的直接竞争，所以，对于一些力量还不足以与实力雄厚的大公司抗衡的中小企业来说，集中化战略的实施可以增强它们相对的竞争优势。即使是对于大企业来说，集中化战略的实施也能够避免与竞争对手正面冲突，使企业处于一个竞争的缓冲地带。

（二）集中化战略的实施条件

（1）购买者群体之间在需求上存在着差异。

（2）目标市场在市场容量、成长速度、获利能力、竞争强度等方面具有相对的吸引力。

（3）在目标市场上，没有其他竞争对手采用类似的战略。

（4）企业资源和能力有限，难以在整个产业实现成本领先或差异化，只能选定个别细分市场。

（三）采取集中化战略的风险

1. 狭小的目标市场导致的风险

由于狭小的目标市场难以支撑必要的生产规模，所以集中化战略可能带来高成本的风险，从而又会导致与经营范围较宽的竞争对手相比在成本上的差别日益扩大，抵消了企业在目标市场上的成本优势或差异化优势，使企业集中化战略失败。

2. 购买者群体之间需求差异变小

由于技术进步、替代品的出现、价值观念更新、消费偏好变化等多方面的原因，目标市场与总体市场之间在产品或服务的需求上差别变小，企业原来赖以形成集中化战略的基础也就消失了。

3. 竞争对手的进入与竞争

原来以较宽的市场为目标的竞争对手转而采取同样的集中化战略，或者竞争对手从企业的目标市场中找到了可以再细分市场，并以此为目标来实施集中化战略，从而使原来实施集中化战略的企业失去了优势。

四、基本竞争战略的综合分析——“战略钟”

基本竞争战略的概念非常重要，这是因为它给管理人员提供了思考竞争战略和取得竞争优势的方法。然而，当试图用这些概念解决企业实际战略选择时会遇到很多问题。企业遇到的实际情况比较复杂，并不能简单地归纳为应该采取哪一种基本战略。而且，即使是成本领先或差异化也只是相对的概念，在它们之中也有多个层次。克利夫·鲍曼（Cliff Bowman）将这些问题收入到一个体系内，并称这一体系为“战略钟”①。他的这一思想很有参考价值，可以对波特的许多理论进行综合。将产品的价格作为横坐标，将顾客对产品认可的价值作为纵坐标，然后将企业可能的竞争战略选择在这一平面上用 8 种途径表现出来（见图 5－2）。

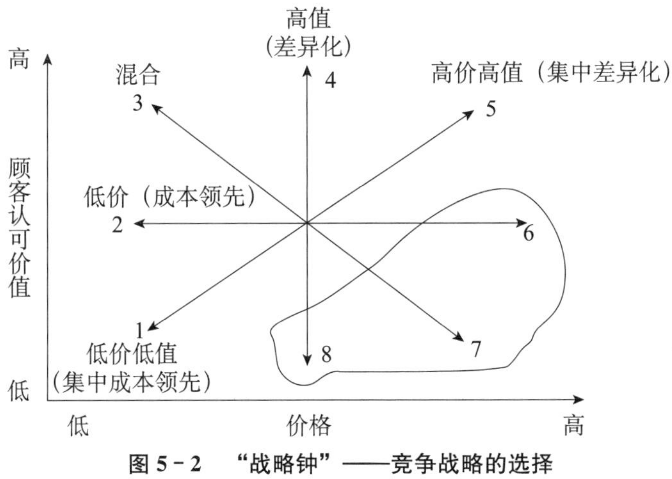

图 5－2　“战略钟”——竞争战略的选择

（一）成本领先战略

成本领先战略可以大致分为两个层次：一是低价低值战略（途径 1）；二是低价战略

① 格里·约翰逊，凯万·斯科尔斯．公司战略教程．金占明，贾秀梅，译．北京：华夏出版社，1998.

（途径 2）。低价低值战略看似没有吸引力，但有很多公司按这一途径经营得很成功。这时企业关注的是对价格非常敏感的细分市场，在这些细分市场中，虽然顾客认识到产品或服务的质量很低，但他们买不起或不愿买更高质量的商品。低价低值战略是一种很有生命力的战略，尤其是对于面对收入水平较低的消费群体的企业，很适合采用这种战略。途径 1 可以看成是一种集中成本领先战略。途径 2 则是企业寻求成本领先战略时常用的典型途径，即在降低价格的同时，努力保持产品或服务的质量不变。

（二）差异化战略

差异化战略可大致分为两个层次：一是高值战略（途径 4）；二是高值高价战略（途径 5）。途径 4 也是企业广泛使用的战略，即以相同或略高于竞争者的价格向顾客提供高于竞争对手的顾客认可价值。途径 5 则是以特别高的价格为顾客提供更高的认可价值。一些高档购物中心、宾馆、饭店等，就是实施这种战略。这种战略在面对高收入消费者群体时很有效，因为产品或服务的价格本身也是消费者经济实力的象征。途径 5 可以看成是一种集中差异化战略。

（三）混合战略

混合战略指途径 3。在某些情况下，企业可以在为顾客提供更高的认可价值的同时，获得成本优势。这与波特原来的设想有所不同。在波特与英国最大的百货超市连锁店 Sainsbury 公司的总经理戴维・塞恩斯伯里（David Sainsbury）讨论基本战略问题时，塞恩斯伯里认为，只关心价格或只关心质量的消费者都只是非常小的一部分，大多数人既关心价格也关心质量。所以应该在成本领先战略与差异化战略之间，探讨这样一种战略，即注重于价格和质量的中间范围。一些经济学家还指出，一个公司的优势很少完全建立在成本或差异上。可以找到不少以比竞争者更低的成本，提供比竞争者更高的顾客认可价值的例子。

从理论角度看，以下一些因素会导致一个企业同时获得两种优势：

（1）提供高质量产品的公司会增加市场份额，而这又会因规模经济而降低平均成本。其结果是，公司可同时在该产业取得高质量和低成本的定位。

（2）生产高质量产品的经验累积降低成本的速度比生产低质量产品快。这是因为，当生产高质量产品时，工人必须更留心产品的生产，这会因经验曲线而降低平均成本。

（3）注重提高生产效率可以在高质量产品的生产过程中降低成本，例如，全面质量管理（TQM）运动的全部推动力就是使公司改善生产过程以提高产品质量，同时降低平均成本。

（四）失败的战略

途径 6、途径 7、途径 8 一般情况下可能是导致企业失败的战略。途径 6 提高价格，但不为顾客提供更高的认可价值。途径 7 是途径 6 更危险的延伸，降低产品或服务的顾客认可价值，同时却在提高价格。除非企业处于垄断地位，否则不可能维持这样的战略。途径 8 在保持价格不变的同时降低顾客认可价值，这同样是一种危险的战略，虽然它具有一定的隐蔽性，在短期内不易被那些消费层次较低的顾客所察觉，但是这种战略是不能持久的，因为有竞争对手提供的优质产品作为参照，顾客终究会辨别出产品的优劣。

第二节 中小企业竞争战略

波特在《竞争战略》中对几个重要的产业环境类型进行了具体的战略分析。他的分析主要是从产业集中程度、产业成熟情况等角度展开的。其中零散产业和新兴产业大多是以中小企业为主体，所以从某种意义上讲，也可以说是对中小企业竞争战略的研究。需要明确的是，以下将阐述零散产业和新兴产业中的一些特殊战略问题，并不能作为在这些产业中战略制定的全面指导。这里所阐述的原则应与本书中其他部分阐述的全部概念、理论和技巧相结合，才能形成这些产业中战略分析的完整结构。

一、零散产业中的竞争战略

零散产业是一种重要的结构环境，在这种产业中，产业集中度很低，没有任何企业占有显著的市场份额，也没有任何一个企业能对整个产业的发展产生重大的影响。在一般的情况下，零散产业由很多中、小型企业构成。零散产业存在于经济活动的许多领域中，如一些传统服务业——快餐业、洗衣业等都属于这种产业。

（一）造成产业零散的原因

研究产业零散的原因是分析零散产业战略的重要内容。产业零散的原因主要来源于产业本身的基础经济特性。

1. 进入障碍低或存在退出障碍

进入障碍低是造成产业零散的前提。一方面，由于进入障碍低，大量中小企业涌入该产业，成为产业中竞争的主导力量。另一方面，如果产业存在退出障碍，则收入持平的企业将倾向于在产业中维持，并因此求得巩固。

2. 市场需求多样导致高度产品差异化

在某些产业中，顾客的需求是零散的，顾客希望产品或服务有更多不同的式样，更愿意接受非标准化的产品，也愿意为这种需求付出代价。这种需求的多样性在大众的日常消费中表现得非常明显。如消费者对餐馆、洗衣店、理发店、时装店等提供的产品与服务，都有各自不同的要求。这种需求的零散性还表现在消费者消费地点的零散。对一些产品或服务，消费者总是希望能够就近获取，例如，快餐、超市等。由于顾客需求的零散，导致该产业高度产品差别化，有效地限制了企业的规模，使效率不同的中小企业得以生存发展。

3. 不存在规模经济或难以达到经济规模

一些产业需要投入的固定资产较少，而专门技能是产业中竞争优势的主要来源。由于专门技能的复制不是一件轻而易举的事情，所以，这些产业中不存在规模经济。又如，市场需求的快速变化与多样性，要求迅速反应和多种功能间紧密合作，大企业难以发挥规模优势。再如，消费者对消费地点要求的差异性使高度集中的大企业无法满足消费者要求。还有一种可能的情况是，由于买方和卖方产业结构的原因，购买者和供应商如此强大，以至一个大企业在与之打交道时，和小企业相比也没有更强的讨价还价能力，因而无规模优势。有时，这些供应商或购买者还可能会通过有意识延伸其业务范围或鼓励新企业进入的方式使产业中的企业规模较小。此外，在有些产业，虽然在生产过程中可能存在规模经济，但由于高运输成本、高库存成本或不稳定的销售波动可能难以达到规模经济所需要的经济规模。

以上三个方面的原因是从产业本身的经济特性角度归纳的。如果再考虑其他的因素，如政府政策和地方法规对某些产业集中的限制、一个新产业中还没有企业掌握了足够的技能和能力以占据重要的市场份额等因素，也是导致产业零散的原因。

（二）零散产业的战略选择

零散产业中有很多企业，每个企业的资源和能力条件会有很大差异，因此零散产业的战略选择可以从多个角度考虑。如果从三种基本竞争战略的角度出发，零散产业的战略选择可分为以下三类。

1. 克服零散——获得成本优势

零散产业的特点就是零散，企业无规模经济优势。但是，如果某一个企业能够克服零散，那么它的战略回报将是很高的，其原因在于按零散产业的定义，进入这一产业的成本低，竞争者都比较弱小，它们进行报复的威胁不大。根据造成产业零散的原因，企业克服零散的途径有如下几条：

(1) 连锁经营或特许经营。对于由顾客消费地点或消费需求不同而造成的生产规模的不经济性，克服零散最好的办法就是连锁经营或特许经营。这与许多制造业通过集中生产获得规模经济的方式完全不同。如一些便民超市、快餐店、理发店等零售业和服务业，通过连锁经营或特许经营的方式可以使这些服务点虽然分散在居民的生活区中，但是可以通过建立起区域性的供货配送中心，克服高运输成本，减少库存，对顾客的需求快速反应，并分享共同的管理经验。正是由于连锁经营和特许经营能够克服零散，企业能够获得规模经济带来的成本优势，在零售业这样一个原本属于中小企业天下的产业中，崛起了沃尔玛、家乐福等一些世界顶级的大企业。

(2) 技术创新创造规模经济。如果技术变化能够产生规模经济，产业的集中就可能发生。例如，沃尔玛在20世纪80年代初花了4亿美元购买卫星，“用卫星卖鸡蛋”的做法曾不为人们所理解。而正是由于沃尔玛在信息技术上的投资，在传统零售业中创造了规模经济，使其在21世纪连续多年稳居世界500强第一位。

(3) 尽早发现产业趋势。如果产业零散的原因是由于产业处于开发期或成长期，那么随着产业的演变可能会发生集中。导致集中的因素可能是多方面的，比如，替代品的威胁通过改变顾客需要而触发了集中；批发渠道结构的改变和其他产业的发展趋势会直接或间接地影响造成零散的原因；政府或管理当局提高产品或制造标准，使其超过小企业的能力，以造成规模经济的实现，等等。尽早意识到产业发展趋势，可以使企业较早地利用这些结果而处于主动的地位，这是克服零散的一种重要方法。

实施以上的战略可能会使零散产业中的一部分中小企业逐步发展为大企业，但是广大中小企业可以更多地考虑以下两种战略。

2. 增加附加价值——提高产品差异化程度

许多零散产业的产品或服务是一般性的商品，所以就产品或服务本身来说提高差异化程度潜力已经不大。在这种情况下，一种有效的战略是增加商品的附加价值。

3. 专门化——目标集聚

零散产业需求多样化的特点，为企业实施重点集中战略提供了基础条件。在零散产业中可以考虑以下几种专门化战略：

(1) 产品类型或产品细分的专门化。当造成产业零散的原因之一是产品系列中存在多项不同产品时，产品类型或产品细分的专门化就是一种可行的战略。企业可以通过使其产品达到足够大的规模来增强与供应商的讨价还价能力，还可以通过具有专门技能而提高细分市场上产品差异化程度。但是，这种战略的代价是可能会对企业的发展规模形成某些限制。

(2) 顾客类型专门化。企业专注于产业中一部分特定顾客也可以获得潜在的收益。这些顾客可能因购买量小或规模小而造成讨价还价能力低下，或者可能对产品或服务有特殊要求而对价格很不敏感。像产品专门化一样，顾客专门化也可能限制企业的发展规模，但企业可能获得更高的利润率。

(3) 地理区域专门化。有些产业在大的地域范围内可能不存在规模经济，或者企业难以达到规模经济所需的市场份额，但是在一个小的地域范围内却可能获得重要的经济性，可采取的方法包括集中设备、选择更有效的广告、使用唯一的分销商等。例如一些地方性的小食品企业在本地集中经营就相当成功，尽管存在一些全国性大型企业，但食品产业仍保持着零散产业的特点。

(三) 零散产业战略选择应注意的问题

零散产业独特的结构环境造成了一些特殊的战略陷阱，对某些常见的陷阱应引起足够的警惕。在零散产业中进行战略选择要注意以下几个方面。

1. 避免寻求支配地位

零散产业的基本结构决定了寻求支配地位是无效的，除非可以从根本上出现变化。造成产业零散的原因通常会使企业在增加市场份额的同时面对低效率和失去产品差异性。

2. 保持严格的战略约束力

零散产业的竞争结构总是要求市场集中或遵循某些严格的战略原则。执行这些原则要求有充分的勇气舍弃某些业务，也要求组织内部的资源配置具有相对的稳定性。一项无约束力的易变的战略可能在短期内产生效果，但在长期发展中，由于战略执行过于随机，会削弱自身的竞争力。

3. 避免过分集权化

在许多零散产业中的竞争本质在于人员服务、当地联系、营业的近距离控制、对波动及式样变化的反应能力等。在许多情况下，集权化的组织结构与生产效率背道而驰，因为它延缓反应时间，经营单位的管理人员的主动性小，难以适应零散产业中的竞争。

4. 了解竞争者的战略目标与管理费用

零散产业中有许多小型的私营企业，这些企业往往是家族式的管理方式：使用家庭劳动力，经常在家中工作。它们的管理费用通常很低，其目标与股份制企业也有很大差异，它们可能对较低的赢利水平就感到满意，因而对价格变动或其他产业事件的反应与其他类型企业相比可能极不相同。

5. 避免对新产品做出过度反应

在零散产业中，巨大的竞争者数量与激烈的竞争往往使一种新产品成为激烈竞争的救星。但是，由于零散产业需求的多样性与缺乏规模经济，企业对新产品做出的大量投资在该产品的成熟期并不容易收回，也难以获得较高的回报。虽然在所有产业中关于如何对待新产品都是一个困难的问题，但这在零散产业中显得尤为突出。

二、新兴产业中的竞争战略

新兴产业是新形成的或重新形成的产业。其形成的原因是技术创新、消费者新需求的出现，或其他经济和社会变化将某个产品或服务提高到一种潜在可行的商业机会的水平。例如，电讯、计算机、家用电器等产业是创新技术的产物；搬家公司、送餐公司等则是新需求的产物。

从战略制定的观点看，新兴产业的基本特征是缺乏游戏规则。缺乏游戏规则既是风险又是机会的来源。

（一）新兴产业的内部结构环境

新兴产业在内部结构上彼此差异很大，但是仍有一些共同的结构特征。

1. 共同的结构特征

（1）技术的不确定性。在新兴产业中，企业的生产技术还不成熟，还有待于继续创新与完善。同时，企业的生产和经营也还没有形成一整套的方法和规程，哪种产品结构最佳、哪种生产技术最有效率等都还没有明确的结论。

（2）战略的不确定性。与技术不确定性相联系的是战略的不确定性。在新兴产业中，由于产业内的企业对于竞争对手、顾客特点和处于新兴阶段的产业条件等只有较少的信息，没有企业知道所有的竞争者是谁，也没有企业能够经常得到可靠的产业销售量和市场份额的信息。所以企业在产品-市场定位、市场营销和服务等方面经常会进行多种尝试，没有公认的“正确”的战略。

（3）成本的迅速变化。新兴产业通常有一段非常陡峭的学习曲线发生作用，这意味着新兴产业最初的高成本会以很快的速度下降。小批量和新产品常在新兴产业初期形成相对较高的成本。然而随着生产过程和工厂设计的改进、工作熟练程度的提高、销售额的增长导致的规模与累积产量的大幅度增加，企业的生产效率会大幅度提高。如果学习曲线的作用能与产业增长时所获得的规模经济的作用相结合，则成本下降会更快。

（4）萌芽企业和另立门户。由于产业没有成型的游戏规则，也不存在规模经济等进入障碍，最早进入新兴产业的大多是萌芽企业。萌芽企业是指新成立的企业。另立门户企业，是指那些已立足的企业中的雇员走出企业创立他们自己的新企业。在新兴产业中另立门户的原因有：第一，在迅速发展和充满机会的环境中，权衡后认为投资另立门户要比在已立足公司中充当工薪阶层更具吸引力。第二，由于新兴产业中存在技术和战略的流动性，已立足企业的雇员具有良好的条件去实现其新想法，这些新想法在原有企业可能由于转换成本过大而无法实现。例如，波特指出，当美国的几家数据设备公司的雇员确认其公司不会开发一种他们认为有很高潜力的产品时，通用数据公司便产生了。萌芽企业和另立门户的企业一般不可能是大企业，所以新兴产业也是中小企业的天下。

（5）首次购买者。新兴产业中许多顾客都是第一次购买，还有许多顾客对新兴产业持观望的态度，认为第二代或第三代技术将迅速取代现有的产品。在这种情况下，市场营销的核心活动是选择顾客对象并诱导初始购买行为。

2. 早期进入障碍

与产业得以发展后的进入障碍相比，新兴产业早期进入障碍有很大的不同。常见的早期进入障碍有：

（1）专有技术；

（2）获得分销渠道；

（3）得到适当成本和质量的原材料和其他投入（如熟练劳动力）；

（4）经验造成的成本优势；

（5）风险。

早期进入障碍较少来源于掌握巨大资源，而更多地源于承担风险的能力、技术上的创造性、做出前瞻性的决策、储备投入物资、分销渠道的能力等，在这些方面，中小企业往往比大企业更具有优势。这些障碍会随着产业的发展逐步弱化或消失。

（二）新兴产业的发展障碍

新兴产业在不同程度上面临产业发展的障碍。从产业的五种竞争力角度分析，这些障碍主要表现在新兴产业的供应商、购买者与被替代品三个方面，其根源还在于产业本身的结构特征。

1. 原材料、零部件、资金与其他供给的不足

严重的原材料和零部件短缺在新兴产业中是很常见的。面对发展的需求和不能适应的供给，在新兴产业的早期阶段，重要的原材料和零部件的价格经常会大幅上涨。此外，由于技术与战略的不确定性，新兴产业在金融界的形象和可信任程度可能较差，这种情况将会影响企业取得低成本融资的能力。不仅如此，新兴产业还缺乏各种发展所必需的基础设施，如服务设施、经训练的技巧、互补产品等。

2. 顾客的困惑与等待观望

新兴产业中顾客的困惑来源于众多产品方案、技术种类以及竞争者们互相冲突的宣传效果。这些现象主要是由技术的不确定性和缺乏技术标准等原因造成的。这种困惑会增加购买者的购买风险感而采取等待观望的态度，从而限制了产业的市场容量。此外，缺少分销渠道也是制约新兴产业市场容量发展的障碍。

3. 被替代产品的反应

在面临新产品替代威胁时，老产品生产企业会采用各种有效的办法降低替代品的威胁。老产品防范新产品的最佳战略可能是进一步降低成本，这也给新兴产业的发展增添了难度。

不难看到，上述障碍最终来源于新兴产业的技术与战略不确定、产品质量不稳定、缺乏产品或技术标准，以及难以避免的早期高成本等产业特征。

尽管新兴产业的特征可能成为产业发展的障碍与风险的来源，但也同样会成为发展机遇的来源。新兴产业的发展机遇更多地体现在五种竞争力中的另外两个方面——进入障碍与产业内现有企业的竞争。由于新兴产业进入障碍相对较低，产业尚处于不平衡状态，竞争结构还没有完全建立起来，因此，相对于成熟产业，新兴产业的进入成本与竞争代价都会小得多。

（三）新兴产业的战略选择

在新兴产业中，发展风险与机遇共存，而风险与机遇都来源于产业的不确定性。所以新兴产业中的战略制定过程必须处理好这一不确定性。

1. 塑造产业结构

在新兴产业中占压倒地位的战略问题是考虑企业是否有能力促进产业结构趋于稳定而且成型。这种战略选择使企业能够在产品策略、营销方法以及价格策略等领域建立一套有利于自身发展的竞争原则，从而有利于企业建立长远的产业地位。

2. 正确对待产业发展的外在性

在一个新兴产业中，一个重要的战略问题是在对产业倡导和追求自身狭窄利益的努力

之间做出平衡。产业的整体形象、信誉、与其他产业的关系、产业吸引力、顾客对产业的认知程度、产业与政府及金融界的关系等都与企业的生产经营状况息息相关。产业内企业的发展，离不开与其他同类企业的协调以及整个产业的发展。企业为了产业的整体利益以及企业自身的长远利益，有时必须放弃暂时的自身利益。

3. 注意产业机会与障碍的转变，在产业发展变化中占据主动地位

新兴产业迅速发展可能会使原有的障碍和机会都发生变化。当产业在规模上有所发展，企业也证明了自身价值时，供应商和分销渠道的态度和行为可能会向有利于企业发展的方向转变。那么，尽早挖掘这些方向变化可能给企业提供战略机会。新兴产业早期的进入障碍也可能会迅速变化，当产业规模发展到一定程度和技术成熟时，企业不能永远依靠诸如专有技术或独特产品种类等进入障碍保卫自身地位。对变化的进入障碍做出反应需投入比早期阶段更多的资金。再则，产业的发展会吸引更有规模、资金和市场营销等实力的企业进入，甚至供应商和购买者也可能以纵向一体化的方式进入该产业。在这些情况下，企业必须有应对激烈竞争的准备。

4. 选择适当的进入时机与领域

选择适当的进入时机在新兴产业中尤为重要。早期进入会面临高风险，但可以在关键市场取得“局内人的位置”，获得市场支配地位。当下列基本情况具备时，早期进入是适当的：

(1) 企业的形象和声望对顾客至关重要，企业作为先驱者可促进发展和提高声望。

(2) 产业中的学习曲线很重要，经验很难模仿，并且不会因持续的技术更新换代而过时，早期进入企业可以较早地开始这一学习过程。

(3) 顾客忠诚非常重要，那些首先对顾客销售的企业将获得较高的收益。

(4) 早期与原材料供应、分销渠道建立的合作关系对产业发展至关重要。

而在下列情况下，早期进入将是非常危险的：

(1) 早期竞争的细分市场与产业发展成熟后的情况不同，早期进入的企业建立了竞争基础后，将面临过高的转换成本。

(2) 为了塑造产业结构，需付出开辟市场的高昂代价，其中包括顾客教育、法规批准、技术开拓等，而开辟市场的收益无法为企业所专有。

(3) 技术变化使早期投资过时，并使晚期进入的企业因拥有最新产品和工艺而获益。

进入战略的选择还包括对进入领域的选择，即使是新兴产业，不同领域的市场发展前景、发展速度、五种竞争力的变化状况也不尽相同，因而产业整体的赢利水平也会有较大差异，所以，本书在第二章所讨论的产业分析和市场分析的理论与方法，应作为企业选择新兴产业领域的主要依据。

第三节 蓝海战略[1]

自波特的《竞争战略》和《竞争优势》两部战略专著问世后，“竞争”就成了战略管理领域的关键词。在基于竞争的战略思想指导下，企业常常在“差异化”和“成本领先”战略之间选择其一，确立自身的产品或服务在市场中的独特定位，以打败竞争对手，最大限度地占有市场份额。然而，追求“差异化”战略意味着相应地增加成本，而以“成本领先”为导向的战略又限制了企业所能获取的利润率。今天，在越来越多的产业中，竞争白热化，而需求增长缓慢甚至停滞萎缩。随着越来越多的企业去瓜分和拼抢有限的市场份额和利润，无论采取“差异化”还是“成本领先”战略，企业取得获利性增长的空间都越来越小。在这种情况下，企业如何才能从血腥的竞争中脱颖而出？如何才能启动和保持获得性增长？

欧洲工商管理学院 W. 钱·金（W. Chan Kin）和勒妮·莫博涅（Renee Mauborgne）在 2005 年 2 月出版的研究成果《蓝海战略》（*Blue Ocean Strategy*）中为企业指出了一条通向未来增长的新路。他们认为，“红海战略”主要是立足当前业已存在的行业和市场，采取常规的竞争方式与同行业中的企业展开针锋相对的竞争；而“蓝海战略”是指不局限于现有产业边界，极力打破这样的边界条件，通过提供创新产品和服务，开辟并占领新的市场空间的战略。

W. 钱·金和勒妮·莫博涅在《蓝海战略》一书中对蓝海战略的制定和实施进行了系统的阐述和归纳。下面我们仅从最直观的角度阐述蓝海战略与传统战略的不同思维。

一、蓝海战略的内涵

尽管蓝海是个新名词，它却不是一个新事物。无论过去还是现在，它都是商业生活的一部分。历史表明，产业在不断被开创和扩展，产业的条件和边界也不是一成不变的，企业个体可以重塑这些条件和边界，不必在给定的市场空间内残酷竞争。

当前主导性的战略思考仍然是基于竞争的红海战略。原因之一是，企业战略受军事战略的影响颇深。一旦企业把目光集中于红海，就等于接受了战争中的限制因素——有限的阵地以及必须击败敌人才能获取胜利的概念，忽略了商业世界的独特力量——避开竞争，创造新的市场空间。

蓝海的开拓者则并不将竞争作为自己的标杆，而是遵循另一套完全不同的战略逻辑，即“价值创新”（value innovation），这是蓝海战略的基石。之所以称为价值创新，原因在于它并非着眼于竞争，而是力图使客户和企业的价值都出现飞跃，由此开辟一个全新的、

① W. 钱·金，勒妮·莫博涅．蓝海战略．吉宓，译．北京：商务印书馆，2005.

非竞争性的市场空间。

价值创新不仅仅是"创新"，而是涵盖整个公司行为体系的战略问题。价值创新要求企业引导整个体系，同时以实现客户价值和企业自身价值飞跃为目标。如果不能将这两个目标相结合，创新必然会游离于战略核心之外。表 5－1 归纳了红海战略和蓝海战略的关键性差异。

表 5－1　红海战略和蓝海战略的关键性差异

红海战略	蓝海战略
在已经存在的市场内竞争	拓展非竞争性市场空间
参与竞争	规避竞争
争夺现有需求	创造并攫取新需求
遵循价值与成本互替定律	打破价值与成本互替定律
根据差异化或低成本的战略选择，把企业行为整合为一个体系	同时追求差异化和低成本，把企业行为整合为一个体系

二、重建市场边界的原则

蓝海战略的第一条原则，就是重新构筑市场的边界，从而打破现有竞争局面，开创蓝海。这一原则解决了令许多公司经常会碰到的搜寻风险。其难点在于如何成功地从一大堆机会中准确地挑选出具有蓝海特征的市场机会。

蓝海战略总结了六种重建市场边界的基本法则，被称为六条路径框架。表 5－2 对六种重建市场边界的路径框架做了一个小结。

表 5－2　蓝海战略的六条路径

	肉搏式竞争	开创蓝海战略
产业	专注于产业内的竞争者	审视他择产业
战略群组	专注于战略群组内部的竞争地位	跨越战略群组
买方群体	专注于更好地为买方群体服务	重新界定产业的买方群体
产品或服务范围	专注于在产业边界内将产品或服务的价值最大化	放眼互补性产品或服务
功能-情感导向	专注于产业既定功能-情感导向下性价比的改善	重设客户的功能性与情感性诉求
时间	专注于适应外部发生的潮流	跨越时间塑造外部潮流

（一）路径一：审视他择产业

他择品的概念要比替代品更广。形式不同但功能或者核心效用相同的产品或服务，属于替代品（statutes）；他择品（alternatives）还包括功能和形式都不同，而目的相同的产品或服务。

例如，美国 NetJets 就是通过审视他择产业，重建市场界限并开创蓝海的。航空业中最有利可图的客户群就是商务旅行者。NetJets 首先研究了目前的同类市场，发现当公务旅行者要出行时，主要有两个选择：要么乘坐商业航空公司飞机，要么自己购买专机。选择乘坐商业航空公司飞机只有一个原因——成本低，但是要排队去换登机牌和安检，还会忙乱地转机，在途中还不得不滞留过夜，每天在机场挤来挤去。选择自己购买专机，要承担动辄上百万美元的高额飞机固定投资成本与变动成本，但可以避免选择商业航空公司飞机所付出的各种时间成本。

针对这种情况，NetJets 把飞机的所有权分成 16 等份，由 16 个顾客共同拥有，每个顾客每年享有 50 小时的旅行时间。顾客可以用最低 37.5 万美元的价格（还要加上驾驶员酬劳、保养费和其他固定的支出）来购买总价值为 600 万美元的飞机的一定份额。也就是说，顾客付出了商业航空公司机票的成本，但是得到的是私人飞机的便利，大大缩短了旅行时间，减少滞留和转机带来的麻烦，使点对点飞行成为可能。

在不到 20 年的时间里，NetJets 的规模超过了许多航空公司，它拥有 500 多架飞机，在超过 140 个国家间经营着超过 25 万条航线。1993—2000 年，其每年的收入增长率都在 30%～35%之间。

（二）路径二：跨越战略群组

第二章在阐述战略群组概念时，介绍了欧洲的食品工业在 20 世纪 90 年代运用战略群组的划分寻求新的战略方向的案例。这是重建产业边界的又一路径。

以美国“曲线美”健身俱乐部为例。当时的健身俱乐部市场被认为是一个过度饱和的市场，美国健身业中充满了传统的健身俱乐部，它们的目标顾客不分男女，有全套锻炼和运动项目可供选择，拥有一整套的有氧运动和力量练习器械、饮料吧、健身教练以及封闭的淋浴间和桑拿房，而且通常都设在消费层次较高的市区。会员费通常为 100 美元/月。这些健身俱乐部的会员只占到当地全部人口的 12%，通常集中于大城市区域。投资开设一间这样的健身俱乐部需要 50 万～100 万美元。同时，美国健身行业中也包括家庭健身产品，比如讲授如何锻炼的录像、书籍和杂志。这些产品的成本很低，在家里就可以使用，而且一般都不需要或只需要很少的器械辅助。

大多数女性选择健身俱乐部的主要原因在于集体健身更有动力，更容易激发人的兴趣；而选择在家一个人锻炼的女性，主要考虑的是省时、成本低和私密性好。

“曲线美”健身俱乐部吸收两个战略群组各自的优势，消除和降低各自的劣势，只对女性开放，去掉了那些对大多数女性毫无吸引力的传统健身俱乐部的服务；将健身器械摆放成一个圈，从而使会员们可以充分交流，使锻炼成为一种乐趣，更省时和轻松。开设一家“曲线美”健身俱乐部的初期投资不过 2.5 万～3 万美元（不包括 2 万美元的许可费用），因而会员费的价格降到了 30 美元/月。“曲线美”的口号是“以每天一杯咖啡的价格，你就可以享有正确锻炼带来的健康”。到 2004 年年底，“曲线美”在北美、欧洲、拉丁美洲的连锁店达到 8 500 家。

（三）路径三：重新界定产业的买方群体

一个产业中的企业通常会集中于某一类购买群体。举例来说，医药行业主要将目光放在有影响力的群体即医生身上；办公用品行业主要关注采购者，即企业的采购部门；服装行业主要直接向使用者销售产品。

挑战产业有关目标买方群体的成规，就可以引领我们发现新的蓝海。

以诺和诺德公司（Novo Nordisk）为例。它是丹麦一家胰岛素制造商。过去，与其他医药行业一样，胰岛素生产企业主要关注有影响力的群体，即医生。由于医生对糖尿病患者选择何种胰岛素的影响力很大，他们自然成为这个产业的目标客户群。相应地，在医生提高对药物质量的要求下，这个产业中的企业将注意力集中于提高胰岛素的纯度方面。到20世纪80年代末，胰岛素提纯技术已经有了显著的改进，只要胰岛素的纯度是企业竞争的主要参数，那么再想沿着这个方向改进就很难了。诺和诺德公司首先研制出了一种“人体单一成分”胰岛素，它在化学成分上与人类胰岛素完全相同。这样，行业中企业之间的竞争趋同愈演愈烈。

然而，诺和诺德公司认识到，如果将注意力从以往的医生身上转移到使用者本身，即患者，就可以打破目前残酷的竞争格局。以往的胰岛素是装在瓶子里的，使用时需处理注射器、针头，并需依据患者实际状况调整胰岛素剂量等，这些事情都非常复杂，令患者感到非常不方便，针头和注射器还会引起一些人对患者产生不好的联想。诺和诺德公司1985年推出了诺和笔（Novo Pen），里面装有约一个星期剂量的胰岛素，方便携带，且消除了患者使用胰岛素注射器的不便和担心。为了在新的蓝海市场中取得优势地位，诺和诺德公司在1989年又推出了Novo Let注射器，这是一种一次性的胰岛素注射器，它带有剂量控制系统，使用起来更方便、简单。1999年，诺和诺德公司又推出了Innovo胰岛素计量器，这是一套嵌入电子记忆系统的盒式给药系统，可以显示使用剂量、上一次注射剂量及间隔时间，这些信息对于提醒患者避免错过注射时间很有帮助。

诺和诺德公司的蓝海战略彻底改变了产业的竞争状况，而且成功地将企业自身从胰岛素制造商转为糖尿病治疗公司。诺和笔及其后的注射系统席卷了胰岛素市场。在欧洲和日本，预填充型一次性胰岛素注射装置或注射笔现在已经占据了绝大多数市场份额。诺和诺德公司在欧洲已占有60%以上的市场份额，在日本则占到80%，其产值的70%来自糖尿病治疗这项业务，而这一业务概念在很大程度上出自这家企业将目标客户从影响者转为使用者。

（四）路径四：放眼互补性产品或服务

产品或服务很少被单独使用，很多情况下，它们的价值会受到别的产品或服务的影响。但是，在大多数情况下，企业生产的产品或提供的服务都局限于产业范围内。事实上，在互补产品或服务背后常常隐藏着巨大的价值。

匈牙利的北美客车工业公司（以下简称北客）通过放眼互补性产品或服务开创了一片蓝海。汽车运输产业的主要客户包括公共交通集团、在主要城镇提供固定线路公交服务的市属交通运输公司。在产业竞争法则的驱使下，汽车公司都通过压低价格来竞争。造成的后果是，汽车设计过时，交货时间延迟，质量下降，而且在产业竞争条件下不允许期货交易。

北客发现，对市政当局来说，最重要的成本因素并不是汽车价格本身，而是汽车购买之后的成本，即汽车在12年使用期限内的维护费用，包括修理、燃料、保养等各方面的费用，这些才是市政当局最沉重的负担。此外，由于对城市空气质量的要求，延续非环保型公共交通的代价也开始显现出来。虽然这些补充性活动的成本和代价远远超过客车的初始价格，但产业仍然忽略这一点。

北客通过关注那些补充性活动，找出整体的解决方案，研发出一种新型客车。北客采用玻璃纤维作为车身材料，因为玻璃纤维不会被腐蚀而大大降低了维护成本；发生事故使车身受损时，只需要将破损的部分切去，然后将新的材料焊接上即可，这使得维修更快、更省、更容易；玻璃纤维的车身的重量比钢铁造的车轻30%～35%，因而更省油，也大大降低了废气排放，从而使汽车更环保；车身重量的减轻，不仅可以使用更小的发动机，而且还可以使用更少的轴承，从而降低了制造成本，也使车内空间更大。

这样，北客创造了一条与产业的平均曲线大相迥异的价值曲线。尽管北客的汽车初始价格高于产业平均水平，但是市政当局在汽车上花费的整体成本大大降低。北客改变了市政当局审视汽车运输服务收益和成本的方法，通过降低整个车辆生命周期的成本，为购买者（包括市政当局和乘客）创造了极大的价值。

（五）路径五：重设客户的功能性与情感性诉求

一些产业主要通过价格和功能来竞争，关注的是给客户带来的效用，其诉求是功能性的；其他一些产业主要以客户感觉为竞争手段，其诉求是情感性的。当企业愿意挑战产业中已经存在的功能或情感诉求时，常常会发现新的市场机会。

以下两个案例体现了功能性与情感性诉求的转换。

日本快美美发店的蓝海战略的核心是把情感型产业转换成高度功能型产业。在日本，成年男子理发的过程十分复杂，除理发外还包括皮肤护理、按摩等一系列活动，使得理发变成了一种仪式，通常要花费1个小时左右，而理发的时间在总时间中只是很少一部分，同时也造成了顾客排队的现象。理发的价格在3 000～5 000日元之间（27～45美元）。快美美发店去掉了那些情感性的因素，大大地简化了护理等活动，专注于最基本的理发过程。这些变革将理发的时间由原来的1个小时缩短到10分钟，理发的价格也降到了1 000日元（9美元），同时将理发师每个小时的收入提高了50%，每个理发师分摊的成本费用也降低了。快美美发店在日本理发产业创造了一个蓝海市场，并借此在整个亚洲迅速发展。快美美发店成立于1996年，到2003年已有200多家门店，顾客数量从1996年的5.7万人迅速上升到2002年的350万人，业务已经扩展到新加坡和马来西亚。

全球第三大水泥生产商墨西哥水泥公司则以相反的方式创造了一个蓝海，它将产业由功能主导型转变为情感主导型。在墨西哥，以零售包装形式出售给自助建房者的水泥超过了水泥市场总量的85%。很多墨西哥人长期生活在过度拥挤的居住环境中，很少有家庭加盖房屋。大多数家庭都将余钱用于乡村节日、生日庆典，以及洗礼和婚礼。因此，尽管拥有一栋水泥造的房子是墨西哥贫民的梦想，但多数人没有足够的积蓄来购买建筑材料。1998 年，墨西哥水泥公司推出今日祖产（Patrimonio Hoy）计划，把水泥从功能性产品转变为梦想的礼物。今日祖产计划的基础是墨西哥传统的互助系统（Tandas），它是一种传统的社区储蓄计划。在互助系统中，10 个人（比如说）每人每周交 100 比索，连续交 10 周，大家抽签决定每周分别由谁来得到这 1 000 比索（93 美元）。参与者都只有一次获得这 1 000 比索的机会。在传统的互助系统中，幸运的家庭通常都把这笔钱用于洗礼和婚礼等庆祝活动。而今日祖产计划的互助系统中，规定幸运的家庭把这笔钱用于购买水泥修建新的房子。自从公司推出这项附带融资和技术服务的情感导向型互助系统后，需求迅速增长，选择建造新房子的家庭增加了 20%。在一个以价格竞争为主的低成长产业中，墨西哥水泥公司获得了每月 15%的增长率，而且可以以更高的价格卖水泥（约高 3.5 比索）。通过今日祖产计划卖出的水泥具有可预测性，使得墨西哥水泥公司的存货成本降低，生产流程更畅顺，资金成本降低，同时今日祖产计划中很少出现违约的情形。总的来说，墨西哥水泥公司创造了一个情感型的蓝海水泥市场，以更低的成本实现了差异化。

（六）路径六：跨越时间塑造外部潮流

随着时间的推移，很多产业都会受到外部趋势变化的影响，如互联网迅速崛起和全球环保运动的兴起。如果企业能够正确预测到这些趋势，就可能找到蓝海市场机会。

例如，从 20 世纪 90 年代末开始，非法共享音乐行为泛滥。到 2003 年年底，通过非法方式传播的音乐平均每个月超过 200 万首。尽管音乐制作业努力打击这种非法行为，但是非法的数码音乐下载行为屡禁不止。

由于技术上允许每个人自由地下载数码音乐，而不需要付费购买 CD，因而数码音乐流行趋势非常明显。苹果公司观察到这一潮流，并利用其寻求获利的机会，2003 年推出了 iTunes 网上音乐商店。iTunes 通过与宝丽金、百代、索尼、环球和华纳五大主要音乐制作公司达成协议，在网上提供合法的、便利的、一站式的音乐下载服务。在 iTunes 上，顾客可以自由浏览歌曲，试听 30 秒钟，花 99 美分可以下载单曲，花 9.99 美元可以下载一整张专辑。通过允许顾客下载单曲，并且非常合理地进行策略性定价，iTunes 攻克了困扰顾客的一个关键难题：当他们只想要其中一首或两首歌时，却不得不把整张 CD 买下来。

在非法下载音乐的时候，用户必须首先搜索歌曲、专辑或演唱者。如果用户要找到整张专辑，还必须知道每首歌的名字及顺序。通常，要想在同一个地方下载到整张专辑是非常困难的。音乐的质量通常也比较差，因为人们在复制 CD 时为了节省空间采用了较高的压缩比，而且能够找到的歌曲通常都很陈旧。所以尽管理论上用户可以在网上找到成千上万首免费歌曲，但范围是有限的。

苹果公司提供的搜索和浏览功能被公认为是业界最棒的，而且 iTunes 的音乐编辑们还将原本在唱片店里才会有的一些附加功能引进来，包括最佳发行组合、最佳爱情歌曲、员工至爱、名人推荐和歌曲排行榜等。iTunes 的音效质量也是最高的，因为它们采用了

AAC 的格式，比 MP3 的音质高。

iTunes 的顾客纷至沓来，唱片公司和艺术家们也因此获利。按 iTunes 的安排，他们可抽取下载歌曲售价的 60%。此外，苹果公司还采取了一些措施，更好地保护了唱片业的权益。iTunes 允许用户将歌曲录制到 iPod 和 CD 上，但最多不超过 7 次，这对音乐爱好者来说绰绰有余，但又不会造成盗版问题。

iTunes 音乐商店提供的歌曲超过 70 万首，第一年就卖出了 7 000 万首歌，用户平均每个星期下载的歌曲超过 250 万首。据尼尔森咨询公司的估计，iTunes 音乐商店已经占领了合法音乐下载服务市场 70%的份额。苹果的 iTunes 打开了数码音乐的蓝海市场。随着其他网上音乐商店的进入，苹果面临着新的挑战，苹果将继续关注大众市场的发展，而不是仅仅将眼光放在高端市场。

三、制定和实施蓝海战略的过程

蓝海战略是一种崭新的战略思维，其制定和实施的方法也完全不同于典型的战略规划。典型的战略规划以冗长的产业现状和竞争态势的描述为基础，进而开始有关如何增加市场份额、夺取新的细分市场或缩减成本的讨论，其后是提出目标和提案的纲要。这样的规划过程通常要准备很多文件，而数据资料则来源于企业的不同部门。在这一过程中，经理们把思索战略规划的大部分时间都花在填空和摆弄数据上，而不是在思索中打破成规，对如何冲破现有竞争有一个清楚的全局性认识，因而只能导致一些战术性的红海行动，很少能启迪蓝海战略的开创。

蓝海战略开拓了一套条理清晰的绘制和讨论战略布局的过程，以将企业战略推向蓝海。表 5－3 列举了指导蓝海战略成功制定与实施的原则，以及这些原则所能降低的风险。

表 5－3　　蓝海战略制定与实施的原则

战略制定原则	降低的风险因素
重建市场边界	搜寻的风险
注重全局而非数字	规划的风险
超越现有需求	规模的风险
遵循合理的战略顺序	商业模式的风险
克服关键组织障碍	组织的风险
将战略执行建成战略的一部分	管理的风险

综上所述，蓝海战略代表着战略管理领域的范式性的转变，即从给出一定结构下的定位选择向改变市场结构本身的转变。由于蓝海的开创是基于价值的创新而不是技术的突破，是基于对现有市场现实的重新排序和构建，而不是对未来市场的猜想和预测，企业就能够以系统的、可复制的方式去寻求它。蓝海既可以出现在现有产业疆域之外，也可以萌生在产业现有的红海之中。

事实上，蓝海战略绝非局限于业务战略（或竞争战略）的范畴，它着重于企业产业和市场边界的重建，因而更多地涉及公司战略的范畴。

本章小结

- 波特提出了三种基本竞争战略。其中，成本领先战略和差异化战略是基本竞争战略的基础，集中化战略是将这两种战略运用在一个特定的细分市场。本章着重阐述这三种战略各自的基本概念、优势、实施条件与风险。
- “战略钟”的分析方法是一种对基本竞争战略进行综合分析的方法，战略钟用价格和顾客认可价值作为二维坐标，将基本竞争战略放在一个平面上，归纳出 8 种不同的战略途径，这是对基本竞争战略理论的全面解释和发展。
- 零散产业是由大量中小企业组成的产业。在零散产业中，企业可选择的竞争战略有三种：克服零散——获得成本优势、增加附加值——提高产品差异化程度、专门化——目标集聚。这与波特的三种基本竞争战略相吻合。
- 由于大企业进入新兴产业的机会成本较大，所以新兴产业也是中小企业的天下。新兴产业由于技术与战略的不确定，发展风险很大。新兴产业中的企业战略选择应考虑处理好产业发展与企业发展的关系、注意产业的演变，以及选择适当的进入时机等问题。
- 与红海战略不同的是，蓝海战略不局限于现有产业边界，而是极力打破这样的边界条件，通过提供创新产品和服务，开辟并占领新的市场空间的战略。因而蓝海战略更多地涉及公司战略的范畴。

关键概念

成本领先战略　企业通过在内部加强成本控制，在研究开发、生产、销售、服务和广告等领域把成本降到最低限度，成为产业中的成本领先者的战略。

差异化战略　企业向顾客提供的产品和服务在产业范围内独具特色，这种特色可以给产品带来额外的加价，如果一个企业的产品或服务的溢出价格超过因其独特性所增加的成本，那么，拥有这种差异化的企业将获得竞争优势。

集中化战略　企业把经营战略的重点放在一个特定的目标市场上，为特定的地区或特定的购买集团提供特殊的产品和服务。

零散产业　一种重要的结构环境，在这种产业中，产业集中度很低，没有任何企业占有显著的市场份额，也没有任何一个企业能对整个产业的发展产生重大的影响。在一般的情况下，零散产业由很多中、小型企业构成。

新兴产业　新形成的或重新形成的产业。其形成的原因是技术创新、消费者新需求的出现，或其他经济和社会变化将某个产品或服务提高到一种潜在可行的商业机会的水平。

蓝海战略　不局限于现有产业边界，而是极力打破这样的边界条件，通过提供创新产品和服务，开辟并占领新的市场空间的战略。

红海战略　立足当前业已存在的行业和市场，采取常规的竞争方式与同行业中的企业展开针锋相对的竞争。

案例与分析

案例 5-1　福特汽车公司的成本领先战略

20 世纪 20 年代的福特汽车公司曾经通过限制车型及种类、积极实行后向一体化、采用高度自动化的流水线生产、减少改型以促进学习积累，以及通过学习积累严格推行低成本措施等，取得了所向无敌的成本领先地位。然而，随着美国人收入的增加，许多已经购买过一辆汽车的买主开始考虑购买第二辆车，同时更加重视汽车的风格式样、型号、舒适性。通用汽车公司注意到这种变化，迅速开发出多种型号的汽车。在这种情况下，福特公司要想对生产线进行改造就不得不花费巨额费用，因为以前的生产线是为降低成本而设计的大规模生产线。

分析与思考

以福特汽车公司的成本领先战略为例，分析实施成本领先战略的风险。

提示：通过这一案例研究企业实施成本领先战略的风险具有典型意义。

（1）技术的变化可能使过去用于降低成本的投资与积累的经验一笔勾销。当通用汽车公司注意到顾客需求的变化，迅速开发出多种型号的汽车时，“福特公司要想对生产线进行改造就不得不花费巨额费用，因为以前的生产线是为降低成本而设计的大规模生产线”。

（2）顾客需求从注重价格转向注重产品的品牌形象，使得企业原有的优势变为劣势。“随着美国人收入的增加，许多已经购买过一辆汽车的买主开始考虑购买第二辆车，同时更加重视汽车的风格式样、型号、舒适性”。

案例 5-2　TL 公司实施成本领先战略

TL 厨具有限公司创办于 1996 年，二十多年来，TL 公司运用成本领先战略，迅速扩大市场占有率，在国内外享有较高的知名度。

TL 公司集中全部资源，重点发展厨具业务，利用与发达国家企业 OEM（代工生产）的合作方式引入设备，进行大批量生产，从而获得规模经济优势。在此基础上，TL 公司多次主动大幅度降低产品价格，在市场上既淘汰了高成本的企业，又淘汰了劣质企业，也令潜在新进入者望而却步。

国内家电行业每亿元资产占有的劳动力比国外同类企业高 3～6 倍，但是由于 TL 公司实行 24 小时轮班制，使得设备的利用率很高，因而其劳动生产率与后者基本持平。同时，由于国内劳动力成本低，公司销售收入中的劳动报酬比例大大低于国外制造业的平均水平。

对于一些成本高且 TL 公司自身有生产能力的上游资源，如集成电路等，TL 公司通过多种形式进行后向一体化。通过自行配套生产，一方面可以大幅度降低成本、确保质量、降低经营风险，另一方面还可以获得核心元器件的生产和研发技术。而对于一些成本高、自身还不具备生产能力的上游资源，由于TL公司在其他各环节上成本低于竞争对手，也能够应付和消化这些高成本投入。

近几年来，国内厨具小家电的销售数量以每年30%的惊人速度增长，吸引了众多国内外家电大型企业的加入。这些企业放弃了原有在大家电市场走的高端产品路线，大都以中低端的价格进入市场。这些企业认为，在厨具小家电市场，企业的产品都是标准化的产品，消费者大都对价格比较敏感，价格竞争仍然是市场竞争的主要手段。

分析与思考

分析TL公司在厨具小家电市场采取成本领先战略的优势和实施条件。

提示：(1) TL公司在厨具小家电市场采用成本领先战略的优势：

1) 形成进入障碍。"TL公司多次主动大幅度降低产品价格……令潜在新进入者望而却步"。

2) 增强讨价还价能力。"对于一些成本高、自身还不具备生产能力的上游资源，由于TL公司在其他各环节上成本低于竞争对手，也能够应付和消化这些高成本投入"。

3) 保持领先的竞争地位。TL公司"在市场上既淘汰了高成本的企业，又淘汰了劣质企业"。

(2) TL公司在厨具小家电市场实施成本领先战略的条件：

1) 市场情况：

一是产品具有较高的价格弹性，市场中存在大量的价格敏感用户，"消费者大都对价格比较敏感"。

二是产业中所有企业的产品都是标准化的产品，产品难以实现差异化，"在厨具小家电市场，企业的产品都是标准化的产品"。

三是价格竞争是市场竞争的主要手段。

2) 资源和能力：

一是在规模经济显著的产业中建立生产设备来实现规模经济，"利用与发达国家企业OEM（代工生产）的合作方式引入设备，进行大批量生产，从而获得规模经济优势"。

二是降低各种要素成本，"由于国内劳动力成本低，公司销售收入中的劳动报酬比例大大低于国外制造业的平均水平"，"TL公司通过多种形式进行后向一体化"，"通过自行配套生产"，可以"大幅度降低成本"。

三是提高生产率，"TL公司实行24小时轮班制"，因而其劳动生产率与国外同类企业基本持平。

四是提高生产能力利用程度，"TL公司实行24小时轮班制，使得设备的利用率很高"。

五是选择适宜的交易组织形式，"对于一些成本高且TL公司自身有生产能力的上游资源，如集成电路等，TL公司通过多种形式进行后向一体化"。

六是重点集聚，"TL公司集中全部资源，重点发展厨具业务"。

案例5－3　方便面生产企业实施差异化竞争战略

一项调查报告显示，我国消费者非常关注方便面的口味，口味以49.0%的比率排在购买因素的第一位，有38.5%的消费者关注方便面的品质，关注品牌和价格的消费者比率分别为30.5%和27.0%，关注方便面的配料和面的弹性的消费者比率分别为26.5%和26.0%，同时还分别有18.5%和17.0%的消费者更关注方便面的营养和卫生。

K牌方便面在国内方便面市场中占据1/3左右的市场份额，其在产品口味、品种、包装、品牌传播等方面都走在其他方便面企业的前面。但是，K牌方便面的特色程度正在逐步减退，一些中小方便面企业和新进入方便面市场的企业通过实施以下几方面的差异化战略，在某个细分市场取得竞争优势，借此在方便面市场做大做强：

（1）品牌定位差异化。例如，W牌方便面通过非油炸的品牌定位，与K牌方便面形成了明显的市场区隔，使W牌方便面很快成为方便面市场的知名品牌。

（2）产品卖点差异化。例如，J牌方便面以面的弹性作为产品的卖点，与K牌方便面在产品上形成了差异，从而成就了J牌方便面品牌。

（3）产品口味差异化。例如，T牌方便面通过推出新的产品口味，与K牌方便面的产品在口味方面形成了差异，赢得了消费者的认同，产品销量迅速增加，同时提升了T牌方便面的整体品牌形象。

分析与思考

1. 分析企业在方便面市场竞争中适宜采用哪种战略。

2. 分析W、J、T牌方便面分别采用的是哪种战略。

3. 分析K牌方便面采用的竞争战略及其面临的风险。

提示：（1）调查报告显示，我国消费者非常关注方便面的口味和品质，关注价格的消费者的比例明显低于关注口味、品质和品牌的消费者，所以依据差异化战略与成本领先战略实施条件的分析，在方便面市场竞争适宜采用差异化战略。

（2）W、J、T牌方便面分别通过“品牌定位差异化”“产品卖点差异化”“产品口味差异化”，“在某个细分市场取得竞争优势”，这三个品牌采用的是集中化战略中的集中差异战略。

（3）K牌方便面“在国内方便面市场中占据1/3左右的市场份额，其在产品口味、品种、包装、品牌传播等方面都走在其他方便面企业的前面”，可以判断K牌方便面采用的是差异化竞争战略。

K牌方便面采用差异化战略所面临的主要风险体现在：竞争对手的模仿和进攻使已建立的差异缩小甚至转向，一些中小方便面企业和新进入方便面市场的企业通过实施差异化战略，“在某个细分市场取得竞争优势，借此在方便面市场做大做强”，“K牌方便面的特色程度正在逐步减退”。

案例 5-4 HDL 公司的竞争战略

HDL 公司成立于 1994 年，是一家以经营川味火锅为主的餐饮企业。HDL 公司深知在需求多样、竞争激烈的餐饮业中，企业要生存和发展，就一定要做出特色、做出信誉、做出品牌。

面对市场上口味不一、各具特色的餐饮企业，HDL 公司始终将其产品聚集于川味火锅，并将浓郁的蜀风风味在其菜品中展现得淋漓尽致。

就传统的川味火锅而言，通过菜品本身提高差异化程度的潜力已经不大。在这种情况下，HDL 公司奉行“服务至上，顾客至上”的理念，努力提高产品和服务的附加价值。例如，为需等候就餐的顾客提供水果、饮料、美甲等人性化的服务；为过生日的顾客准备长寿面和小礼物；听到顾客说到想吃某种小吃，立即打车为顾客买来；顾客忘带钱，可以下次补交，还为其垫付回家的打车费，等等。HDL 公司为顾客提供贴心、周到、优质服务的事例在消费者中广为流传。此外，HDL 公司坚持“绿色、无公害、一次性”的选料和底料熬制原则，严把原料关、配料关。

伴随着 HDL 公司知名度的不断提高，其连锁店的数量也逐年增加。到 2018 年，HDL 公司的连锁店在国内有 192 家，海外有 9 家。为了确保优质服务的品牌优势，HDL 公司坚持自营，不接受任何加盟、联合经营模式。规模的日益增大又给企业带来了成本优势，无论设备供应还是原材料的供应，HDL 公司都能采购到质优价低的产品。HDL 公司又将这一成本优势转让给顾客，不少顾客反映，具有优质服务的 HDL 公司，其菜品的价格在同类餐饮企业中是较低的。

分析与思考

分析 HDL 公司在餐饮业这一零散产业中选择和实施的竞争战略。

提示：(1) 克服零散——获得成本优势。连锁经营能够克服零散，使企业获得规模经济带来的成本优势。“伴随着 HDL 公司知名度的不断提高，其连锁店的数量也在逐年增加。到 2018 年，HDL 公司的连锁店在国内有 192 家，海外有 9 家……规模的日益增大又给企业带来了成本优势，无论是对于设备供应还是原材料的供应，HDL 公司都能采购到质优价低的产品。HDL 公司又将这一成本优势转让给顾客，不少顾客反映，具有优质服务的 HDL 公司，其菜品的价格在同类餐饮企业中是较低的”。

(2) 增加附加价值——提高产品差异化程度。许多零散产业的产品或服务是一般性的商品，所以就产品或服务本身来说提高差异化程度潜力已经不大。在这种情况下，一种有效的战略是增加商品的附加价值。“HDL 公司奉行‘服务至上，顾客至上’的理念，努力提高产品和服务的附加价值。例如，为需等候就餐的顾客提供水果、饮料、美甲等人性化的服务；为过生日的顾客准备长寿面和小礼物；听到顾客说到想吃某种小吃，立即打车为顾客买来；顾客忘带钱，可以下次补交，还为其垫付回家的打车费，等等。HDL 公司为顾客提供贴心、周到、优质服务的事例在消费者中广为流传。此外，HDL 公司坚持‘绿色、无公害、一次性’的选料和底料熬制原则，严把原料关、配料关”。“为了确保优质服务的品牌优势，HDL公司坚持自营，不接受任何加盟、联合经营模式”。

（3）专门化——目标集聚。“面对市场上口味不一、各具特色的餐饮企业，HDL公司始终将其产品聚集于川味火锅，并将浓郁的蜀风风味在其菜品中展现得淋漓尽致”。

案例5－5　学朗书吧实施蓝海战略

学朗书吧位于某大学城内，主要顾客是学生和教师。该书吧的主人在创建该项目之前进行了市场调查。调查结果显示，该大学城现有书店两家，书店内空间狭小，书籍种类较少，以各种考试辅导用书为主。由于商品严重同质化，两家书店的竞争异常激烈。该大学城还有若干饮品店，它们只外卖各种冷饮和奶茶，没有给顾客留出休憩的位置。学朗书吧的创建者决定将书店和饮品店具有的互补性的功能结合起来，建立一个集读书、休闲、生活为一体的综合性服务书吧。

现有的一些书吧往往注重营造高雅的环境，通过豪华装修来吸引顾客，比如在书架旁放置高大的古董瓷瓶，在墙壁上挂上油画等，但这并不是大学城附近消费者关注的重点，却会产生高昂的成本。学朗书吧抛弃这些流行的理念和做法，只是在墙壁上描绘一些山水画以营造意境，舍去了昂贵的摆设，大大降低了成本，进而降低了饮品和图书的售价，提升了竞争力。

随着电子商务的普及，饮品的网上销售日益火爆。学朗书吧与时俱进，也提供网上点单，送货到门。另外，现在大学中自习室座位紧张，学朗书吧推出自习位出租业务，并且提供午餐，为学生们提供理想的学习和休息场所。

学朗书吧以创新的理念和定位，进入竞争激烈的文化和生活服务领域，开创了新的生存与发展空间。

分析与思考

依据红海和蓝海战略的关键性差异，分析学朗书吧实施蓝海战略的特征及成功之处。

提示：（1）学朗书吧实施蓝海战略的特征：

1）规避竞争，拓展非竞争性市场空间。大学城现有的“两家书店竞争异常激烈”，“学朗书吧的创建者决定将书店和饮品店具有的互补性的功能结合起来，建立一个集读书、休闲、生活为一体的综合性服务书吧”。

2）创造并攫取新需求。“现在大学中自习室座位紧张，学朗书吧推出自习位出租业务，并且提供午餐，为学生们提供理想的学习和休息场所”。

3）打破价值与成本互替定律，同时追求差异化和低成本，把企业行为整合为一个体系。“现有的一些书吧往往注重营造高雅的环境，通过豪华装修来吸引顾客”，“学朗书吧抛弃这些流行的理念和做法，只是在墙壁上描绘一些山水画以营造意境，舍去了昂贵的摆设，大大降低了成本，进而降低了饮品和图书的售价，提升了竞争力”。

（2）依据蓝海战略重建市场边界的基本原则，学朗书吧能够在竞争激烈的文化与生活服务领域中开创了新的生存与发展空间，成功之处在于以下几个方面：

1）审视他择产业，跨越产业内不同的战略群组。“学朗书吧的创建者决定将书店和饮品店具有的互补性的功能结合起来，建立一个集读书、休闲、生活为一体的综合性服务书吧”。

2）放眼互补性产品或服务。“学朗书吧的创建者决定将书店和饮品店具有的互补性的功能结合起来，建立一个集读书、休闲、生活为一体的综合性服务书吧”。

3）重设客户功能性或情感性诉求。“现有的一些书吧往往注重营造高雅的环境，通过豪华装修来吸引顾客，比如在书架旁放置高大的古董瓷瓶，在墙壁上挂上油画等，但这并不是大学城附近消费者关注的重点，却会产生高昂的成本。学朗书吧抛弃这些流行的理念和做法，只是在墙壁上描绘一些山水画以营造意境，舍去了昂贵的摆设，大大降低了成本，进而降低了饮品和图书的售价，提升了竞争力”。

4）跨越时间参与塑造外部潮流。“随着电子商务的普及，饮品的网上销售日益火爆。学朗书吧与时俱进，也提供网上点单，送货到门。另外，现在大学中自习室座位紧张，学朗书吧推出自习位出租业务，并且提供午餐，为学生们提供理想的学习和休息场所”。

第六章
企业国际化经营战略

【本章要点提示】

※ 企业国际化经营动因
※ 国际市场进入模式
※ 国际化经营的战略类型
※ 新兴市场的企业战略

本章内容引言

前面阐述了公司三个层次战略的具体内容，国际化经营战略是企业在国际市场上对上述三个层次战略的具体应用。同时，国际化经营战略也有其独特性，所以本章专门阐述国际化经营战略。

第一节 企业国际化经营动因

经济学家从各个层面和角度探索和研究企业国际化经营的行为特点及其作用与影响，提出了许多理论和主张。这些理论和主张的研究是沿着两个基本主要思路：一是国际生产要素的组合；二是企业国际化经营所面临的市场特征（特别是寡头垄断市场特征）。

一、国际生产要素的最优组合

（一）垄断优势理论

1960 年，美国学者海默（Hymer）在其博士论文《国内企业的国际经营：对外直接投资的研究》中首次提出垄断优势理论，之后得到其导师金德尔伯格（Kindlerberg）的支持并加以完善，成为最早研究对外直接投资独立的理论。

海默和金德尔伯格认为，是市场不完全导致了对外直接投资。一般地讲，市场不完全可以表现为四种类型：

（1）产品和生产要素市场不完全；

（2）由规模经济导致的市场不完全；

（3）由政府干预引起的市场不完全；

（4）税赋与关税引起的市场不完全。

跨国企业在不完全竞争下取得了各种垄断优势。这些优势可分为三类：

（1）来自产品市场不完全的优势，如产品差别、商标、销售技术与操纵价格等；

（2）来自生产要素市场不完全的优势，包括专利与工业秘诀、资金获得条件的优惠、管理技能等；

（3）企业拥有的内部规模经济与外部规模经济。

金德尔伯格指出，只有在美国企业能够获得高于当地企业的利润时，直接投资才可能发生。利润是竞争能力的反映。一般来说，当地企业由于熟悉本国消费者喜好，了解当地企业经营的法律与制度，市场信息灵通，决策反应迅速，因而具备有利的竞争条件。美国企业则要承担在国外远距离经营的各种成本，以及对当地市场了解发生偏差等引起的额外成本。但是，由于美国企业拥有各种垄断优势，因此可以抵消在海外经营中的不利因素，压倒当地竞争对手，取得高于当地企业的利润。

垄断优势理论还试图解释美国企业选择直接投资，而不是出口和许可证交易方式来利用其垄断优势的原因。海默认为，美国企业之所以从事直接投资的原因：一是东道国关税壁垒阻碍企业通过出口扩大市场，因此企业必须以直接投资方式绕过关税壁垒，维持并扩大市场；二是技术等资产不能像其他商品那样通过销售获得全部收益，而直接投资可以保证企业对国外经营及技术运用的控制，因此可以获得资产的全部收益。

（二）区位理论

1953 年，索思阿德（Southard）提出区位理论，用以研究国内资源的区域配置问题。后来，艾萨德（Isard）等用此理论来解释对外直接投资的现象。区位理论认为，市场不完全性不仅存在于一国市场上，同样存在于国际市场上。国际市场的不完全性会导致各国之间的市场差异，即在生产要素价格、市场规模、市场资源供给等方面存在着不同的差异。如果国外市场这些差异为准备投资的一国企业带来了有利的条件，企业就会发生对外直接投资。影响区位优势的主要因素有生产要素、市场定位、贸易壁垒、经营环境等。

区位优势理论可以从供给与需求两个方面加以论述。供给导向的区位优势理论认为，在国内买方市场条件下，企业如果已达到了最大盈利水平，就会到国外寻找生产要素成本最低的地方进行直接投资，以获得供给方面的优势。需求导向的区位优势理论认为，市场需求方面的区位优势与竞争对手分布情况决定企业选择对外直接投资的国家和地区。

（三）产品生命周期理论

1966 年，美国哈佛大学教授弗农（Vernon）从技术创新入手，分析国际贸易、对外直接投资与产品生命周期的关系。事实上，弗农的产品生命周期理论是将垄断因素与区位因素结合起来的动态分析。

与本书第二章中的“产品生命周期”理论有所不同，弗农的产品生命周期理论从产品的研发和生产角度进行考察，他认为，企业的各种优势最终体现在产品上。随着产品生命周期阶段的变化，企业产品生产的地域也会从一个国家转移到另一个国家，以寻求最佳的区位优势，获得自己的竞争优势。

产品生命周期理论将产品市场运动的普遍现象——产品创新、成熟与标准化三个阶段的变更，用于解释第二次世界大战后美国企业对外直接投资的动机、时机和区位选择。在产品的创新阶段，价格的需求弹性可能相当低，因为发明企业拥有产品特异性或垄断优势；同时在此阶段，为了消除产品面世初期的困难或变更产品的规格、特性等，同顾客和供应商保持密切联系十分必要，因而产品的创新、生产与销售需要在同一个国家，企业有在国内选择生产地点的固有倾向。在产品的成熟阶段，该产品的设计和生产已经有了某些标准化的因素，用确立的技术从事长期生产已变得可能，人们较多地关心起生产成本，特别是当竞争对手已出现时更是如此；此外，随着国外，例如，相对于美国来说，像西欧那样相对先进的地区出现各种机会时，市场范围也会发生变化，此时，发明国要通过出口维持和扩大其国外利益难以实现，它们必须对外投资（投资地区一般是那些收入水平和技术水平与母国相似的地区），并设立子公司，进行就地生产，以便维持和扩大出口市场，保障自己的利益。在产品的标准化阶段，产品和技术都已完全标准化，发明者的技术优势已消失，随着竞争的加剧，成本和价格问题变得十分突出，市场知识和信息流通已退居次要地位，其最终结果就是把生产或装配业务转移到劳动力成本低的发展中国家，国外生产的仿制品可能导致原来的发明创造国或国外子公司进口该产品。

弗农随后的著作修正了他最初的理论，而强调了跨国公司的寡头垄断行为，以弥补原产品生命周期理论存在的较大的局限性。弗农的寡头垄断产品周期理论将国际生产要素组合与寡头垄断市场特征联系在一起，从而为国际投资决策奠定了理论基础。

（四）内部化理论

为了寻求对企业对外投资行为的解释，1976 年，英国学者巴克利（Buckley）和卡森（Casson）发掘了科斯（Coase）在 1937 年对企业的起源和均衡规模提出的内部化理论。

内部化理论是从市场不完全与垄断优势理论发展起来的。在巴克利等新创的内部化理论中，市场不完全并非是指规模经济、寡头垄断或关税壁垒等，而是指由于某些市场失效，以及由于某些产品的特殊性质或垄断势力的存在，导致企业市场交易成本增加。内部化理论建立在三个基本假设的基础上：

（1）企业在市场不完全的情况下从事经营的目的是追求利润最大化；

（2）当生产要素特别是中间产品市场不完全时，企业有可能统一管理经营活动，以内部市场代替外部市场；

（3）内部化越过国界时就会产生国际企业。

企业能否实现中间产品的内部化，还受到四种因素的影响，这四种因素事实上又是着眼于跨国企业的垄断优势与东道国的区位因素：

（1）行业特有因素，包括中间产品的特性、外部市场结构、规模经济；

（2）地区特有因素，包括地理距离与文化差异；

（3）国家特有因素，包括东道国政府的政治、法律、财政状况；

（4）企业特有因素，包括企业的组织结构、管理经验、控制和协调能力等。

内部化理论与垄断优势理论的区别在于，内部化并不是给予企业特殊优势的这种财产本身，而是指这种财产的内部化过程给了跨国企业以特有的优势。

（五）国际生产折中理论

国际生产折中理论，又称国际生产综合理论。1976 年，英国里丁大学教授邓宁（Dunning）首次提出了综合理论学说。以后，邓宁又多次发表论文，系统阐述“综合主义”理论，并将其动态化，从而形成了至今仍然是对跨国公司和对外直接投资研究影响最大的理论框架。

邓宁认为，人们以前研究跨国公司的成果已分别解决了 4 个“W”：企业拥有优势说明为什么（why）能到国外办企业；区位优势说明企业到哪里（where）去办子公司；内部化优势说明企业建立子公司怎样（how）使效益更大；产品生命周期理论说明企业在什么时候（when）建立子公司。但是，它们之中没有一种理论能单独解释清楚跨国公司的全部行为。所以邓宁主张要把有关部分理论结合起来构成一个整体，综合地对跨国企业做出分析。

邓宁的国际生产综合理论可以概括为一个简单的公式：

所有权优势＋内部化优势＋区位优势＝对外直接投资

邓宁还指出，企业可以根据自己所具备的不同优势，分别采用不同的国际经营方式。企业对外直接投资，必须同时具备所有权优势、内部化优势与区位优势；该企业如果只拥有所有权优势与内部化优势，只能进行出口贸易；企业如果只有所有权优势，则只能考虑采用技术转移的形式，将技术出让给其他企业；如果企业具有上述三种优势，却只采取技术转移的方法，则会丧失内部化优势与区位优势所能带来的收益。

以上介绍的几位代表人物及其研究成果虽然只是关于跨国企业理论探讨的一小部分，但是他们的研究构筑了一个从国际生产要素组合角度研究跨国企业行为理论的框架。各国经济学家关于跨国企业行为的其他研究，有不少是对这一理论框架研究的进一步补充和发展。

二、寡占市场的反应

对企业跨国经营的行为，一些学者更侧重从企业所面临的市场角度，特别是从跨国公司投资产业大都属于寡占市场（即寡头垄断市场）特征的角度进行研究。

（一）海默论跨国企业的寡头垄断反应行为

对于发达国家之间的对向或交叉直接投资来说，海默认为，必须利用寡占反应行为来加以解释。海默所说的寡占反应行为是指各国寡占企业通过在竞争对手的领土上建立地盘来加强自己在国际竞争中的地位。海默认为对向直接投资只是国内寡占竞争行为在国际范围内的延伸，但基础仍在于各国企业所拥有的技术等垄断优势，各国企业在技术、管理及规模经济方面的相对优势决定了直接投资的流向及多寡，决定了一国是主要的对外直接投资国还是主要的直接投资接受国。

（二）尼克博克的寡占反应理论

海默对跨国公司寡占反应行为的解释还只是作为垄断优势理论的补充，在寡占反应理论上做出较为系统阐述的是美国学者尼克博克（Knickerbocker）。尼克博克沿着与海默不同的思路，对美国跨国公司对外直接投资提出了新的解释。他指出，第二次世界大战美国企业对外直接投资主要是由寡占行业少数几家寡头公司进行的，它们的投资又大多在同一时期成批发生。由于这个特点，尼克博克认为，垄断优势理论不能作为全面解释美国企业对外直接投资的决定因素，必须用寡占行为理论加以补充。

尼克博克将对外直接投资区分为进攻性投资与防御性投资。在国外市场建立第一家子公司的寡头公司的投资是进攻性投资，同一行业其他寡头成员追随率先公司也建立子公司，是防御性投资。尼克博克认为，决定这两类投资的因素是各不相同的，进攻性投资的动因可由弗农的产品生命周期理论解释，而防御性投资则是由寡占反应行业所决定的。尼克博克的重点是研究防御性投资。决定防御性投资行为的寡占反应，目的在于抵消竞争对手首先采取行动所得到的好处，避免对方的行动给自己带来的风险，保持彼此之间的力量均衡。当国内同一寡占行业的竞争对手率先在某国外市场进行直接投资时，其他寡头企业就会面临严重的风险。这些企业在该地的出口地位与市场份额将会降低，公司收益减少。更重要的是，竞争对手在国外经营中可能获得新的竞争优势与能力，从而可能使其他企业在国内与国外的经营都处于不利地位。为了使风险降低到最低程度，寡头企业的最优战略便是紧随竞争对手，在对方已进入的市场上建立自己的子公司，恢复与竞争对手的竞争均衡。尼克博克认为，这种寡占反应行为解释了美国某些寡占行业中几家大公司在一个很短的时期内集中对某个国家进行直接投资，纷纷建立子公司的原因。西欧对美国的直接投资也有类似情况发生。

三、发展中国家企业国际化经营动因

传统的对外投资理论用于解释发达国家向发展中国家的垂直投资，或发达国家之间的水平投资行为已日臻完善。近年来，为了寻求发展中国家对外投资的理论依据，国际经济学界创立了一些新的理论学说，最具代表性的是联合国贸易和发展会议（UNCTAD）近年来的研究成果。

2006 年 UNCTAD 的《世界投资报告》对于发展中经济体和转型期经济体日益成为世

界重要的对外投资来源这一趋势进行了调查与研究。提出影响发展中国家跨国公司对外投资决策的四大动机与三大竞争优势。

（一）发展中国家跨国公司对外投资的主要动机

1. 寻求市场

联合国贸易和发展会议与伙伴组织关于发展中国家外商投资企业的调查证实，在其对外投资动机中，最重要的是寻求市场型的外国直接投资。

与市场有关的因素是推动发展中国家跨国公司走出母国或拉动它们进入东道国的强大力量。例如，以印度的跨国公司为例，为信息技术服务等特长产品寻求客户的需要以及国际联系的缺乏，是其国际化的关键驱动因素。中国的跨国公司同拉丁美洲的跨国公司一样，特别关心如何规避贸易壁垒。发展中国家公司为减少这类风险而向其他国家扩展的事例很多。

以寻求市场为主要动机的投资主要形成区域内和发展中国家内部的对外直接投资。在这种对外直接投资之内，投资形态因跨国公司的活动而存在差异。例如，消费品和服务方面的对外直接投资往往是区域性的和发展中国家之间的流动，电子部件方面的对外直接投资通常是区域集中性的（提供产品的公司地点）；在信息技术服务方面，投资往往是区域性的，流向发达国家（关键客户所在的地点）；石油和天然气跨国公司的对外直接投资既面向某些发达国家（仍然是最大的能源市场），也面向区域市场。

广义的市场扩展还包括市场多样化的扩张。个案研究证实，对外直接投资确实使得发展中国家企业能够进入新市场并扩大业务。在白色家电和个人计算机等一系列产业中，一些亚洲跨国公司通过对外直接投资成功地扩大市场，成为全球性的企业。

2. 寻求效率

发展中国家对外直接投资的第二个重要动机是寻求效率，主要是相对较先进（因而劳动力成本较高）的发展中国家跨国公司进行这种投资。寻求效率的投资又往往是基于两个方面的驱动因素：一是母经济体生产成本上涨，特别是劳动力成本。这是马来西亚、韩国和新加坡等东亚和东南亚国家及毛里求斯（该国具有成衣劳动密集型出口产业）跨国公司特别关注的问题。二是发展中国家公司所面临的竞争压力正在推动它们向海外扩展。这些压力包括来自低成本生产商的竞争，特别是来自东亚和东南亚国家高效率制造商的竞争，以及国内外经济体中来自国外跨国公司的竞争。

以寻求效率为主要动机的投资一般集中在几个产业（诸如电气和电子，以及成衣和纺织品等）。基于这种动机的对外直接投资大多面向发展中国家；面向电气、电子产业的这种投资有很强的区域集中性，而面向成衣产业的这种投资则在地域上更为分散。

3. 寻求资源

许多发展中大国，如中国和印度，其日新月异的快速增长使它们担忧关键资源和经济扩展的投入将会出现短缺。这类国家的一些跨国公司对外直接投资的战略和政治动机中反映了这点，尤其是在自然资源方面。有些国家的政府鼓励跨国公司设法取得对母国经济至关重要的原材料等投入。例如，中国和印度的跨国公司都在向具有丰富资源的国家投资，特别是在石油和天然气方面（着眼于取得更多供应，而不是像这个产业寻求市场型对外直接投资那样着眼于客户）。在中国的跨国公司为广泛获取各种原材料供应而努力的同时，中国的外交方面也在非洲、中亚、拉丁美洲和加勒比及西亚地区进行着不懈努力。

上述寻求市场、寻求效率、寻求资源为主要动机的投资都属于“资产利用战略”。而以下的寻求现成资产型的投资是一种“资产扩展战略”。

4. 寻求现成资产

寻求现成资产型对外投资主要是发展中国家跨国公司向发达国家投资。其主要动机是主动获取发达国家企业的品牌、先进技术与管理经验等现成资产。例如，中国企业吉利汽车并购沃尔沃的主要动机是有效弥补品牌短板、提升研发能力、获得关键技术、获取全球经销商网络、赢得一流管理团队和技术人才，进而提升企业的国际竞争力。

（二）发展中国家跨国公司对外投资的主要竞争优势

与发达国家跨国公司对外投资相比，发展中国家跨国公司对外直接投资有三个方面的优势，这些优势主要体现在对发展中国家投资的层面上。

(1) 发展中国家跨国公司的对外直接投资对发展中东道国的一大优势是具有更大的创造就业机会的潜力。其主要原因在于，发展中国家跨国公司可能比较倾向于劳动力密集型产业，可能更倾向于使用较简单、较为劳动密集型的技术，特别是在制造业。关于平均每个子公司在发展中东道国创造就业机会情况的经验数据表明，发展中国家跨国公司雇佣的人数多于发达国家跨国公司。而且，外国直接投资对工资的作用一般是正面的，因为跨国公司在总体上支付的工资高于当地雇主，至少就熟练劳动力而言，工资水平高于东道国的本国公司。

(2) 发展中国家跨国公司的技术和经营模式一般比较接近于发展中东道国公司所用的技术和模式，这意味着有益联系和技术吸收的可能性较大。

(3) 发展中国家跨国公司在进入模式上往往更多地采取新建投资的方式而不是并购，在发展中东道国的投资尤其如此。就此而言，它们的投资更有可能直接推动发展中国家生产能力的提升。

第二节 国际市场进入模式

企业进入国外市场的模式一般有出口、对外股权投资、非股权形式等几种。每一种进入模式都有各自的利与弊。

一、出口

商品与服务出口贸易是企业国际化经营相对比较简单，也是比较普遍的进入外国市场的方式。企业国际化经营选择出口方式要研究以下问题。

（一）目标市场选择

目标市场选择涉及两个层面：一是目标市场的区域路径；二是在东道国细分市场的目标客户。

1. 目标市场的区域路径

目前存在以下两种选择目标市场区域路径的方式：

（1）传统方式，又称连续方式。一般情况而言，高新技术产品在发达国家出口的国别路径是先到经济技术发展水平相类似的发达国家，然后再到发展中国家；发展中国家则是先到环境类似的发展中国家，再逐步走向发达国家。但发展中国家的农产品、矿产品等初级产品和劳动密集型的低端产品主要流向是发达国家。

（2）新型方式，又称不连续方式。经济全球化背景下，许多产业中的全球分工体系已经形成，全球同步使用新产品。此时不论是发达国家还是发展中国家，该产业中的高新技术产品出口的国别路径是先到发达国家（特别是美国），以占领世界最大市场，然后再走向发展中国家。

2. 目标客户

目标客户选择的基础是市场细分。各国之间的细分市场通常在数量、大小和特点上存在差别。在美国、中国，市场可按地域进行细分，而日本却几乎不存在地域差异。人口众多的国家（如中国和印度）可能会比人口稀少的国家（如加拿大）细分出更多的市场，这是因为人口众多的国家中每个细分市场都对应足够的需求量，使得做市场细分的努力能得到回报。通常，不同国家之间细分市场的比例并不相同。对于消费品，人口年龄分布、收入水平和增长，以及收入分配的差异都会影响细分市场的规模及其相对重要性。

例如，对于工业机械产业，影响细分市场规模和重要性的因素是工资、科技水平、分散性、工业产品的结构等。高科技、高度自动化及非专用型的机器可将北欧、日本和加拿大作为目标市场；而标准化、大批量生产的机器则适用于新兴的工业化国家；老式的标准化机器适用于发展中国家。

（二）选择进入战略

一旦目标细分市场被选定，下一步就是制定最好的战略打入该细分市场。最重要的战略决策是，决定是在全球推广标准化的产品，还是针对不同国家的不同需求修改产品和营销组合。

20 世纪 70 年代，不同国家的出口商通常采取三种不同战略中的一种。一般来说，日本厂商倾向于向所有的市场出口同一种标准化产品；美国厂商倾向于采用产品生命周期战略，即先在美国市场上推出一种新产品，然后当其他国家产生相似的需求时，再将这种产品出口；而欧洲厂商则对本地市场状况反应更加敏锐，并把每一个市场都作为独立的实体。

一家公司也可能对同一产品同时采取两种策略，它可能在一些国家销售标准产品，而在另一些国家销售改型产品。同样，一家公司可以对一些产品实行标准产品策略，而对另一些产品实施改造型策略。例如，可口可乐公司对可口可乐实行标准产品策略，而对其他饮料实行改造型策略，在不同国家市场上销售多种不同口味的芬达。

值得一提的是，目标市场选择与进入战略选择不仅适用于出口模式，企业进入国外市场另外两种模式——对外股权投资和非股权形式，也都面临同样的选择问题，上述内容也同样适用于这两种模式。

（三）选择分销渠道与出口营销

1. 分销渠道的特征

连接某国生产者与异国消费者的分销渠道有以下四个十分重要的特征：

（1）一般说来，国际分销渠道比国内分销渠道更复杂，涉及更多的中间环节。一个典型的国内分销渠道为：生产者—批发商—零售商；而国际销售的分销渠道则可能为：生产者—出口代理商—进口代理商—大型批发商—小型批发商—零售商。

（2）国际分销渠道的成本通常比国内分销渠道的成本高。因此，通过国际分销渠道到达消费者手中的产品价格比较高，其中主要的成本来自建立分销机构、进入新的市场及国际分销渠道运作的费用。

（3）出口商有时必须通过与国内市场不同的分销渠道向海外市场进行销售。例如，在国内市场上，它的经营范围或与顾客密切联系的重要性也许要求它建立自己的分销系统，并利用这一系统与最终消费者保持联系。然而在海外市场上，在出口量一定的情况下，这样一个系统可能过于昂贵，因而是不可行的。海外市场上当地公司的营销技巧可能比产品本身更重要。

（4）国际分销渠道通常为公司提供海外市场信息，包括产品在市场上的销售情况及其原因。在这种情况下，公司可选择对分销和销售系统做前向整合，并由本公司人员深入海外市场，或者可选择与国外的分销商发展密切的合作关系，进行充分的信息交流。

2. 分销渠道与出口营销决策

出口商有许多不同的分销渠道可以选择：经纪人、代理商、制造商的销售代表、出口代理商、批发商、零售商、进口批发商、贸易公司等。这些贸易中介按照是否拥有商品的所有权可分为代理人和分销商两种。代理人代表公司销售商品，收取佣金，但不拥有商品；而分销商则是商品的所有者，它先向出口商购买商品，冠以自己的商标，再进行出售。

对分销渠道的控制方法可分为直接法与间接法。直接法是公司拥有并管理分销渠道，而间接法则是分销渠道独立于公司之外。

商品所有权的两种类型和对分销渠道的控制方法的两种类型可以搭配出四种基本的组

合，分销渠道与出口营销决策要从这四种基本组合中选择一种（其中每种组合中还包括许多不同的机构）是一项艰巨但重要的任务，这一决策要考虑许多因素，例如，出口商的特点（大小、能力以及资源），海外市场战略，愿意承担的风险，现在和未来的销售范围，合并、市场渗透、控制和信息反馈的重要性，以及海外市场与国内市场的差别等。

（四）出口市场的定价

针对海外市场一般有以下四种定价策略：

（1）定价偏高，以期获得高于国内市场的收益。这种定价策略考虑到海外市场比国内市场的风险要大一些，而且通常会产生一些隐含成本，而这些成本不会被标准的会计制度确认。按照这种观点，海外市场的价格与收益应该比国内市场要高，否则不应出口。

（2）制定使海外市场与国内市场收益水平接近的价格。这种定价策略认为海外市场与国内市场没有区别。有经验的出口商通常使用这种策略，因为对它们来说，海外市场与国内市场的差别的确很小。也有一些新手和缺乏经验的出口商采用这种策略，它们对海外市场的态度是“只要有订单，我们就发货”。

（3）在短期内定价较低，即使收益偏低甚至亏损也在所不惜。这种策略把海外市场看成有发展前途的市场。这类积极进取的出口商宁愿承受短期的亏损而抢占市场份额，开发出适合海外市场的产品，从而取得规模经济效益。但这种策略容易使公司面临出口市场当地竞争者的反倾销行动，并为此支付反倾销关税。

（4）只要在抵消变动成本之后还能增加利润，就按能把超过国内市场需求量的产品销售出去的价格定价。这种策略是把海外市场看成解决过剩生产能力的倾销场所，尽管这种方法确实给公司带来了利润，但这种公司不能算作真正的出口市场开拓者。

二、对外股权投资

对外股权投资涉及对东道国企业的股权参与，与出口方式相比，是一种控制和参与程度更强的进入方式。股权投资包括对外证券投资与对外直接投资。

（一）对外证券投资

对外证券投资是指个人或机构取得外国证券，但并不控制该企业或参与管理，购买外国股票可能出于以下若干重要战略因素考虑：

（1）证券投资可能成为直接投资的前奏。一些跨国公司把证券投资当作一种先发制人的行动，其目的是防止被国内或国外对手兼并。

（2）证券投资可以作为企业长期计划的一部分，因为它可能有助于加强技术、许可证和销售协议。

（3）证券投资是扩大企业在其他国家利益的一种方法，如为了较长时期地占有、为了多样化经营，或是为了搜集市场信息去建立一个基地。

但是制造业企业很少会把它的长期计划建立在对外证券投资的基础上。与直接投资相比，这种间接投资有两个基本弱点：一是证券投资虽然涉及所有权问题，但很少或没有涉及管理和控制问题，不能管理企业所持有的资产；二是证券投资很难充分发挥该公司的技术或产品的优势。由于这两个基本弱点，证券投资妨碍了企业把它持有的国外资产充分结合起来使用，而直接投资能做到这一点。

（二）对外直接投资

与出口和证券投资进入方式不同的是，采用对外直接投资进入模式，企业将管理、技术、营销、资金等资源以自己控制企业的形式转移到目标国家（地区），以便能够在目标市场更充分地发挥竞争优势。同出口方式相比，进行对外直接投资缩短了生产和销售的距离，减少了运输成本；可利用当地廉价的劳动力、原材料、能源等生产要素，降低制造成本；能随时获得当地市场的信息和产品的信息反馈，从而可根据市场的需求来调整生产。此外，对外直接投资也使企业跨越东道国政府的各种贸易和非贸易壁垒，有时还能享受东道国提供的某种优惠。但是，对外直接投资需要大量的资金、管理和其他资源的投入，这就意味着风险大、灵活性差。

对外直接投资可以分为全资子公司与合资经营两种形式。

1. 全资子公司

（1）全资子公司的含义。

全资子公司，即独资经营，由母公司拥有子公司全部股权和经营权，这意味着企业在国外市场上单独控制着一个企业的生产和营销。全资子公司可以使企业拥有百分之百的控制权，全部利润归自己所有。

（2）全资子公司的优点。

1）管理者可以完全控制子公司在目标市场上的日常经营活动，并确保有价值的技术、工艺和其他一些无形资产都留在子公司。这种完全控制的方式同时还可以减少其他竞争者获取公司竞争优势的机会，尤其是在公司以技术作为其竞争优势的情况下，这一点显得特别重要。另外，管理者对子公司的产出和价格也可以保持完全控制，子公司创造的所有利润也必须上交给母公司。

2）可以摆脱合资经营各方在利益、目标等方面的冲突问题，从而使国外子公司的经营战略与企业的总体战略融为一体。公司可以从全球战略的角度出发，把每个国别市场视作相互联系的全球市场的一部分。因此，拥有对全资子公司的完全控制权对于追求全球战略的公司管理者来说更具吸引力。

（3）全资子公司的缺陷。

1）这种方式可能得耗费大量资金，公司必须在内部集资或在金融市场上融资以获得资金。然而，对于中、小企业来说，要获得足够的资金往往非常困难。一般来说，只有大型企业才有能力建立国际全资子公司。

2）由于成立全资子公司需要占用公司的大量资源，所以公司面临的风险可能会很高。风险来源之一是目标市场上政治或社会方面的不确定性或者是说不稳定性。这类风险严重时可能会使公司的物质财产和人员安危都受到威胁。全资子公司的所有者可能还要承担消费者拒绝购买公司产品所带来的全部风险。当然，只要在进入目标市场之前充分了解目标市场上的消费者，母公司就能降低这种风险。

3）由于没有东道国企业的合作与参与，全资子公司难以得到当地的政策与各种经营资源的支持，规避政治风险的能力也明显小于合资经营企业。

2. 合资经营

（1）合资经营的含义。

合资经营是指协议共同投资的各方各按一定比例的股份出资，共同组成一家具有法人地位、在经济上独立核算、在业务上独立经营的企业。

（2）合资经营的目标。

如图 6－1 所示，创建国际合资企业可以达到以下四个目标之一：加强现有业务、将现有产品打入国外市场、将国外产品引入国内市场和经营一种新业务。

图 6－1 合资经营的目标

1）加强现有业务。可以采用多种方式利用国际合资企业加强或保护公司现有业务。其中最重要的形式有：为实现规模经济而形成的合资企业、为使企业获得所需技术与专有技术而形成的合资企业、为降低主要项目的财务风险而形成的合资企业。

2）将现有产品打入国外市场。这通常是相信本国产品将会在国外市场取得成功的公司的选择。出口不可能导致显著的市场渗透，建立全资子公司非常缓慢而且所需资源太多，许可证方式不能得到足够的财务回报，而创立国际合资企业并将产品贴上本土制造的标签，通常是最具吸引力的折中方法。

3）将国外产品引入国内市场。对于一个采用国际合资经营方式将其产品打入国外市场的公司来说，同时将东道国的产品引入投资国市场往往也是一个很具吸引力的动因。也正是这种利益的互补使合资企业的建立成为可能。在全球分工日益深入的当今世界，这种利益互补更加显著。

4）经营一种新业务。有些合资企业开发新领域而使一方或双方进入它们此前未涉及的产品和市场。

（3）合资经营的优点。

企业采用合资经营方式，一方面可以减少国际化经营的资本投入；另一方面有利于弥补跨国经营经验不足的缺陷，有利于吸引和利用东道国合资方的资源（如东道国合资方在当地市场的信誉、融资与销售渠道、同当地银行和政府的公私关系，以及它们具有的生产、技术、管理和营销技能等）。

（4）合资经营的问题。

创建国际合资经营企业也存在一些问题，其中最主要的问题是，由于合资企业由多方参与投资，因而协调成本可能过大。协调问题又主要表现在以下几个方面：

1）合资各方目标的差异。合资各方的目标在合资企业建立之初是一致的，但随着时间的推移，各方在产品定价、盈利分配、出口方向和数量、原料采购和产品设计等诸多方面将出现分歧。这种分歧可能是由合资各方财富的变动而引起的。

2）合资各方的文化差异。国际合资企业要求具有不同国家文化背景的管理者协同工作。管理者对所要接触的文化的特征必须很敏感，否则可能导致误解和严重问题。例如，许多西方管理者对日本缓慢的一致通过式的决策方式感到沮丧；同样地，美国的个人主义式的决策令日本人吃惊，因为决策如此之快，但实施起来却常常很缓慢。

此外，文化差异不一定源于国籍的不同。例如，小企业在与大企业合作时，经常惊讶于后者肯花费数月而不是几天的时间来批准一项新的计划。又如，当以“任务导向型”为主导文化的发达国家跨国公司与以“角色导向型”为主导文化中国国有企业合作时，在人员的选拔与晋升时是“论功行赏”还是“论资排辈”，就会产生很大的差异。

由于合资各方协调成本过高，有关调查显示，发达国家之间合资经营企业的失败率高达50%，而在发达国家与发展中国家之间这一比例更高。

三、非股权形式

现在国际化经营已不再仅仅涉及股权投资和贸易这两个方面，非股权形式日益重要。非股权形式包括合约制造、服务外包、订单农业、特许经营、许可经营、管理合约及其他类型的合约关系，跨国公司通过这些关系协调其在全球价值链的活动并影响东道国公司的管理，而并不拥有其股份。

非股权形式往往被看作是对外直接投资与贸易两种方式的中间道路，如图6-2所示。

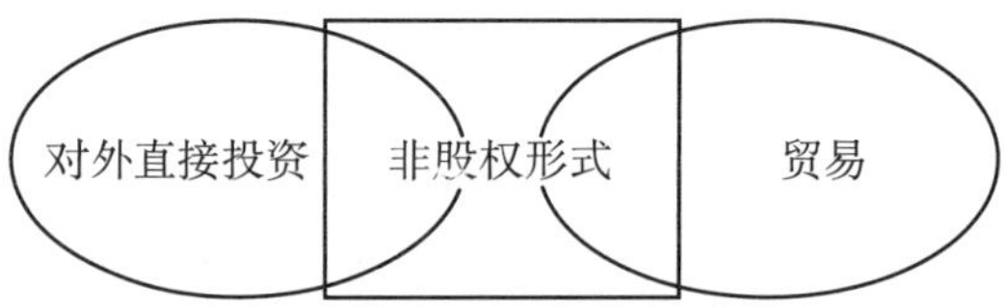

图6-2 对外直接投资与贸易之间的中间道路——非股权形式

企业国际化经营首要的核心竞争力是在全球价值链中协调各项活动的能力。企业可以决定在内部进行这类活动（内部化），也可以委托其他企业进行（外部化）。内部化跨越国界时，就成为对外直接投资；外部化的结果则可能产生对外贸易，也可能选择一条中间道路——形成企业间的非股权形式，即通过合同协议来调节东道国企业的运作和行为。这种调节可以对商业行为产生实质性影响，如要求东道国公司投资设备、改变流程、采用新的程序、改善劳动条件或使用指定供应商等。

图 6－3 展示了价值链中非股权形式类型的若干范例。在某些情况下，非股权形式可能比对外直接投资更为适宜。例如，在农业领域，订单农业比大规模土地收购更易于解决负责任投资的问题——尊重本地权利、农民的生计和资源的可持续利用。

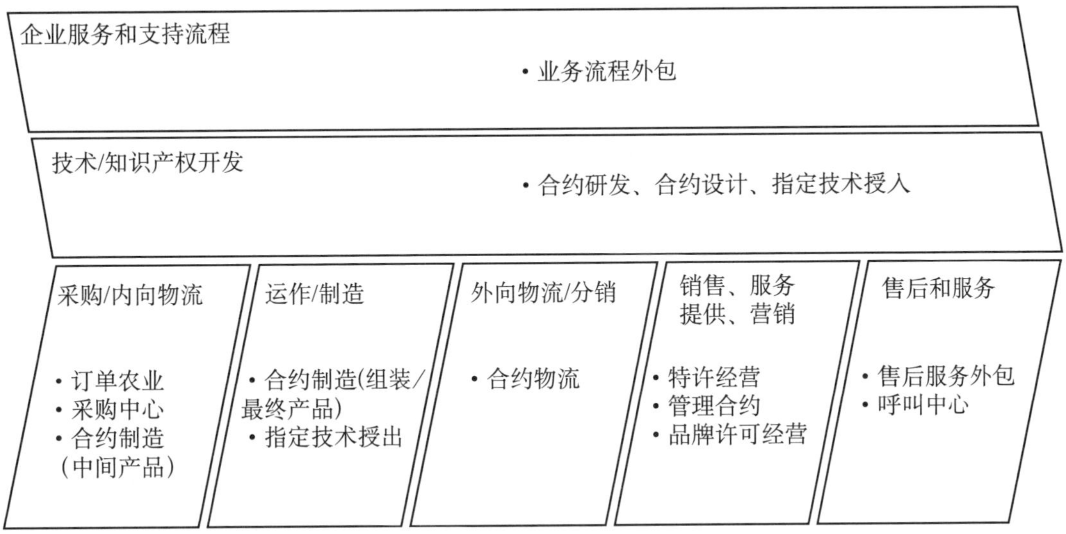

图 6－3　价值链中非股权形式类型的若干范例

第三节　国际化经营的战略类型

企业国际化经营的战略基本上有四种类型，即国际战略、多国本土化战略、全球化战略与跨国战略。这四种战略可以通过全球协作程度与本土独立性和适应能力所构成的矩阵体现出来，如图 6－4 所示。

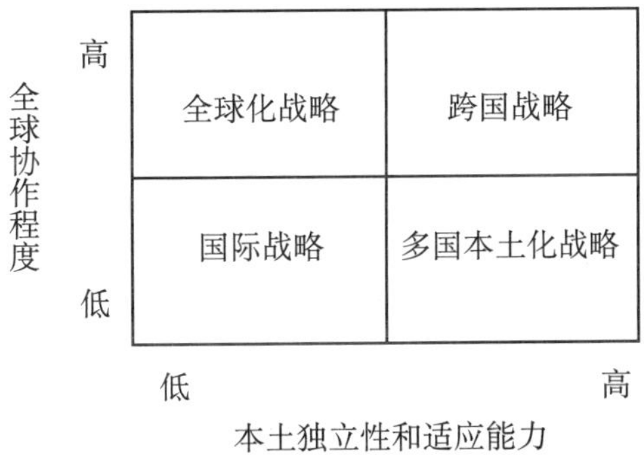

图 6－4　国际化经营的战略类型

一、国际战略

国际战略是指企业将其具有价值的产品与技能转移到国外的市场，以创造价值的举措。大部分企业采用国际战略，是将其在母国所开发出的具有竞争优势的产品转移到海外市场，从而创造价值。在这种情况下，企业多把产品开发的职能留在母国，而在东道国建立制造和营销职能。在大多数的国际化企业中，企业总部一般严格地控制产品与市场战略的决策权。例如，美国PG公司过去在美国以外的主要市场上都有工厂，这些工厂只生产由美国母公司开发出来的差异化产品，而且根据美国提供的信息从事市场营销。

企业的特殊竞争力如果在国外市场上拥有竞争优势，而且在该市场上降低成本的压力较小时，企业采取国际战略是非常合理的。但是，如果当地市场要求能够根据当地的情况提供产品与服务，企业采取这种战略就不合适了。同时，由于企业在国外各个生产基地都有厂房、设备，造成重复建设，加大了经营成本，这对企业是不利的。

二、多国本土化战略

为了满足所在国的市场需求，企业可以采用多国本土化战略。这种战略与国际战略不同的是针对不同国家的不同市场，提供更能满足当地市场需要的产品和服务。相同的是，这种战略也是将自己国家所开发出的产品和技能转移到国外市场，而且在重要的国家市场上从事生产经营活动。因此，这种战略的成本结构较高，无法获得经验曲线效益和区位效益。

在当地市场强烈要求根据当地需求提供产品和服务，并降低成本时，企业应采取多国本土化战略。但是，由于这种战略生产设施重复建设并且成本高，在成本压力大的产业中便不适应。同时，过于本土化会使得在每一个国家的子公司过于独立，企业最终会指挥不动自己的子公司，不能将自己的产品和服务向这些子公司转移。

三、全球化战略

全球化战略是向全世界的市场推销标准化的产品和服务，并在条件较有利的国家集中进行生产经营活动，由此形成经验曲线和规模经济效益，以获得高额利润。企业采取这种战略主要是为了实施成本领先战略。与定制化以满足顾客差异化需求不同，实施全球化战略的跨国公司是通过提供标准化的产品来促使不同国家的习俗和偏好趋同。

在成本压力大而当地特殊要求小的情况下，企业采取全球化战略是合理的。但是，在要求提供当地特色的产品的市场上，这种战略是不合适的。

四、跨国战略

跨国战略是在全球激烈竞争的情况下，形成以经验为基础的成本效益和区位效益，转移企业的核心竞争力，同时注意当地市场的需要。为了避免外部市场的竞争压力，母公司与子公司、子公司与子公司的关系是双向的，不仅母公司向子公司提供产品与技术，子公司也可以向母公司提供产品与技术。

目前，跨国战略被认为是跨国公司的最佳战略选择。这种战略充分考虑到东道国的需求，同时也要保证跨国公司的核心目标和技能的实现。跨国战略主要通过三个决策实现资产、资源和能力的结合：哪些资源和能力应集中在母国运营；哪些资源可以在母国国外集中运营；哪些资源应在某区域上分散使用。跨国战略试图兼顾全球效率、国别反应和世界性学习效果这三种战略需要。

但是，在实践中地区适应性和全球化效率需要的平衡点难以确定，最优平衡是主观的和经常变动的。由于有效执行的困难，跨国战略往往被看成是一种理想化而非现实的形式。

第四节 新兴市场的企业战略

新兴市场是指一些市场发展潜力巨大的发展中国家。这类国家对世界经济的发展具有较大的推动作用，其进出口贸易在全球贸易中占有越来越重要的地位。全球化竞争中，随着新兴市场国家在世界经济中所占地位的不断提高，这些国家日益成为众多发达国家跨国公司的目标市场。对于新兴市场的消费者来说，众多跨国公司的进入是一个福音，因为他们可以有更多的选择。然而，对于已经习惯于在被保护的市场中占据主导地位的本土企业来说，各方面都更加强大的外国竞争对手的大规模进入无疑形成了巨大的市场压力。在这里我们着重阐述在全球化竞争中，新兴市场中本土企业的战略选择。

一、按产业特性配置资源

在争夺新兴市场的大战中，强大的跨国公司并非占尽优势。新兴市场上的本土企业都必须关注两个问题：第一，你所在产业面临的全球化的压力有多大？第二，你所在公司优势资源的跨国转移能力怎样？了解所在产业竞争优势的基本情况，可以更准确地评估出跨国竞争对手的真正实力；而知道了在什么地方能够最大程度地发挥自己的优势资源，可以帮助企业了解自己面临的商机。

（一）认识不同产业面临的不同压力

在估计全球化压力所产生的影响时，必须认识到不同产业面临的压力是不同的。

图 6－5 用一个 2×2 矩阵比较不同产业所面临的全球化与本土化的压力。

在不同的产业中发达国家跨国公司在新兴市场显示的竞争优势是大相径庭的。图 6－5 左上角所展示的产业，诸如飞机、相机、家用电子产品、计算机等，这些产业中的企业需要在产品开发、资金筹措、市场营销以及分销上投入高额的固定成本，而这部分成本只有

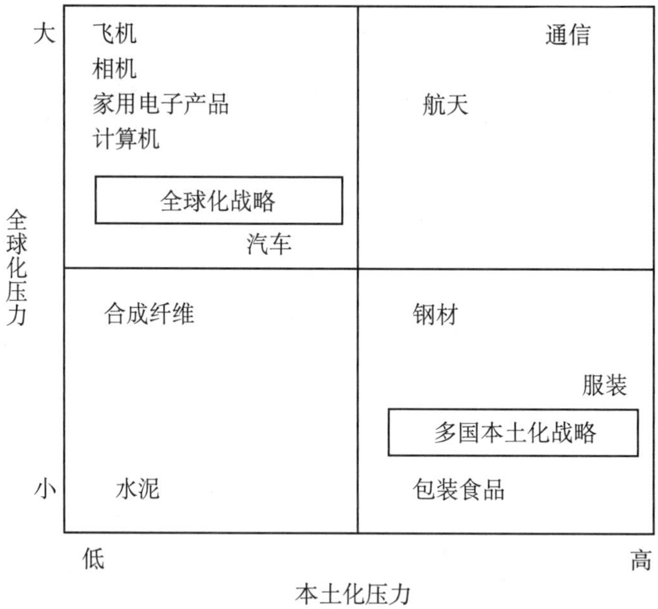

图 6－5　不同产业面临的全球化与本土化压力

通过在多个市场上销售产品才能分摊。此外，这些产业在参与全球竞争时都遵循着同一套规则，消费者对由此产生的标准化产品以及市场营销的诉求方式比较满意。而图 6－5 右下角所展示的产业，诸如服装、包装食品等则正好相反，这些产业中的企业可以通过满足本国消费者的特殊需求取得成功。企业竞争靠的是与消费者建立良好的关系。由于消费者品位不同，或者由于技术标准不一致，市场偏好也不尽相同。此外，高额的运输成本也会阻碍全球化的进程。在这类产业中，企业仅在本土销售产品仍然可以兴旺发达。

当然，大部分产业处于上述两类极端之间。在这些产业中，国际化销售可以带来一些规模优势，但适应当地市场偏好也非常重要。本土企业可以在这些产业中了解跨国竞争对手的优势和劣势，从而明确自身在产业中合适的定位。

（二）评估企业自身的优势资源

一旦本土企业对自身所处的产业有所了解，接下来要做的就是评估自身的优势资源。新兴市场中的大部分本土企业拥有一些资源，这些资源使其在本土市场上具有竞争优势。例如，这些企业拥有一个本土的销售网络，跨国竞争对手需要多年才能建立起类似的销售网络；又如，本土企业可能与政府官员有着长期紧密的交往，这对于跨国竞争对手而言是难以企及的；再如，本土企业具有符合当地消费者偏好的特色产品，而跨国竞争对手可能无法低成本生产这些产品，等等。诸如此类的优势资源，可以成为本土企业成功捍卫本国市场的后盾。

不仅如此，本土企业的某些优势还可能成为向其他市场扩张的利刃。例如，公司可以利用本国廉价的原材料，降低外销产品的价格；又如，公司还可以运用专门技术在周边发展中国家建造工厂多快好省地开展业务。此外，一些看来非常本土化的资源，例如在一些特殊的或者开发难度大的细分市场的服务经验，可能也适用于一些国外市场。事实上，当这些本土企业密切关注那些与本国有着相似市场状况的国家，可能会发现可以移植到国外的资源比想象的要多。这种资源越多，企业在国外获得成功的机会就越大。

二、本土企业的战略选择

（一）战略选择的类型

将产业所面临的全球化压力和新兴市场本土企业拥有的优势资源作为两个变量，做出图 6－6，可以用来指导公司的战略选择。

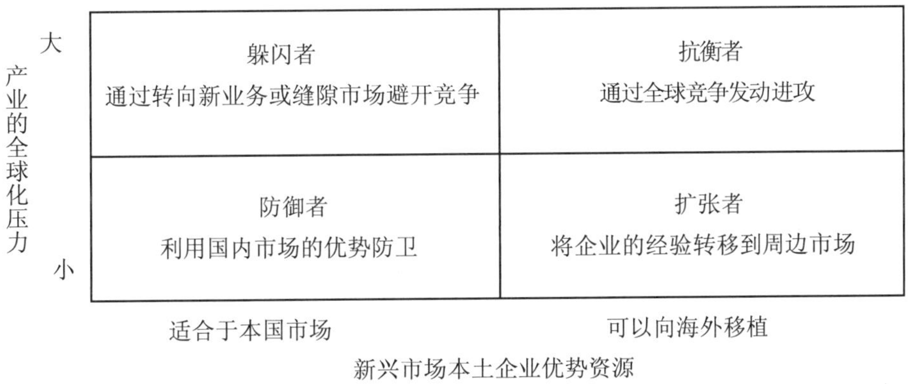

图 6－6　本土企业的战略选择

1. 防御者（defender）战略

如果企业面临的全球化压力较小，而其拥有的优势资源只适合于本国市场，那就需要集中力量保护已有的市场份额不被跨国竞争对手侵占。我们称采取这种战略的企业为防御者，其战略定位是利用国内市场的优势防卫。

2. 扩张者（extender）战略

如果企业面临的全球化压力不大，而其自身的优势资源又可以被移植到海外，那么企业就可以将本土市场的成功经验推广到若干国外市场，我们称采取这种战略的企业为扩张者，其战略定位是将企业的经验转移到周边市场。

3. 躲闪者（dodger）战略

如果全球化压力大，企业就会面临更大的挑战。如果企业优势资源只能在本土发挥作用，企业就必须围绕仍有价值的本土资源，对其价值链的某些环节进行重组，以躲避外来竞争对手的冲击，从而保持企业的独立性。这类企业，我们称之为躲闪者。其战略定位是通过转向新业务或缝隙市场避开竞争。

4. 抗衡者（contender）战略

如果全球化压力大，而企业优势资源可以转移到其他市场，企业有可能与发达国家跨国公司在全球范围内展开正面竞争。我们称这种情况下的本土企业为抗衡者。其战略定位是通过全球竞争发动进攻。

为了对这四种战略有一个更清晰的了解，下面阐述企业应当如何运用这些战略在全新的竞争环境下取得成功。以下的讨论从那些全球化压力较小的产业开始，进而过渡到那些全球化压力较大的产业。

（二）防御者战略：利用本土优势进行防御

面对来势汹汹且实力雄厚的外国竞争对手，防御者要做的就是利用本土优势进行防御。具体做法可以考虑：

(1) 把目光集中于喜欢本国产品的客户，而不考虑那些崇尚国际品牌的客户。

(2) 频繁地调整产品和服务，以适应客户特别的甚至是独一无二的需求。

(3) 加强分销网络的建设和管理，缓解国外竞争对手的竞争压力。

在面临跨国竞争对手的挑战时应当注意：

(1) 不要试图赢得所有顾客。

(2) 不要一味模仿跨国竞争对手的战略。

（三）扩张者战略：向海外延伸本土优势

在某种情况下，本土企业可以不仅仅局限于保住现有市场，它们可以通过合理运用可移植的优势资源，并以其在本地市场的成功为平台，向其他市场扩张。慎重并有选择地将海外扩张战略用于企业的核心资源，不仅可以增加企业收入，还能促进规模经济，同时也能获得颇有价值的国际化经营的经验。

在向海外延伸本土优势时应当注意寻找在消费者偏好、地缘关系、分销渠道或政府管制方面与本国市场相类似的市场，来最有效地利用自己的资源。例如，移居国外的人就更容易接受产于自己国家的产品。

（四）躲闪者战略：避开跨国公司的冲击

在全球化压力很大的产业中，躲闪者不能仅仅指望公司的本土资源，还必须重新考虑自身的商业模式。在这种情况下，如果这些企业的资源仅仅在本土才有价值，企业最好的选择可能是以下几个：

(1) 与跨国公司建立合资、合作企业。

(2) 将企业出售给跨国公司。

(3) 重新定义自己的核心业务，避开与跨国公司的直接竞争。

(4) 根据自身的本土优势专注于细分市场，将业务重心转向价值链中的某些环节。

(5) 生产与跨国公司产品互补的产品，或者将其改造为符合本国人喜好的产品。

躲闪者战略可能是四种战略中最难付诸实施的一种，因为躲闪者必须要对其战略进行大手术，而且必须在跨国公司将其淘汰出局之前完成。但是，只要躲闪者能够谨慎选择突破口，并专心攻克，还是能够利用本土资源拥有一片立足之地的。

（五）抗衡者战略：在全球范围内对抗

尽管在全球竞争中发达国家跨国公司具备诸多优势，但新兴市场的企业也可以羽翼渐丰，最后成长为跨国公司。这种新兴市场中的抗衡者的数量正在稳步上升，不少公司已经成长为世界上大名鼎鼎的品牌企业了。这些公司成功的原因与那些在全球市场上蓬勃发展的其他企业大同小异，只不过作为抗衡者，它们通常不得不权衡各种机会和制约因素。

1. 不要拘泥于成本上竞争，而应该比照行业中的领先公司来衡量自己的实力

大部分抗衡者来自日用品生产产业，这些产业具有丰富的自然资源和人力资源，可以给企业带来低成本的优势。但是，抗衡者不应该仅仅满足于资源优势，而应该比照行业中的领先公司来衡量自己的实力。很多企业会发现自己在产品质量和生产水平上存在明显不足，或者是在服务、运送和包装上存在严重缺陷。这样一来，它们的成本优势就被其他方面劣势抵消了。如果在生产力、产品质量和服务水平上不断追赶来自发达国家的竞争者，新兴市场的本土企业就可以为在长期的竞争中取得成功打下坚实的基础。

2. 找到一个定位明确又易于防守的市场

对于那些可能成为抗衡者却又无法获得关键资源的企业来说，找一个定位明确又易于防守的市场缝隙至关重要。一个日益普遍的方法是加入一个发达国家跨国公司主导的战略联盟，联盟中的领导企业掌握着一个地区性或全球性的零件开发商和供应商网络。在一个分布广泛的生产网络中扮演领头羊，需要兼具市场形象、协调能力以及创新的技术。而新兴市场中的企业一般很少同时拥有上述三个条件，这些企业中的大部分需要专注于自己产业价值链中的某些特定环节来打造规模和专门技术。

3. 在一个全球化的产业中找到一个合适的突破口

新兴市场中的企业要想在一个全球化的产业中找到一个合适的突破口，通常必须进行大范围的重组。许多企业可能会将那些由于全球化而难以为继的业务剥离，将原先内部生产的零部件外包出去，并投资于新产品和新流程，这是抗衡者成为一个专业化和全球化生产商的关键。

4. 学习从发达国家获取资源，以克服自身技能不足和资本的匮乏

对于抗衡者来说，最大的挑战也许是克服自身技能不足和资本的匮乏。尤其在高科技产业，产品生命周期一般很短，而新兴市场中的企业由于接触不到位于市场前列的供应商、客户以及竞争者，经常会处于不利地位。再加上新兴市场存在着较大的政治和经济风险，抗衡者的资本成本要远高于它们的跨国竞争对手。所以，成功的抗衡者要学习从发达国家获取资源以克服前述缺陷。

本章小结

● 企业国际化经营的动机可以从国际生产要素的最优组合、寡占市场反应两个角度进行解释。近年来国际经济学界对发展中国家对外投资行为理论的研究也有了长足的进展。最具代表性的是联合国贸易和发展会议（UNCTAD）近年来的研究成果。

● 企业进入国外市场的模式一般有出口、对外股权投资、非股权形式等几种。每一种进入模式都有各自的利与弊。

● 企业国际化经营的战略基本上有四种类型，即国际战略、多国本土化战略、全球化战略与跨国战略。这四种战略可以通过全球协作程度与本土独立性和适应能力所构成的矩阵体现出来。

● 新兴市场是指一些市场发展潜力巨大的发展中国家。将产业所面临的全球化压力和新兴市场本土企业拥有的优势资源作为两个变量，组合得出新兴市场企业可以选择的四种战略类型：防御者战略、扩张者战略、躲闪者战略和抗衡者战略。

关键概念

四个“寻求” 发展中国家跨国公司对外投资的主要动机：寻求市场、寻求效率、寻求资源、寻求现成资产。

传统方式 又称连续方式，指高新技术产品在发达国家出口的国别路径是先到经济技术发展水平相类似的发达国家，然后再到发展中国家；发展中国家则是先到环境类似的发展中国家，然后再逐步走向发达国家。发展中国家的农产品、矿产品等初级产品和劳动密集型的低端产品主要流向是发达国家。

新型方式 又称不连续方式，指经济全球化背景下，许多产业中的全球分工体系已经形成，全球同步使用新产品，此时不论是发达国家还是发展中国家，该产业中的高新技术产品出口的国别路径是先到发达国家，以占领世界最大市场，然后再走向发展中国家。

对外股权投资 涉及对东道国企业的股权参与，与出口方式相比，是一种控制程度和参与程度更强的进入方式。对外股权投资包括对外证券投资与对外直接投资。

非股权形式 往往被看作是对外直接投资与贸易两种方式的中间道路，包括合约制造、服务外包、订单农业、特许经营、许可经营、管理合约及其他类型的合约关系，跨国公司通过这些关系协调其在全球价值链的活动并影响东道国公司的管理，而并不拥有其股份。

国际战略 企业将其具有价值的产品与技能转移到国外的市场，以创造价值的举措。大部分企业采用国际战略，是将其在母国所开发出的具有竞争优势的产品转移到海外市场，从而创造价值。

多国本土化战略 根据不同国家的不同的市场，提供更能满足当地市场需要的产品和服务。

全球化战略 向全世界的市场推销标准化的产品和服务，并在条件较有利的国家集中进行生产经营活动，由此形成经验曲线和规模经济效益，以获得高额利润。

跨国战略 在全球激烈竞争的情况下，形成以经验为基础的成本效益和区位效益，转移企业的核心竞争力，同时注意当地市场的需要。

防御者战略 当企业面临的全球化压力较小，而其拥有的优势资源只适合于本国市场时，企业集中力量保护已有的市场份额不被跨国竞争对手侵占，利用国内市场的优势进行防卫的战略。

扩张者战略 当企业面临的全球化压力不大，而其自身的优势资源又可以被移植到海外时，企业将本土市场的成功经验推广到若干国外市场的战略。

躲闪者战略 当企业面临的全球化压力大，而企业优势资源只能在本土发挥作用时，企业围绕仍有价值的本土资源，对其价值链的某些环节进行重组，通过转向新业务或缝隙市场避开竞争，从而保持企业的独立性的战略。

抗衡者战略 当企业面临的全球化压力大，而企业优势资源可以转移到其他市场时，企业与发达国家跨国公司在全球范围内展开正面竞争的战略。

案例与分析

案例 6-1 天达公司的国际化经营战略

天达公司是一家以经营家电产品为主的多元化经营企业，通过市场调查与分析，公司领导层认为，先进入质量标准要求最为严苛欧美等发达国家的消费市场，能够在激烈的市场竞争中获得市场相关经验和领先技术，尽快提升企业在世界市场的竞争优势。为了成功进驻发达国家市场，天达公司倾注了巨大的财力、人力以及物力来促进其技术与质量水平的提升。短短数年间，天达公司陆续通过了 15 个种类、48 个国家的国际认证。1999 年起天达公司开启国际化进程，其产品开始在全球布局：当年 4 月，天达公司在发达国家 U 国建立生产厂；随后几年内相继在 U 国建立销售中心和设计中心；2004 年，天达公司将电脑销售到发展中国家 F 国市场；2005 年 3 月，天达公司投资发展中国家 D 国工业园，以当地生产、当地销售的方式，打开 D 国市场；2006 年 5 月，天达公司的手机产品进入亚洲发展中国家 E 国市场；2008 年 4 月，天达公司以生产外包的方式在亚洲发展中国家 B 国生产加工其产品，以获得低成本优势。

分析与思考

1. 分析天达公司目标市场选择的方式。

2. 分析天达公司进入国外市场所采用的模式。

3. 作为发展中国家企业，天达公司对外投资的主要动机是什么？

提示：(1) 天达公司在目标市场选择上采用的是新型方式（或不连续方式）。“公司领导层认为，先进入质量标准要求最为严苛欧美等发达国家的消费市场，能够在激烈的市场竞争中获得市场相关经验和领先技术，尽快提升企业在世界市场的竞争优势”。

(2) 天达公司进入国外市场采用的主要模式如下：

1) 出口模式：“2004 年，天达公司将电脑销售到发展中国家 F 国市场”，“2006 年 5 月，天达公司的手机产品进入亚洲发展中国家 E 国市场”。

2) 对外股权投资（或对外直接投资）模式：“1999 年 4 月，天达在发达国家 U 国建立生产厂；随后几年内相继在 U 国建立销售中心和设计中心”，“2005 年 3 月，天达公司投资发展中国家 D 国工业园，以当地生产、当地销售的方式，打开 D 国市场”。

3) 非股权形式模式：“2008 年 4 月，天达公司以生产外包的方式在亚洲发展中国家 B

国生产加工其产品，以获得低成本优势”。

（3）从发展中国家企业对外投资的主要动机考察，天达公司的主要动机有：

1）天达公司“在发达国家U国建立生产厂”“将电脑销售到发展中国家F国市场”“投资发展中国家D国工业园”的主要动机是寻求市场。

2）天达公司“以生产外包的方式在亚洲发展中国家B国生产加工其产品，以获得低成本优势”，主要动机是寻求效率。

3）天达公司进入欧美等发达国家的消费市场，主要动机也包括寻求现成资产，“能够在激烈的市场竞争中获得市场相关经验和领先技术，尽快提升企业在世界市场的竞争优势”。

案例6-2　神农医药公司的战略选择

2000年以来，随着国内经济的快速发展、居民生活水平提高以及人口老龄化的加剧，国内市场对医药产品的需求快速增长，世界著名医药跨国公司纷纷进入国内市场。

神农医药公司是国内一家生产和经销药品及医疗器械的企业，由于缺乏拥有自主知识产权的药品，多年来以生产仿制药为主；其生产的医疗器械科技含量低，难以满足用户对高科技医疗器械的需要，国内高科技医疗器械市场基本被进口产品占领。神农医药公司的管理层通过对行业的深入分析认识到，与国外跨国公司相比，本公司在规模及利润两个方面存在着巨大差距，在研发经费的投入方面差距更大。如2012年，神农医药公司投入的研发费用占营业收入的比重为2.3%，而国外同类企业Y公司投入的研发费用占营业收入的比重高达19%。此外，神农医药公司还存在专业化程度和品牌认知度较低等问题。上述各种差距，使神农医药公司不仅在国内市场面临国外跨国公司的巨大挑战，而且进入国际市场时举步维艰。

2013年年初，神农医药公司管理层制定并实施了新的发展战略。新战略的核心是设立若干个中小型医药高科技公司，每个分公司相对独立经营。有的专攻国外大公司的关注盲区（如罕见病、特殊需求），在产品上逐渐形成自己的特色；有的通过承接国外跨国公司医药研发外包业务，将业务重点转向价值链的研发环节；还有的着力于将自身具有相对优势的本土医药产品拓展至周边欠发达国家和地区。几年来，神农医药公司在国内市场与国外跨国公司的较量中，注重向跨国公司学习，合理整合和运用国内外优势资源，克服自身技能和资本匮乏的缺陷，以期发展成为实力强大的大型跨国公司，在国内外市场上与国外跨国医药公司展开真正的较量。

分析与思考

1. 神农医药公司进入国际市场主要面临哪些障碍？

2. 面临国外跨国公司大规模进入形成的巨大挑战，神农医药公司的战略选择有哪些？

提示：（1）依据第二章“进入障碍”中几种主要的“结构性障碍”，神农医药公司进入国际市场主要面临如下障碍：

1）规模经济：“与国外跨国公司相比，本公司在规模及利润两个方面存在着巨大差距”。

2）现有企业对关键资源的控制：“由于缺乏拥有自主知识产权的药品，多年来以生产仿制药为主；其生产的医疗器械科技含量低，难以满足用户对高科技医疗器械的需要……在研发经费的投入方面差距更大。如 2012 年，神农医药公司投入的研发费用占营业收入的比重为 2.3%，而国外同类企业 Y 公司投入的研发费用占营业收入的比重高达 19%”。

3）现有企业的市场优势：“国内高科技医疗器械市场基本被进口产品占领”，“神农医药公司还存在专业化程度和品牌认知度较低等问题”。

（2）依据新兴市场的本土企业的战略选择，神农医药公司面对国外跨国公司大规模进入形成的巨大挑战的战略选择包括以下四种：

1）防御者战略：利用本土优势进行防御。把目光集中于喜欢本国产品的客户，而不考虑那些崇尚国际品牌的客户，“有的专攻国外大企业的关注盲区（如罕见病、特殊需求），在产品上逐渐形成自己的特色”。

2）躲闪者战略：避开跨国公司的冲击。与跨国公司建立合资、合作企业，“有的通过承接国外跨国公司医药研发外包业务，将业务重点转向价值链的研发环节”。

3）扩张者战略：向海外延伸本土优势。“还有的着力于将自身具有相对优势的本土医药产品拓展至周边欠发达国家和地区”。

4）抗衡者战略：在全球范围内对抗。“神农医药公司在国内市场与国外跨国公司的较量中，注重向跨国公司学习，合理整合和运用国内外优势资源，克服自身技能和资本匮乏的缺陷，以期发展成为实力强大的大型跨国公司，在国内外市场上与国外跨国医药公司展开真正的较量”。

第七章 企业战略的实施

【本章要点提示】

※ 企业战略与组织结构

※ 企业战略与企业文化

※ 权力与利益相关者

本章内容引言

企业战略的实践表明，战略制定固然重要，战略实施同样重要。在战略实施中，企业管理各种职能都要发挥作用。本章重点从企业组织结构、企业文化，以及权力与利益相关者三个角度阐述企业战略的实施过程。

第一节 企业战略与组织结构

企业战略发生变化，需要有一定的组织保证。因此，组织结构的调整是战略实施的重要环节。

一、结构跟随战略

在探索战略与结构的关系方面，艾尔弗雷德·钱德勒（A. D. Chandler）在其经典著作《战略和结构》中，首次提出结构跟随战略的理论[①]。《战略和结构》一书给出了一系列有关杜邦公司、通用汽车公司、新泽西标准石油公司（后来称埃克森公司）以及西尔斯公司的组织结构演化的案例研究。在这些案例研究的基础上，钱德勒得出结论，企业组织结构的变化受战略变化的驱使，而战略变化又与企业面临的外部状况相联系。钱德勒的理论可以从以下两个方面展开[②]。

（一）战略前导性与结构滞后性

战略与结构的关系基本上是受产业经济发展制约的。在不同的发展阶段中，企业应有不同的战略，企业的组织结构也相应做出反应。企业最先对经济发展做出反应的是战略，而不是组织结构，即在反应的过程中存在着战略前导性和结构滞后性的现象。

1. 战略前导性

这是指企业战略的变化快于组织结构的变化。这是因为，企业一旦意识到外部环境和内部条件的变化提供了新的机会和需求时，首先会在战略上做出反应，以此谋求经济效益的增长。例如，经济的繁荣与萧条、技术革新的发展都会刺激企业发展或减少现有的产品或服务。而当企业积累了大量的资源以后，企业也会据此提出新的发展战略。当然，一个新的战略需要有一个新的组织结构，至少在一定程度上调整原来的组织结构。如果组织结构不做出相应的变化，新战略也不会使企业获得更大的效益。

2. 结构滞后性

这是指企业组织结构的变化常常慢于战略的变化速度。特别是在经济快速发展时期更是如此。结果，组织内部机构的职责在变革的过程中常常含糊不清。造成这种现象的原因有两种：一是新、旧结构交替有一定的时间过程。新的战略制定出来以后，原有的结构还有一定的惯性，原有的管理人员仍习惯运用旧的职权和沟通渠道去管理新、旧两种经营活动。二是管理人员的抵制。当管理人员感到组织结构的变化会威胁他们个人的地位、权利，特别是影响心理上的安全感时，往往会以运用行政管理的方式去抵制需要做出的变革。

从战略前导性与结构滞后性可以看到，经济发展时，企业不可错过时机，要制定出与发展相适应的经营战略与发展战略。一旦战略制定出来以后，要正确认识组织结构有一定反应滞后性的特性，不可操之过急。但是，结构反应滞后时间过长将会影响战略实施的效果，企业应努力缩短结构反应滞后的时间，使结构配合战略的实施。

（二）企业发展阶段与结构

钱德勒有关结构跟随战略的理论是从对企业发展阶段与结构的关系的研究入手的。

1. 层级结构

与单一经营发展阶段相适应的是层级结构，如图 7－1 所示。

---

① CHANDLER A D. Strategy and structure. Cambridge，MA：MIT Press，1962.

② 以下的归纳主要参考徐二明．企业战略管理．北京：中国经济出版社，2002：202－204.

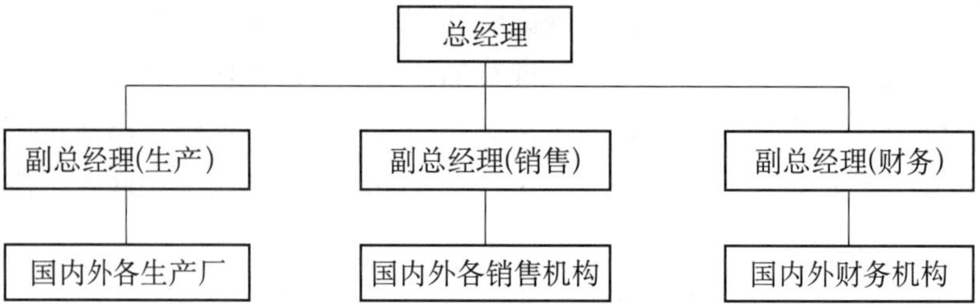

图 7-1　职能分部结构图

2. 多部门结构

与市场和产品多样化阶段相适应的是多部门结构，如图 7-2、图 7-3 所示。

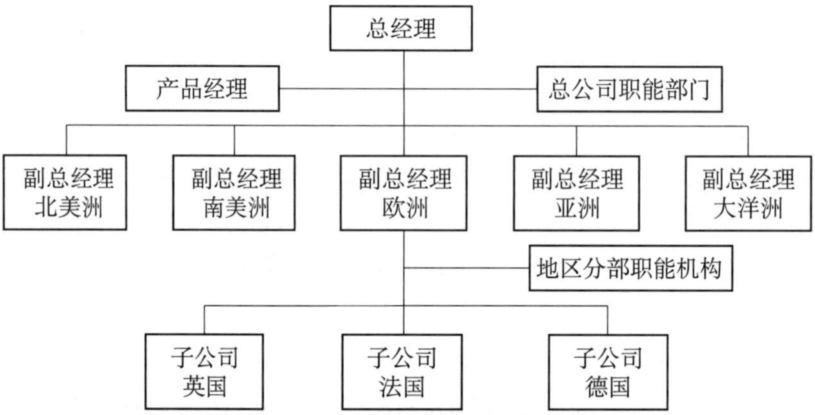

图 7-2　地区分部结构图

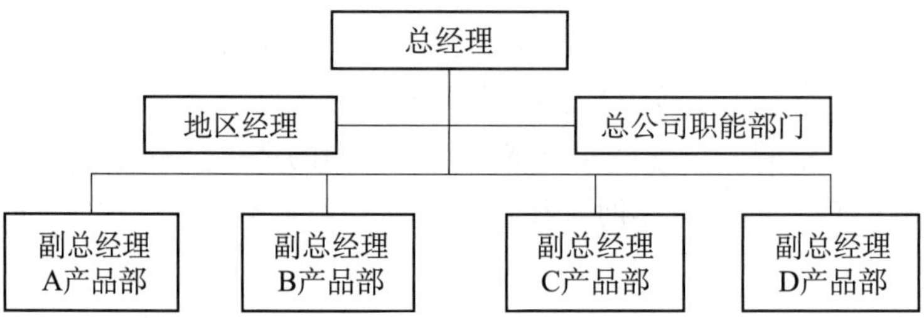

图 7-3　产品分部结构图

3. 矩阵结构

与以项目为中心的经营活动相适应的是矩阵结构，如图 7-4 所示。

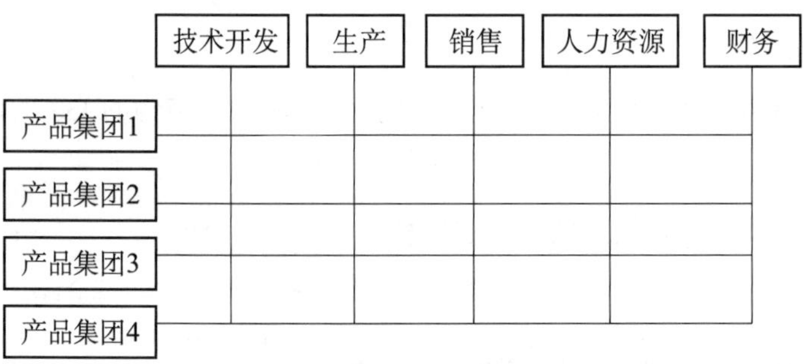

图 7-4　矩阵结构图

4. 网络结构

与战略联盟发展相适应的是网络结构，如图 7－5 所示。

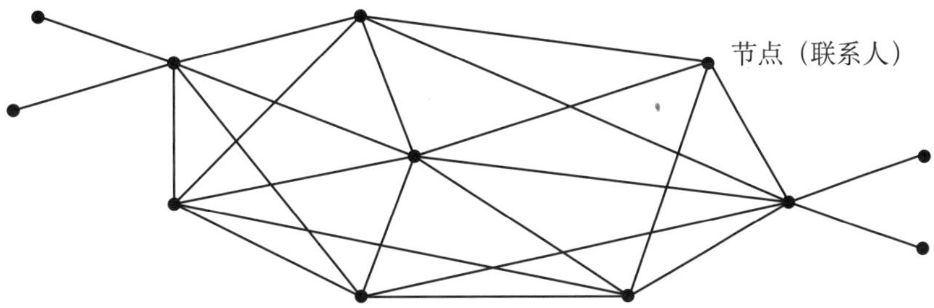

图 7－5 网络结构图

资料来源：戴维·贝赞可，等．公司战略经济学．武亚军，等译．北京：北京大学出版社，1999：571.

5. 内部市场结构

与企业更新业务流程要求相适应的是内部市场结构，如图 7－6 所示。

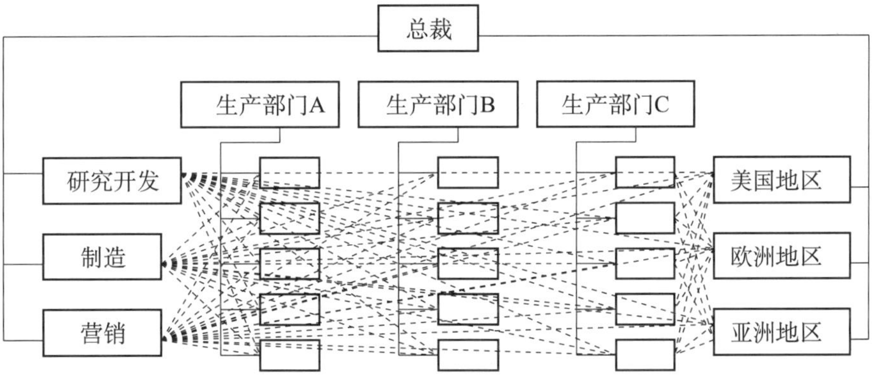

图 7－6 内部市场结构图

资料来源：伊莱扎·G. 柯林斯，玛丽·A. 德文娜．工商管理新论．张宇宏，等译．上海：上海译文出版社，1997.

（三）结构跟随战略的论点在国际化经营企业组织中的应用①

结构跟随战略理论已被应用于那些参与国际竞争的企业。随着多样化经营的企业变得越来越大，它们开始向海外扩张，并最初创立了“国际部”来管理在国外的业务，但这种结构却在协调国外业务时逐渐变得无效，从而导致企业按多国结构进行重组，即针对不同的国家设立各自独立的部门。

随着多国企业的海外业务的进一步发展，它们面临着来自跨国协调的进一步压力和在国家内部进行专业化分工的问题，从而促使把全世界都看作是企业利益市场的全球战略的产生。选择全球战略的企业，为促进在全球的生产和分销活动中实现规模经济而进行重组。

① 伊莱扎·G. 柯林斯，玛丽·A. 德文娜．工商管理新论．张宇宏，等译．上海：上海译文出版社，1997.

近年来，多国企业发现需要在对当地情况做出快速反应和为获得全球范围内的规模经济而要求的集中之间进行平衡。这就导致了跨国战略的产生，它正逐步与更加灵活的组织形式相联系，这种结构把矩阵结构和网络结构结合到了一起。

二、对结构跟随战略的不同看法

尽管钱德勒有关结构跟随战略的理论已得到实证研究的广泛支持，但是对于结构与战略的关系仍有一些不同看法。

（一）结构影响战略

托马斯·哈蒙德（T. H. Hammond）认为，结构会影响战略[①]。这是因为在一个大公司中，重要的知识和决策能力分散在整个公司之中，而并非集中于高层的管理人员。这样，一个企业的结构将会决定低层的决策者们以怎样的方式和按什么样的顺序，把他们的信息汇集在一起来为公司决策服务。结构为企业设定了议程，这就决定了在进行决策时，应该考虑哪些可供选择的方案、需要对哪些进行比较，以及按什么顺序进行比较。

哈蒙德还认为，组织结构决定着决策时会考虑哪些选择，以及对这些选择进行评估的标准。由于经理们所考虑的选择，必须部分地基于企业当前的活动以及与当前的产品市场状况有关的信息。而对多数企业来讲，这些信息均按照企业结构来源于一些较低层的个体员工。因此，不同的结构将会传递给管理人员不同的可供选择的方案集合。例如，如果一个企业还未按照不同的产品组织成一些独立的、可以买卖的分部，那么在这样的企业中，将很难发展出一种重视购并的战略。

结构同时还会通过制定一些用来解决争端的规则，来对战略的实施产生影响。这些规定可以与企业战略的要求相一致，或者也可能不一致。企业的结构同时还会影响到那些到达高层管理人员的有关战略实施的信息。如果企业的结构为了避免某些类型或数量的冲突上报，从而有所偏重，那么高层经理们接收到的信息也将随之发生偏倚。

（二）结构作为一种累积效果和启发艺术

尼尔森（R. R. Nelson）和温特（S. G. Winter）提出了两种关于战略与结构之间关系的论点，它们都与钱德勒的论点不同[②]。第一种论点认为战略和结构都是从企业与环境的互动中不断演化而来的，而并非是高层经理们所制定和实施的某种复杂的重组决策。企业同环境之间的联系，以及被通称为企业“结构”中个体之间的联系方式，都是企业对环境的刺激进行长期的适应，最终产生的累积效果。大规模的战略转变对企业来说是很少见的，企业当前的有关战略与结构的决策，将在很大程度上受制于过去的决策。第二种论点认为，战略和结构是一种高层次的启发艺术，或者说是一些决策的原则，它们节约了决策者们处理一些非常规问题所花费的时间。如果说战略是为了解决企业的生存问题和赢利问

---

① HAMMOND T H. Structure, strategy, and the agenda of the firm//RUMELT R, D E SCHENDEL, D J TEECE. Fundamental issues in strategy. Boston: Harvard Business School Press, 1994: 97-154.

② NELSON R R, S G WINTER. An evolutionary theory of economic change. Cambridge, MA: Belknap, 1982.

题所遵循的一系列原则，那么类似地，结构就是用来对企业内部的不同角色进行协调，从而使其行为与企业的活动相一致的一系列原则。

第二节 企业战略与企业文化

一、企业文化的概念

什么是企业文化？企业界和学术界对于这一概念有多种定义。以下两种定义较为简单明了：一是赫尔雷格尔（Hellreigel）等人在 1992 年提出的定义：企业文化是企业成员共有的哲学、意识形态、价值观、信仰、假定、期望态度和道德规范[①]。另一个定义则是基于文化的经济学含义，考虑到企业所遵循的价值观、信念和准则这些构成文化基础的东西都很难被观察和测量，因而采用一个更易操作的观点：企业文化代表了企业内部的行为指针，它们不能由契约明确下来，但制约和规范着企业的管理者和员工[②]。

但是，必须看到，尽管存在着企业文化，然而要将它从其他文化中区别出来却可能很困难。在特定环境下所呈现出来的企业文化实际上可能是国家文化、地方文化、企业文化、子公司文化和团体文化相互交织的结果。此外，在一个大企业中要识别出一种能涵盖所有成员的单一文化是困难的，而且，企业不同部门可能有不同的文化。在这里，我们研究企业文化，所关心的只是那些能潜在影响企业经济绩效的方面，特别是主要存在于企业决策制定者中的文化（或亚文化）。

二、文化的类型

尽管在文化的定义和范围上存在着很大的分歧，也没有两个企业的文化是完全相同的。但是，查尔斯·汉迪（Charles Handy）在 1976 年提出的关于企业文化的分类至今仍具有相当重要的参考价值[③]。他将文化类型从理论上分为四类：权力（power）导向型、角色（role）导向型、任务（task）导向型和人员（people）导向型。

（一）权力导向型

这类企业中的掌权人试图对下属保持绝对控制，企业组织结构往往是传统框架。企业的决策可以很快地做出，但其质量在很大程度上取决于企业经理人员的能力。企业的变革

① 托马斯·加拉文，杰拉德·菲茨杰拉尔德，迈克·莫利．企业分析．马春光，等译．上海：上海三联书店，1997：311.

② 戴维·贝赞可，等．公司战略经济学．武亚军，等译．北京：北京大学出版社，1999：613.

③ 同①315－319.

主要由企业中心权力来源决定。这类文化是小业主企业的典型模式，它要求相信个人，但在企业运行中明显忽视人的价值和一般福利。这类企业经常被看成是专横和滥用权力的，因此它可能因中层人员的低士气和高流失率而蒙受损失。权力导向型文化通常存在于家族式企业和初创期企业。

（二）角色导向型

角色导向型企业尽可能追求理性和秩序。与权力导向型文化的独裁截然不同的是，角色导向型文化十分重视合法性、忠诚和责任。这类文化一般是围绕着限定的工作规章和程序建立起来的，理性和逻辑是这一文化的中心，分歧由规章和制度来解决，稳定和体面几乎被看成与能力同等重要。但是，这类企业的权力仍在上层，这类结构十分强调等级和地位，权利和特权是限定的，大家必须遵守。这种企业被称作官僚机构，此类文化最常见于国有企业和公务员机构。

角色导向型文化具有稳定性、持续性的优点，企业的变革往往是循序渐进，而不是突变。这类文化在稳定环境中可能带来高效率，但是不太适合动荡的环境。

（三）任务导向型

在任务导向型文化中管理者关心的是不断地和成功地解决问题，对不同职能和活动的评估完全是依据它们对企业目标做出的贡献。这类企业采用的组织结构往往是矩阵式的，为了对付某一特定问题，企业可以从其他部门暂时抽调人力和其他资源，而一旦问题解决，人员将转向其他任务。所以无连续性是这类企业的一个特征。

实现目标是任务导向型企业的主导思想，不允许有任何事情阻挡目标的实现。企业强调的是速度和灵活性，专长是个人权力和职权的主要来源，并且决定一个人在给定情景中的相对权力。这类文化常见于新兴产业中的企业，特别是一些高科技企业。

这类文化具有很强的适应性，个人能高度控制自己分内的工作，在十分动荡或经常变化的环境中会很成功。但是，这种文化也会给企业带来很高的成本。由于这种文化有赖于不断地试验和学习，所以建立并长期保持这种文化是十分“昂贵”的。

（四）人员导向型

这类文化完全不同于上述三种。在这种情况下的企业存在的目的主要是为其成员的需要服务，企业是其员工的下属，企业的生存也依赖于员工。这类企业为其专业人员提供他们自己不能为自己提供的服务，职权往往是多余的。员工通过示范和助人精神来互相影响，而不是采用正式的职权。决策中的意见一致是企业所需要的，角色分配的依据是个人的爱好及学习和成长的需要。这类文化常见于俱乐部、协会、专业团体和小型咨询公司。

这类文化中的人员不易管理，企业能给他们施加的影响很小，因而很多企业不能持有这种文化而存在，因为它们往往有超越员工集体目标的企业目标。

虽然汉迪关于企业文化的分类可能不能囊括所有的文化类型，而且一个企业内部可能还存在着不同的亚文化群，但是，这四种分类较好地总结了大多数企业的文化状况，可以作为研究企业文化与战略关系的重要分析基础。

三、文化与绩效

在对文化与战略的关系的研究中，管理者最注重的是组织文化是否会影响组织的绩效。但是，要表明两者的直接关系并非易事。文化可能与高绩效相联系，但它又不一定是高绩效的必然原因。下面，我们从三个方面讨论文化与绩效的关系：企业文化为企业创造价值的途径，文化、惯性和不良绩效，企业文化成为维持竞争优势源泉的条件[①]。

（一）企业文化为企业创造价值的途径

企业文化可以通过以下三个途径为企业创造价值。

1. 文化简化了信息处理

企业文化中的价值观、行为准则和相应的符号，可以使员工的活动集中于特定的有范围的安排之中。这使他们没有必要就他们在企业中的工作任务是什么进行讨价还价，因而可以减少决策制定的成本并促进工作的专门化，也可以让一起工作的员工分享对他们工作的一系列预期，因而减少了不确定性。同时，共同的文化使得在一起工作的员工始终存在共同关注的焦点。例如，对于本企业的产品与其他企业的区别，本企业在广告和新产品开发上的风险水平，本企业员工、顾客和利益相关者之间相互作用的方式（包括适当的语言、交换规则及其他），等等，从而提高企业的技术效率。

2. 文化补充了正式控制

文化作为集体价值观和行为准则的集合体，在组织中能发挥一种控制功能。文化对员工行动的控制是基于员工对企业的依附，而不是基于激励和监督。那些在价值观上依附企业文化的员工将会调整个人的目标和行为，使之符合企业的目标和行为。如果文化在企业中具有这种功能，那么，员工主动的自我控制、员工间的非正式监督和不涉及具体细节的组织准则结合在一起，会使员工比在正式制度下更可能服从，从而，控制员工行为将比只有正式控制制度更有效。

威廉姆·奥奇（W. G. Ouchi）引入了一个“团体控制”的概念来阐述文化对于官僚控制或市场控制模式的替代作用[②]。官僚控制的特点是组织的角色和任务具有很高的专业化水平、短期雇佣、个人责任和个人决策；团体控制则是通过组织准则和价值系统的控制，其特征是组织中角色和任务的专业化降低至很低的水平、长期雇佣、个人自我激励与负责和集体决策。这两者又都区别于市场控制，它是建立在市场价格基础上的控制。

奥奇的分析是建立在对日本企业不同于西方企业的管理模式的分析基础之上，詹姆斯·林肯和阿恩·卡莱伯格（J. R. Lincoln and A. L. Kalleberg）对奥奇的理论做了补充，他们认为，对日本企业的团体控制的一种更好的解释是，通过工作保障、员工参与决策、

---

① 戴维·贝赞可，等．公司战略经济学．武亚军，等译．北京：北京大学出版社，1999：614－620.

② OUCHI W G. Markets，bureaucracies，and clans. Administrative Science Quarterly，1980（25）：129－140. OUCHI W G，J B JOHNSON. Types of organizational control and their relationship to emotional well being. Administrative Science Quarterly，1978（23）：293－317. OUCHI W G. Theory Z. MA：Addison-Wesley，1981.

福利设施和必要的补偿，日本企业的管理人员能促进员工满意和忠诚，而不仅仅是依靠日本企业价值观的力量。当然，文化可以影响组织活动、管理活动，也会影响企业的主导价值观①。

大多数企业运用市场控制、官僚控制、团体控制三种控制技术的组合。事实上，企业采用利润中心制度，也可以由很强的文化规范来管理；在竞争激烈的市场，很难想象一个团体组织没有正式的组织与控制，却能满足所参与竞争的产品市场的需求。

3. 文化促进合作并减少讨价还价成本

在企业内部，由于各利益相关者讨价还价的权力之争，会导致市场竞争中可能出现的个体理性与集体理性的矛盾。企业文化通过“相互强化”的道德规范，会减轻企业内权力运动的危害效应，这就使得在市场上利己主义的个人之间不可能出现的多方受益的合作行为在企业内部可能出现。

（二）文化、惯性和不良绩效

必须看到，文化也可能损害企业的绩效。文化和绩效之间存在明显消极联系的例子几乎与存在积极联系的例子一样普遍。事实上，有时同一个企业可以提供相反的例子。例如，直到 1986 年，美国 IBM 公司还被认为是强有力的值得模仿的企业，它的管理的深入性和公司文化得到了广泛称赞。然而，不到十年后，IBM 又因其惯性的文化而受到责难。IBM 公司并不是由于能力变化而失掉产业领导地位的，未能保持其优势的原因在于其惯性文化的影响，使该公司没有预期到产品变化的方向，并让竞争对手（特别是微软公司）在市场份额和网络外部性的基础上夺取了市场优势地位。

文化与绩效相联系，是因为企业战略成功的一个重要前提是战略与环境相匹配。当战略符合其环境的要求时，文化则支持企业的定位并使之更有效率；而当企业所面对的环境产生了变化，并显著地要求企业对此适应以求得生存时，文化对绩效的负面影响就变得重要起来。尤其是在一个不利的商业环境中，文化的不可管理性将使之成为一种惯性或阻碍变化的来源。管理人员企图阻碍变化而不是解决环境问题，这种不合时宜的决策也将变得十分明显。这种惯性的产生来自多方面的原因：在企业中任职很长的行政人员，可以在企业繁荣时期熟悉他们的工作，却可能对处理变化毫无经验，他们所选择的规划和所运行的工作程序对突然的变化可能是保守的；企业中的权力基础可能使企业中受威胁的团体阻碍变化，等等。

（三）企业文化成为维持竞争优势源泉的条件

杰伊·巴尼（J. B. Barney）给出了企业文化可以成为维持竞争优势的源泉的条件②：首先，文化必须为企业创造价值，前面我们已经详细阐述了文化为企业创造价值的三种途径。其次，作为维持竞争优势的一个源泉，公司文化必须是企业所特有的。如果一个企业

① LINCOLN J R，A L KALLEBERG. Control and commitment. Cambridge：Cambridge University Press，1990.

② BARNEY J B. Organizational culture：can it be a source of sustained competitive advantage. Academy of Management Review，1986 (11)：656 - 665.

的文化和市场上大多数的企业是相同的，它往往反映的是国家或地区文化或一系列行业规范的影响，那么它不可能带来相对竞争优势。最后，企业文化必须是很难被模仿的。如果成功的企业文化体现了企业的历史积累，这种复杂性就会让其他企业很难仿效，也使得其他企业的管理者很难从本质上修改他们的企业文化以显著提高绩效。相反，如果企业文化很容易被模仿，那么，一旦该企业成功的话，其他企业都将会模仿它，这将使文化带给企业的优势很快就会消失。

四、战略稳定性与文化适应性

考察战略与文化的关系，除了文化与绩效的关系外，还有一个重要的内容是分析企业战略稳定性与文化适应性。战略稳定性反映企业在实施一个新的战略时，企业的结构、技能、共同价值、生产作业程序等各种组织要素所发生的变化程度；文化适应性反映企业所发生的变化与企业目前的文化相一致的程度。

处理二者关系可以用如图 7－7 所示的矩阵表示，在矩阵中，纵轴表示企业战略稳定性的状况，横轴表示文化适应性的状况。

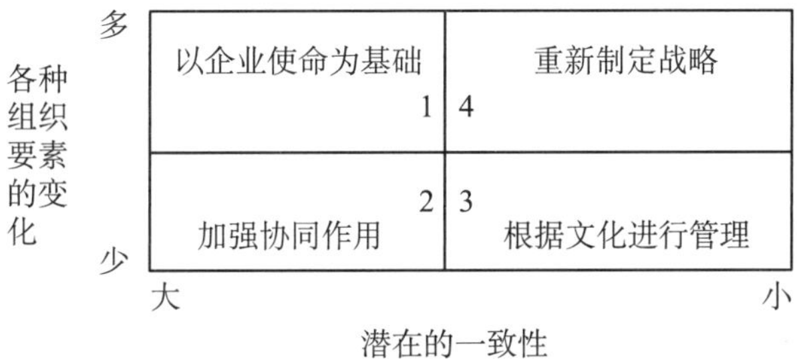

图 7－7　战略稳定性与文化适应性

资料来源：刘冀生．企业经营战略．北京：清华大学出版社，1995：220.

（一）以企业使命为基础

在第一象限，企业实施一个新的战略时，重要的组织要素会发生很大变化。这些变化大多与企业目前的文化有潜在的一致性。这种企业多是那些以往效益好的企业，可以根据自己的实力，寻找可以利用的重大机会，或者试图改变自己的主要产品和市场，以适应新的要求。这种企业由于有固有文化的大力支持，实行新战略没有大的困难，一般处于非常有前途的地位。在这种情况下，企业处理战略与文化关系的重点是：

（1）企业在进行重大变革时，必须考虑与企业基本使命的关系。在企业中，企业使命是企业文化的正式基础。高层管理人员在管理的过程中，一定要注意变革与使命内在的不可分割的联系。

（2）发挥企业现有人员在战略变革中的作用。现有人员之间具有共同的价值观念和行为准则，可以保持企业在文化一致的条件下实施变革。

（3）在调整企业的奖励系统时，必须注意与企业组织目前的奖励行为保持一致。

（4）考虑进行与企业组织目前的文化相适应的变革，不要破坏企业已有的行为准则。

（二）加强协同作用

在第二象限，企业实施一个新的战略时，组织要素发生的变化不大，又多与企业目前的文化相一致。这类情况往往发生在企业采用稳定战略（或维持不变战略）时，处在这种地位的企业应考虑两个主要问题：一是利用目前的有利条件，巩固和加强企业文化；二是利用文化相对稳定的这一时机，根据企业文化的需求，解决企业生产经营中的问题。

（三）根据文化进行管理

在第三象限，企业实施一个新战略，主要的组织要素变化不大，但多与企业组织目前的文化不大一致。例如，企业准备推行某种新的激励方式，虽然这种方式与过去的激励方式相比，并没有根本性的变化，但是，某些利益相关者基于对自身利益的考虑，可能会反对实施新的方法。此时，企业需要研究这些变化是否可能给企业带来成功的机会。在这种情况下，企业可以根据经营的需要，在不影响企业总体文化一致的前提下，对某种经营业务实行不同的文化管理。企业在对像企业结构这样与企业文化密切相关的因素进行变革时，也需要根据文化进行管理。

（四）重新制定战略

在第四象限，企业在处理战略与文化的关系时，遇到了极大的挑战。企业在实施一个新战略时，组织的要素会发生重大的变化，又多与企业现有的文化很不一致，或受到现有文化的抵制。对于企业来讲，这是个两难问题。

在这种情况下，企业首先要考察是否有必要推行这个新战略。如果没有必要，企业则需要考虑重新制定战略。反之，如果企业外部环境发生重大变化，企业考虑到自身长远利益，必须实施不能迎合企业现有的文化的重大变革，企业则必须进行文化管理，使企业文化也做出相应重大的变化。为了处理这种重大的变革，企业需要从四个方面采取管理行动：一是企业的高层管理人员要痛下决心进行变革，并向全体员工讲明变革的意义。二是为了形成新的文化，企业要招聘或从内部提拔一批与新文化相符的人员。三是改变奖励结构，将奖励的重点放在具有新文化意识的事业部或个人的身上，促进企业文化的转变。四是设法让管理人员和员工明确新文化所需要的行为，形成一定的规范，保证新战略的顺利实施。

第三节 权力与利益相关者

权力与利益相关者分析是公司战略分析的重要组成部分，公司战略的制定与实施与其各利益相关者的利益与权力的均衡密不可分。有关利益相关者的定义很多，本书采用如下定义：利益相关者是对企业产生影响的，或者受企业行为影响的任何团体和个人①。利益相关者理论认为企业各类利益相关者的利益期望、利益冲突、利益均衡以及相对权力是问题的关键。

一、企业主要的利益相关者

企业主要的利益相关者可分为内部利益相关者及外部利益相关者。

（一）企业内部利益相关者及其利益期望

1. 向企业投资的利益相关者

包括股东与机构投资者。投资者向企业提供资本，资本不仅是机器设备、厂房建筑、原料动力以及土地资源的一般形式，而且是获得其他生产要素，如一般劳动力、信息技术及管理人才的必要前提。有些投资者直接经营企业，而在现代企业制度中，投资者一般不直接经营企业，而是将企业委托经理人员经营。不论投资者是否直接经营企业，他们都要直接参与企业的利益分配。投资者对企业主要的利益期望就是资本收益——股息、红利。

由于股息、红利是以企业利润为基础，按股权进行分配，所以投资者对企业的主要期望就是利润最大化。如果对一个企业的投资者不止一方，那么，争得多数股权也是各方股东的利益所在。

2. 经理阶层

一般指对企业经营负责的高、中层管理人员。他们向企业提供管理知识和技能，将各种生产力要素结合成整体。由于现代企业制度中所有权与经营权相对分离，经理人员可以利用信息不对称控制企业。使企业预期利润最大化是大多数经济理论的一个假定，然而，普遍的感觉是，在现实中企业的经理人员有其他目标。例如，使企业的规模、成长以及管理职位津贴最大化。企业的增长能够给经理人员带来金钱和非金钱方面的好处，例如，增长能够给经理和员工以职业发展的机会，尽管这种增长未必会带来符合股东利益的企业利润的增长。企业增长又主要表现在销售额的增长，所以，经理对企业的主要利益期望是销售额最大化。

3. 企业员工

企业员工是一个包括企业操作层劳动者、专业技术人员、基层管理人员及职员在内的具有相当厚度的阶层。他们向企业提供各种基本要素，是企业的基本力量。企业员工对企业的利益期望是多方面的，但从影响企业目标选择的角度看，企业员工的主要利益期望是个人收入和职业稳定的最大化。

（二）企业外部利益相关者及其利益期望

1. 政府

政府向企业提供许多公共设施及服务，如道路、通信、教育、安全等，制定各种政策

---

① 托马斯·加拉文，杰拉德·菲茨杰拉尔德，迈克·莫利．企业分析．马春光，等译．上海：上海三联书店，1997：119.

法规，协调国内外各种关系，这些因素都是企业生产经营必不可少的环境条件。政府对企业的期望也是多方面的，例如政府力图使企业在提供就业、支付税款、履行法律责任、促进经济增长、确保国际支付平衡等多个方面做出贡献，其中最直接的利益期望是政府对企业的税收。

2. 购买者和供应者

购买者包括消费者和经销商，它们是企业产品（或服务）的直接承受者，是企业产品实现价值的基本条件。供应者为企业提供必需的生产要素，与企业、购买者一道构成产业价值链中的一个组成部分。如第二章所述，购买者与供应者对企业的利益期望是在它们各自的阶段增加更多的价值。

3. 贷款人

贷款人与投资者一道向企业提供资金，但与投资者不同的是，企业以偿付贷款本金和利息的方式给予贷款人回报。因此，贷款人的利益期望是企业有理想的现金流量管理状况，以及较高的偿付贷款和利息的能力。

4. 社会公众

企业是社会经济生活的一部分，它的行为会给社会公众带来各种影响。社会公众期望企业能够承担一系列的社会责任，包括保护自然环境、赞助和支持社会公益事业等。值得一提的是，对于股票上市公司来说，社会公众中还有相当一批企业的股民，这是企业内部利益相关者与外部利益相关者的交集部分。这些股民对企业的利益期望除了利润最大化以外，还要求企业对广大股民负责，遵循正确的会计制度，提供公司财务绩效的适当信息，防止包括内幕交易、非法操纵股票和隐瞒财务数据等在内的不道德行为。

二、企业利益相关者的利益矛盾与均衡

企业的发展是企业各种利益实现的根本条件，是企业利益相关者的共同利益所在。但是，由于利益相关者的利益期望不同，它们对企业发展的方向和路径也就有不同的要求，因而会产生利益矛盾，这些矛盾和均衡主要表现在以下几方面。

（一）投资者与经理人员之间的利益矛盾与均衡

关于投资者与经理人员之间的利益矛盾与均衡，经济学家们已有不少论述。以下三个模型具有一定的代表性。

1. 鲍莫尔的“销售最大化”模型[①]

鲍莫尔（W. J. Baumol）用“销售最大化”模型表达了他对经理人员强调销售额的重要性的理解。作为企业的实际代表，经理人员总是期望企业获得最大化销售收益，但企业赚得的利润并不一定能满足股东对红利的需求，也不一定能达到资本市场的需求（如果企

① BAUMOL W J. Business behaviour，value and growth. New York：Harcourt，Brace，Jovanovich，1967.

业要筹集补充资金的话)。利润最大化的产出点往往要求企业的经营活动低于其全部生产能力。事实上，企业并不会去追求这两种产出量中的任何一种，而是在这两种产出量中选择一个中间点，这个产出量反映了代表经理人员利益的销售额最大化与代表股东利益的利润最大化的均衡结果。

2. 马里斯的增长模型[①]

马里斯(R. L. Marris)的增长模型是一种“平衡状态”模型，即企业对它所追求的(以后永远追求的)不变的增长率做一次性的选择。企业经理人员的主要目标是公司规模的增长，但这将受到那些分享某些共同利益的股东利益的制约。当然，较高的股票市场价格对经理人员和股东双方都有利，它有助于新资本证券发行和资产估价，有助于避免被廉价兼并等。事实上，由于市场评价、兼并的风险和其他共同利益，经理人员与股东利益均衡的结果可能会使企业的增长率确定在双方都可以接受的一个区域内。

3. 威廉森的管理权限理论[②]和彭罗斯的最佳投资战略理论[③]

威廉森(O. E. Williamson)在他的管理权限理论中强调经理人员的管理动机。他的基本论点是：在从事经营活动中，经理人员必须有一种非同寻常的理性，经理人员必须把个人利益和作为经理本身所做出的决定区别开来。威廉森强调，经理人员将按他们各自最佳利益来使企业运转，他们将力求使自己的效用函数最大化，从而使他们的权力和声望最大化。这主要体现在三个重要变量中：雇员开支(雇用人员的数量和质量)、酬金开支(支出账目、高质量办公服务等)和可支配的投资开支(超越严格经济动机、反映管理者权力和偏好的投资)。

彭罗斯(E. T. Penrose)则从动态角度强调经理人员的最佳投资战略在决定企业的总体增长中所起的作用。经理人员将努力在任何计划项目中选择最有利可图的投资，以便从现有的收益中为未来投资提供资金。时期 t 实行这种方法，将保证时期 $t+1$ 的新投资(假定实行限制股息政策)，这又为时期 $t+2$ 和以后的扩张提供了资金。这个模型中的增长是通过有控制权的经理人员的利润留置政策来保证的。在另一种情况下，经理人员的作用也具有决定性意义，即增长的过程不仅受资金的约束，而且也受经理人员资源的约束。这个管理小组的内聚力、技能和经验在计划和资助一个最佳方案中具有决定性的作用。

威廉森和彭罗斯的模型事实上都反映了企业的经理人员运用自身相对股东的信息优势来实现其对企业的利益追求。特别是那些在市场上具有一定程度垄断力量的大公司，这些大公司大到足以使经理人员抵制来自广泛的股东集团要求利润最大化的压力。

(二) 企业员工与企业(股东或经理)之间的利益矛盾与均衡

列昂惕夫(W. Leontief)模型描述了企业员工与企业之间的利益矛盾与均衡[④]。在这

---

① MARRIS R L. Economic theory of managerial capitalism. London: Macmillan, 1964.

② WILLIAMSON O E. The economics of discretionary behavior: managerial objectives in a theory of the firm. Englewood Cliffs, NJ: Prentice Hall, 1964.

③ PENROSE E T. The theory of the growth of the firm. Oxford: Blackwell, 1959.

④ 张维迎．博弈论与信息经济学．上海：生活·读书·新知三联书店上海分店，上海人民出版社，1997：197-200.

个模型中，企业工会（企业员工的代表）决定工资，企业决定就业水平。企业员工追求工资收入最大化和工作稳定（反映为企业就业水平高）；而企业追求利润最大化，就要选择最佳就业水平，在工资水平的约束下以实现企业利润最大化。那么，企业员工与企业讨价还价的博弈结果将在一条直线上实现均衡，而最终均衡点更偏于哪一方的利益，要取决于双方讨价还价的实力大小。

（三）企业利益与社会效益之间的利益矛盾与均衡

这里我们用“社会效益”代表所有企业外部利益相关者的共同利益。企业外部利益者对企业的共同期望是企业应承担一系列社会责任。这些社会责任包括三个方面：

（1）保证企业利益相关者的基本利益要求。例如，履行缴纳国家税金的义务，保证按时按量偿还贷款人的债务，保护广大股民的基本权益，正确处理与供应者、购买者的利益分配等。

（2）保护自然环境。例如，处理好与企业生产有关的污水、废料排放；制定安全生产政策，避免和减少可能引起环境问题的事故；珍惜稀缺资源等。

（3）赞助和支持社会公益事业。例如，赞助慈善事业和非营利基金会或协会，积极支持公共卫生和教育事业，支援落后地区和国家等。

但是，企业的社会效益与企业利润最大化原则往往是不一致的。例如，企业要照章纳税，必然会降低企业的盈利水平；企业要保护环境，就需要加大在环保方面的投入，而这些投入与企业的直接效益是背道而驰的；企业要赞助公益事业，无异于从企业收益中拿出一块奉献给社会。

企业如何对待社会效益，被称为“商业伦理”问题。商业伦理的实质是一个企业或组织在社会中应发挥什么作用和负什么责任的问题。这不仅涉及企业外部利益相关者的利益或期望能否得到满足，而且也涉及企业的长远目标能否实现，以及社会的均衡发展问题。

企业的社会效益目标与企业自身经济目标很难两全其美。米尔顿·弗里德曼（Milton Friedman）认为，“企业的任务就是经营企业”，“企业的唯一目标就是追求利润最大化”[①]。这种商业伦理观念认为关心社会问题不是企业的责任，企业关心社会问题会使其对社会做贡献的最主要方式（如上缴税金和利润）受到破坏。因此，政府的主要责任是通过立法来阐明社会对企业追求效益所应施加的约束和限制。应该说，这种商业伦理观念有一定道理。如在计划经济体制下，国有大中型企业就是因为过多地承担了政府和社会应承担的责任，从而使包袱越来越重，削弱了竞争能力；又如，世界各国以满足社会需要而不以盈利为目标的公共服务部门，虽然一般都有一个听起来很神圣的服务宗旨，但实际上，由于组织内部缺乏以利润最大化为目标的激励机制，滋长了官僚习气与懒惰作风，从而大大降低了组织的效率，也降低了组织对社会做贡献的能力。

但是，强调企业自身经济利益绝不意味着企业在追求利润最大化时，可以不负相应的社会责任。例如，一个医疗单位首先应该救死扶伤，其次才是追求经济目标，否则会受到

---

① 金占明．战略管理：超竞争环境下的选择．北京：清华大学出版社，1999：191.

社会公众的谴责；林业生产企业如果只图眼前经济效益，一味大规模砍伐树木，将导致严重的环境问题，最终也将失去自身的经济利益。所以，在社会效益与企业效益之间，企业实际上也总是处于一个讨价还价的均衡点。

以上我们所讨论的是企业利益相关者之间的利益矛盾与均衡的几个主要方面。如果将利益相关者再进行细分，企业利益相关者的矛盾与均衡问题还涉及许多方面。例如，投资者之间的股权之争；各级经理人员集权与分权的关系；企业员工中专业技术人员与企业的矛盾；政府税收与企业利润最大化的矛盾，等等。在跨国经营的企业中，企业利益相关者的利益矛盾还体现在跨国公司进入东道国市场的利益追求与东道国政府吸引外资目标的差异上。

西尔特（R. M. Cyert）和马奇（J. G. March）的论述①可作为对以上各利益相关者利益博弈的总结。他们认为，企业在组织上由各种利益集团结合在一起，共同经营，由于成员们承认共存的需要，并有使他们的目标更为接近的欲望（相对于不组成该企业时的情况），从而使企业幸存下来。企业最后确定的各种目标是一种妥协，最终的有效性几乎总是低于最大值的，这就是所谓的“组织呆滞”。由于承认这种低效率，上述呆滞导致的额外“支付”由各成员分摊，这个集团才能团结一致。这些支付或是现金、实物，或是能对政策发生影响的权利。有关谈判进程是在不断的审议之中进行的，因此在企业经营过程中，企业目标会有变化。

三、权力与战略过程

由于权力（power）和与其相关的术语被广泛地运用于学术界和商业界，因而它们的含义有很多说法且很容易混淆。在这里我们采用一个简单明了的概念：将权力定义为个人或利益相关者能够采取（或者说服其他有关方面采取）某些行动的能力。权力不同于职权（authority），它们主要有以下四点区别：第一，权力的影响力在各个方面；而职权沿着企业的管理层次方向自上而下。第二，受制于权力的人不一定能够接受这种权力；而职权一般能够被下属接受。第三，权力来自各个方面；而职权包含在企业指定的职位或功能之内。第四，权力很难识别和标榜；而职权在企业的组织结构图上很容易确定。还应该将权力与政治区别开来。政治是权力的运用，它是由具体的战略和策略组成的。

（一）企业利益相关者的权力来源

1. 对资源的控制与交换的权力

企业的利益相关者控制着企业所需的具体资源，而存在着许多交换权力的机会。它们可以利用这些权力争取和保卫自己的利益。如投资者可通过增减资本的投入，劳动者可通过增减单位时间内体力、脑力的支出，经营者可能表现出不同业绩，政府可通过对企业的政策来争取和保卫各自的利益。但是它们争取和保卫利益行动的有效性取决于其所提供的

---

① CYERT R M，MARCH J G. A behavioral theory of the firm. Englewood Cliffs，NJ：Prentice Hall，1963.

资源的稀缺程度与企业对这些资源的依赖程度。例如股票价格与资本供求情况有关，在资本过剩的不景气时期，股息自然下跌；职工工资与劳动力供求有关；有卓越经营才能的经理人员和掌握专用技术的专业人员由于掌握关键资源往往可争取到数倍于普通劳动力的薪酬；在波特的五种竞争力模型中，企业对其供应者和购买者的资源越依赖，供应者和购买者讨价还价能力就越强，等等。

米歇尔·克罗泽（M. Crozier）在他著名的法国烟草企业的案例研究中，提供了一个通过控制关键信息而获得权力的生动实例①。该企业是政府控制的垄断企业，面临着不变的竞争环境和不变的产品需求。因而，生产中的关键环节是保持机器的运行和避免在生产中突然出现故障。而企业中维修工人处理故障、保证机器运行的技术和经验是通过口头培养工程师的传统进行的，而不是通过标准的图纸。一些年后，这些机器的原有资料不见了，这些维修工人和工程师由此获得了相对于管理层和操作工人更大的权力。然而，如果工厂管理者能建议工厂更换机器设备，由于新设备的资料容易获得，维修工人和工程师的权力来源就会减少。

2. 在管理层次中的地位

企业管理层次的不同地位使得处在这些位置上的人比其他人有着正式的权力，这种权力被称为职权。前面我们已经区分过权力与职权两种概念，职权也是权力的一种类型，但权力不一定是职权。由于在管理层次中的地位而获得的权力主要有三个基础：法定权（legitimate power）、奖励权（reward power）和强制权（coercive power）。法定权意味着由于具有职位优势，管理者在做出具体决策时，企业中其他人要遵从。法定权又来源于对奖励权或惩罚权的行使。奖励权的行使，会使下属执行命令，因为下属相信他们会因此得到某种金钱或者精神上的奖励。强制权（或惩罚权）也会有同样作用，下属由于怕受到惩罚或怕被剥夺奖励而不得不服从命令。奖励权与强制权的区别在于实施者和被实施者之间的关系不一样。强制权意味着实施者和被实施者之间产生一种敌对关系，而且会减少长期合作的预期；而奖励权则更为积极并能发展为一种长期关系。

3. 个人的素质和影响

尽管因正式的职权而有决策权增加了管理者对下属的影响力，但是，来源于组织正式职权的权力是有限的，有两个因素会减弱正式职权的权力：第一，企业中不同部分的劳动分工意味着管理者必须把企业活动的具体细节授权给下属，使这些下属在工作中可以做出自己的判断；第二，存在许多客观因素限制了管理者监督下属的能力。因而，即使有正式的职权，管理人员仍要依靠下属。为维持管理者的权力，需要有除组织中正式职位和职务以外的东西。个人的素质和影响就是一种非正式职权的权力的重要来源。约翰·科特（J. Kotter）提出，成功的管理者需要建立起一些基本权力，尤其是榜样权（referent pow-

① CROZIER M. The bureaucratic phenomenon. Chicago: University of Chicago Press, 1964.

er）和专家权（expert power），这两者比正式职权、奖励权或强制权更具有持久性[①]。榜样权和专家权是个人素质和影响的重要方面。专家权来源于对其他人或作为整体组织而言有价值的特殊知识的占有，它也可以被认为是在特定情景中对专家的理所当然的遵从。榜样权为那些受人尊敬的人所拥有，他们得到尊重是因为他们具有某些特殊的能力或性格特征，或是具有能保证他人服从的个人气质或形象。榜样权与专家权不仅存在于正式组织之中，也大量存在于企业的非正式组织中。

4. 参与或影响企业的战略决策与实施过程

参与或影响企业的战略决策与实施过程也会形成一定权力。例如，那些有机会接触决策制定人的人们可以说具有一定的权力，“能够接近那些有权力的人”本身就是一种权力来源。财务专家们经常参与企业战略决策与实施过程，这种参与实际上给了他们运用权力的机会。又如，企业内部那些和外部环境打交道的个人或利益相关者，能够减少、控制或者吸收环境当中的不确定因素而影响战略的制定与实施，往往也因此而具有一定权力。再如，那些支持企业价值链上关键环节的外部利益相关者享有权力，因为这种参与企业内部管理的知识是企业外部利益相关者与企业讨价还价的一种本钱。

5. 利益相关者集中或联合的程度

团结就是力量，这是众所周知的道理。股东、经理、劳动者影响企业决策的实力与他们自身的联合程度有关。例如，目前世界通行的八小时工作制及法定最低工资制等，就是工人阶级坚持不懈的联合斗争的结果。西欧及北欧的产业工会强大，在与雇主谈判决定工资福利方面发挥着重要作用，从而形成了这些国家同一产业中的企业工资福利差别较小的格局；而日本产业工会对劳动力市场缺乏控制力，因此企业之间工资差别较大。又如，小股东们如果团结一致，运用“用脚投票”的市场机制，能够对不称职的经理形成制约。再如，供应商、购买者的权力在很大程度上受到它们集中程度的影响，集中程度越高，讨价还价的能力就越强，就越能够争取到较好的协议和合同。

（二）在战略决策与实施过程中的权力运用

权力本身是战略管理过程中的重要基础，制定战略和有效地实施战略需要权力和影响力。战略家应该是一个有效的政治家。下面介绍的是五种一般的政治性策略，这是企业各方利益相关者在企业战略决策与实施过程中的权力运用。

如果用合作性和坚定性的二维坐标来描述企业某一利益相关者在企业战略决策与实施过程中的行为模式，可以分为以下五种类型（见图 7－8）。

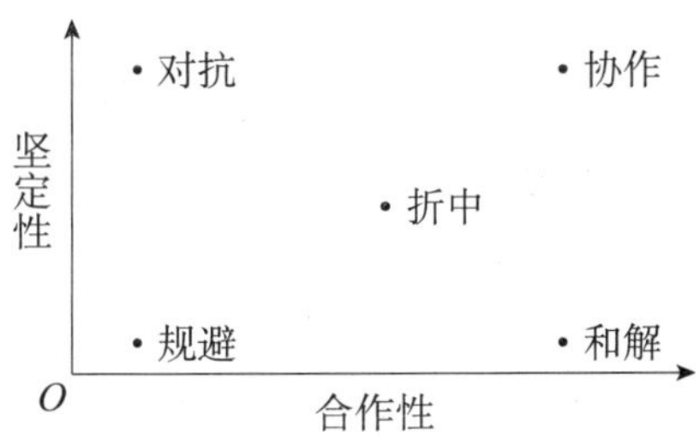

图 7－8　对待矛盾与冲突的行为模式

① KOTTER J. Power, dependence, and effective management. Harvard Business Review, 1977, 7－8: 125－136.

1. 对抗

对抗是坚定行为和不合作行为的组合。企业利益相关者运用这种模式处理矛盾与冲突，目的在于使对方彻底就范，根本不考虑对方的要求，并坚信自己有能力实现所追求的目标。例如，1997 年，我国一家国有特大型远洋运输企业的总公司管理层考虑到业务重组的需要，决定将原有按地区划分的事业部组织结构改为按产品划分。这样，原来的一家子公司的资产被合并至另一家子公司，致使这家子公司的员工大部分处于“待岗”状态。这家子公司的全体员工联合起来，为捍卫自己的基本权益进行了坚决的抗争。最后，总公司不得不做出让步，恢复该子公司的船主地位。子公司全体员工以对抗的行为赢得了自己的利益。

2. 和解

和解是不坚定行为与合作行为的组合。一方利益相关者面对利益矛盾与冲突时，设法满足对方的要求，目的在于保持或改进现存的关系。和解模式通常表现为默认和让步。例如，在前一例中，对于该远洋运输公司总公司的管理层来说，他们对待这场冲突的策略就是和解。

3. 协作

协作是坚定与合作行为的组合。在对待利益矛盾与冲突时，既考虑自己利益的满足，也考虑对方的利益，力图寻求双方利益的最佳结合点，并借助于这种合作使双方的利益都得到满足。例如，跨国公司进入东道国市场的一个主要的目的，是将其产品打入该国市场；而东道国引进外资的一个主要目的，是利用外资的国际销售渠道将本国产品推向国际市场。这是一对针锋相对的矛盾。20 世纪 80 年代，中国政府提出了“以市场换技术”的利用外资政策，在中国投资的外资企业积极配合，向“二型”企业——先进技术型或产品出口型企业发展：要么投入先进技术，获取中国市场；要么利用其自身的外销渠道将我国具有优势的传统工业产品打入国际市场。中外双方的协作使得双方的优势得到最佳的结合，也使双方不同的市场目标得以统一。

4. 折中

折中是中等程度的坚定行为和中等程度的合作行为的组合。通过各方利益相关者之间的讨价还价，相互做出让步，达成双方都能接受的协议。折中模式既可以采取积极的方式，也可以采取消极的方式。前者是指一方对另一方做出承诺，给予一定的补偿，以求得对方的让步；后者则以威胁、惩罚等要挟对方做出让步。多数场合，则是双管齐下。例如，美国宝洁（P&G）公司在与中国北京日化二厂合资时，不得不根据中方的要求，同时采用汰渍（外方商标）和熊猫（中方商标）两个商标。

5. 规避

规避是不坚定行为与不合作行为的组合。以时机选择的早晚来区分，这种模式可分为两种情况：一种情况是当预期会发生矛盾与冲突时，通过调整来躲避冲突。例如，我国政府曾酝酿出台公车改革方案，由于考虑到可能导致的各种利益矛盾，时机尚不成熟，暂停执行。另一种情况是当矛盾与冲突实际发生时主动撤出。例如20世纪90年代初，海湾战争爆发时，伊拉克在全球掀起对美国跨国公司的恐怖主义活动，大量美国的跨国公司被迫从东道国撤出。

本章小结

● 结构跟随战略是钱德勒的经典理论，这一理论主要包括两个层面：战略前导性与结构滞后性；企业发展阶段与结构。尽管钱德勒有关结构跟随战略的理论已得到实证研究的广泛支持，但是对于结构与战略的关系仍有一些不同看法。

● 汉迪关于企业文化的分类具有相当重要的参考价值。四类文化类型分别是权力导向型、角色导向型、任务导向型和人员导向型。文化与战略的关系主要体现为文化与绩效的关系：企业文化为企业创造价值的途径，文化、惯性和不良绩效，企业文化成为维持竞争优势源泉的条件。此外，关于战略稳定性与文化适应性关系的讨论也是研究文化与战略的关系的重要方面。

● 企业的主要利益相关者可分为内部利益相关者和外部利益相关者。由于企业利益相关者利益追求不同，因而会产生利益矛盾，主要表现在：投资者利润最大化要求与经理人员销售额最大化要求的矛盾；员工高收入和工作稳定要求与企业利润最大化要求的矛盾；企业利益与社会效益的矛盾等。企业利益相关者讨价还价实力的大小取决于它们各自权力的大小及权力运用的手段。权力来源于对资源的控制与交换的权力、在管理层次中的地位、个人的素质和影响、参与或影响企业的战略决策与实施过程、利益相关者集中或联合的程度等方面。权力运用的行为模式有协作、对抗、和解、规避、折中五种。

关键概念

战略前导性　企业战略的变化快于组织结构的变化。

结构滞后性　企业组织结构的变化常常慢于战略的变化速度。

企业文化　企业成员共有的哲学、意识形态、价值观、信仰、假定、期望态度和道德规范。

利益相关者　对企业产生影响的，或者受企业行为影响的任何团体和个人。

权力　个人或利益相关者能够采取（或者说服其他有关方面采取）某些行动的能力。

案例与分析

案例7-1　FT集团组织结构的变革

FT集团成立于1994年，是国内一家集房地产开发、设计、施工、工程监理、销售、物业管理、房地产中介等业务为一体的综合性公司。

在经历了近13年的高速发展期后，2008年爆发的全球性次贷危机同样也给FT集团带来严峻的考验。FT 集团步入了业绩增长缓慢期，销售业绩开始被同行其他企业赶超。

FT 集团从十几人的团队起家，在项目管理上一直采用的是职能制组织结构。集团总部按不同地理位置分别设置分公司，也称地区公司或者城市公司。集团总部设立专门的职能机构，对地区公司的职能活动进行管控。FT 集团还设有子公司，子公司都是房地产的相关产业，如建筑工程公司、物业公司等。FT 集团的子公司经营管理中的关键权限（如财务等）受制于集团总部，没有真正做到独立经营，严格来说不是真正意义上的子公司。

FT 集团初期的规模不大，公司组织结构的高效优点得以发挥。虽然当时也存在职能部门间发生冲突的现象，但由于有着高层管理者家族式管理的“保姆工作”，扯皮推诿的事情均能得到公正处理，决策迅速，执行力强。但随着集团规模的不断扩大，公司组织结构的缺点越发显现出来。

首先，地区分公司受到多头职能部门领导，在命令链不统一时无所适从。其次，各职能部门各自为政，往往不从企业整体利益的大局出发考虑问题，容易发生冲突。再次，以职能制为主导的组织架构形式，权力比较集中，随着集团业务规模不断扩大，总经理日益琐事缠身，无暇顾及战略层面事务，且由于日常事务堆积，造成集团运转效率低下。最后，较多的管理层次需要高层管理者大量的协调工作，延长了决策时间，降低了管理效率。

在经历了 2008—2009 年两年的业绩低迷之后，FT 集团高层管理者决定对集团组织结构进行变革，以改变当时的不利局面。

变革的思路：(1) 以集团的新发展战略目标为基础；(2) 统一命令链，避免多头领导；(3) 改变原本以职能制为主导的组织结构形式，实行适当分权；(4) 减少高层管理层次，减少高层管理者的协调工作；(5) 完善管理流程，提高组织正规化程度。

按照变革所制定的思路，FT 集团首先将分公司组织结构形式调整为矩阵制，对分公司适当放权，让项目经理与项目的关系更加紧密，从而实现各个部门之间的协作，加强对产品与市场的关注，增强决策的时效性。其次，各子公司按需设置职能部门，管理上由子公司负责人全权负责，集团总部只负责为子公司制定战略目标和年度指标要求，并于年终对各子公司进行绩效考核，主要对子公司起监控作用。最后，对集团内部管理流程进行完善与补充。改变较大的关键管理流程有：人事绩效考核管理流程、集团年度经营计划制订流程、工程进度计划管理流程、工程项目总承包招标管理流程、项目成本计划编制流程。

经过一系列的组织结构变革工作，终于取得了成效，FT 集团的管理状况有所改善，业绩也出现明显回升。

分析与思考

1. 分析 FT 集团组织结构变革前后的组织结构类型及其优缺点。

2. 在本案例中，钱德勒的组织结构服从战略理论是如何体现的？

提示：(1) FT 集团组织结构变革前是职能制组织结构，其优点表现为：

1) 工作效率得以提高。“FT 集团初期的规模不大，公司组织结构的高效优点得以发挥”。

2）高层管理者便于监控各个部门。“有着高层管理者的‘保姆工作’，扯皮推诿的事情均能得到公正处理，决策迅速，执行力强”。

缺点表现为：

1）协调不同职能时可能出现问题。“地区分公司受到多头职能部门领导，在命令链不统一时无所适从”。

2）导致职能部门之间发生冲突、各自为政，而不是出于企业整体利益进行相互合作。“各职能部门各自为政，往往不从企业整体利益的大局出发考虑问题，容易发生冲突”。

3）等级层次以及集权化的决策制定机制会放慢反应速度。“总经理日益琐事缠身，无暇顾及战略层面事务，且由于日常事务堆积，造成集团运转效率低下”；“较多的管理层次需要高层管理者大量的协调工作，延长了决策时间，降低了管理效率”。

FT 集团变革后采用的组织结构类型是矩阵制，其优点表现为：

1）由于项目经理与项目的关系更紧密，因而能更直接地参与到与其产品相关的战略中来，从而激发其成功的动力。“让项目经理与项目的关系更加紧密，从而实现各个部门之间的协作”。

2）避免职能制组织结构对产品和市场的关注不足。“加强对产品与市场的关注”。

3）与产品主管和区域主管之间的联系更加直接，从而能够做出更有质量的决策。“让项目经理与项目的关系更加紧密，增强决策的时效性”。

4）实现了各个部门之间的协作以及各项技能和专门技术的相互交融。“实现各个部门之间的协作”。

（2）本案例中，钱德勒的组织结构服从战略理论体现在以下两个方面：

1）战略前导性与结构滞后性，指企业战略的变化快于组织结构的变化，企业组织结构的变化常常慢于战略的变化速度。企业应努力缩短结构反应滞后的时间，使结构配合战略的实施。“FT 集团在经历了近 13 年的高速发展”，“一直采用的是职能制组织结构”；“FT 集团高层管理者决定对集团组织结构进行变革，以改变当时的不利局面”，变革的思路是“以集团的新发展战略目标为基础”。

2）企业发展阶段与结构，指企业发展到一定阶段，会采用合适的战略，并要求组织结构做出相应的反应。“FT 集团从十几人的团队起家，在项目管理上一直采用的是职能制组织结构”；“在经历了近 13 年的高速发展后”，“将分公司组织结构调整为矩阵制”。

案例 7－2　一项私营化改革方案

在科技城，政府是房地产业最大的业主，为该城市超过半数人口提供居所。政府所提供的永久性住房计划有两种：一种是“自置居所计划”，是由政府发展并售予那些收入较低的人士。另一种是公共出租住宅，是由政府发展并出租给那些没有租住私人房屋的人士。由于两种计划都是对较低收入人士的一种补助，因此，两种方案都要对申请购买或租用政府房屋的人士进行收入的审查。“自置居所计划”中的住房售价只是市场售价的一半，公共出租住宅的租金也仅是市场租值的 20%～30%。2017 年，政府宣布之后将把公共出租住宅出售给租户，估计在2018—2028年的10年内，将有不少于25万个单位的公共出租住宅推出发售。

房屋署是负责管理所有这些住宅的政府部门。这项工作的内容是非常复杂而又广泛的，一般来说，包括收取租金、保安、清洁、修理、道路管理、小贩管理、停车场管理、住宅商场管理，甚至于屋内的狗只管理。

长期以来，房屋署的房屋管理工作都不能令市民满意。事实上，房屋署是政府部门中收到最多投诉的部门之一。市民投诉部门的工作效率低、职员官僚作风严重。部门中的部分职员也承认由于部门是一个大机构，内部所发的命令太多、太繁杂，导致他们解决问题时感到有心无力。

与此同时，房屋署也需自我整顿。由于在未来的10年内将有25万个单位公共出租住宅出售，新的业主应有选择物业管理公司的权利。因此，房屋署在未来需要和其他私人公司争夺房屋物业管理的合约。但是，房屋署官员们自己也担心，政府的官僚架构，使员工习惯于标准的薪酬制度与按章办事，会使政府无法应付市场上的急剧变化。假若房屋署失去这些合约，在未来10年间将有约4 000人成为冗员。

房屋署现有员工约15 000人，而员工数目将继续增加，因为扩展公共房屋是政府的主要政策之一。与此同时，管理这么大的部门不可避免会产生很多管理上的问题。为了控制员工的数目及提高管理效率，部门正计划把房屋管理及维修的部分私营化。如果私营化的计划成功，此经验将应用到其他部分。政府刚刚发布了改革行政机关系统的建议，许多公务员已了解到私营化是政府尝试提高行政机关的效率及控制成本的大方向。

事实上，“自置居所计划”以及于2017年后完成的新建公共出租住宅的物业管理已经通过招投标形式由私人物业管理公司承办。直至现在，成绩是令人鼓舞的。私人物业管理公司的成本较政府的成本低三分之一。但是，仍然有大约62万个单位的公共出租住宅是由房屋署直接管理的。

为了应付即将来临的竞争，房屋署聘请了咨询顾问，研究把房屋的管理及维修服务进一步私营化的可能性。根据顾问报告，房屋署所花费的管理费用比私人物业管理公司高出82%，主要是因为高层行政的间接费用及支援员工的成本。假如房屋署把所有房屋管理及维修服务分离出去的话，每年可节省10亿元的开支。对于如何实行私营化计划，顾问提出了五个方案，其中有两个方案值得考虑。这两个方案如下：

方案一，“分阶段转移服务”。即每次把数以千计单位的住宅管理权公开向私人物业管理公司招标。中标者需安置一些现任公务员，这是接受管理合约的条件之一。但这些员工可能不再保留公务员的聘用条件。规模较大的私人物业管理公司对于吸纳现任公务员作为其员工持保留意见。这些公司认为这些公务员所拥有的技能在市场上很容易找到，而他们的文化及价值观却可能对生产力有负面影响。

方案二，房屋署的职员可以自组公司，与其他私人物业管理公司一同参与竞标。“职员公司”必须由自己提供资金及自负盈亏。这种方案便是“管理层收购”。但顾问对于应把所有公共房屋的管理合约一次性推出招标，还是分为许多较小的合约在一个较长的时期内分别招标，还没有定论。

不管采用哪一个方案，租户或业主都需要自己组织管理委员会，与中标者签订合约，并在之后监察它们的工作。在开始时期，政府将扮演一个活跃的角色，举行招投标和监察中标者的工作。

在顾问报告发表后，员工的反应非常强烈。虽然报告中强调了重新聘用现任员工的重要性，但报告也很清晰地表明不论选择哪一个方案，房屋署中的约 9 000 名员工将受到影响。他们大部分将被调离公务员岗位，部分甚至将被解雇。事实上，这些政府职位所提供的高度的工作安全感、优厚的福利、有吸引力的薪酬使得这一职业在经济不景气期间成为大多数寻找工作者的第一选择。此外，员工们认为，在整个私营化计划中，他们始终蒙在鼓里。工会认为，高额的管理费用主要是由于总部高级行政人员成本偏高所致。工会提议，现职的房屋署职员可以在其现有的职责上加上行政、财务及人事管理工作，使得成本降低。在 2018 年 4 月，超过 1 万名房屋署员工连同其他政府部门的代表举行了一次反私营化计划的示威活动。

分析与思考

分析该案例中主要利益相关者及其利益期望，以及相互之间的利益矛盾。

提示：（1）本案例中的主要利益相关者有：

1）内部利益相关者包括房屋署、管理层（高级行政人员）、员工、工会。

2）外部利益相关者包括科技城政府、同级其他政府机构、私人物业管理公司、市民、科技城其他房屋业主单位、聘请的咨询顾问。

（2）利益相关者的利益期望与相互之间的利益矛盾。

1）房屋署与科技城政府。房屋署的利益体现在自身稳定运营，以及相应产业发展。科技城政府追求的是顺利实施“自置居所计划”，提高下属政府部门效率，用私营化的办法改革行政机关系统，提高行政机关效率并控制成本。由此产生了一定意义上的部分与整体、具体与宏观等矛盾。

2）房屋署与高级行政人员。房屋署为执行私营化计划方案，要减少高级行政人员数量，对高级行政人员提出更高的工作效率要求。这与高级行政人员追求高收益、低付出的个体利益之间存在矛盾。

3）管理层与员工。私营化计划中，管理层为提高效率和执行上级部署的改革，要做出对部分员工个人不利的决定。受影响的员工认为效率不高的主要原因是管理层臃肿以及间接费用高等问题，特别是处于受损方的部分员工，意味着放弃政府职位所提供的高度工作安全感、优厚福利及有吸引力的薪酬，与管理层产生矛盾。

4）房屋署与工会。工会作为基层员工的利益代言，没能从双方的利益角度出发，也没有提出整套解决方案，通过示威的办法来解决问题，只是提出问题，没有解决问题，激化了矛盾。

5）房屋署与私人物业管理公司。面对增长的房屋管理市场，房屋署在改革方案中同时扮演教练员和运动员的角色。私人物业管理公司追求自身利益最大化及较好的市场环境。在招投标市场上双方进行竞争，会产生不正当竞争关系。

6）房屋署与市民。房屋署的工作作风与效率不能满足市民对于享有更好服务的需求，投诉率一直居高不下。

7）员工与咨询顾问。咨询顾问根据改革要求和方向，提出若干方案，但由于利益问题，没能提出完美方案，且无论实行哪种方案，均会使部分员工的个人利益受到影响。

参考文献

[1] 迈克尔·波特．竞争战略：分析产业和竞争的技巧．陈小悦，译．北京：华夏出版社，1997.

[2] 迈克尔·波特．竞争优势．陈小悦，译．北京：华夏出版社，1997.

[3] 迈克尔·波特．国家竞争优势．李明轩，邱如美，译．北京：华夏出版社，2002.

[4] 戴维·贝赞可，等．公司战略经济学．武亚军，等译．北京：北京大学出版社，1999.

[5] 尼尔·胡德，斯蒂芬·扬．跨国企业经济学．叶刚，等译．北京：经济科学出版社，1990.

[6] 托马斯·加拉文，杰拉德·菲茨杰拉尔德，迈克·莫利．企业分析．马春光，等译．上海：上海三联书店，1997.

[7] 伊莱扎·G. 柯林斯，玛丽·A. 德文娜．工商管理新论．张宇宏，等译．上海：上海译文出版社，1997.

[8] 格里·约翰逊，凯万·斯科尔斯．公司战略教程．金占明，贾秀梅，译．北京：华夏出版社，1998.

[9] 小岛清．对外贸易论．周宝廉，译．天津：南开大学出版社，1987.

[10] 亚瑟·A. 汤姆森，A. J. 斯迪克兰迪．战略管理：概念与案例：第10版．段盛华，王智慧，等译．北京：北京大学出版社，2000.

[11] 森尼尔·乔普瑞，彼得·梅因德尔．供应链管理：战略、规划与运营．李丽萍，等译．北京：社会科学文献出版社，2003.

[12] 张维迎．博弈论与信息经济学．上海：生活·读书·新知三联书店上海分店，上海人民出版社，1997.

[13] 腾维藻，等．跨国公司战略管理．上海：上海人民出版社，1992.

[14] 史占中．企业战略联盟．上海：上海财经大学出版社，2001.

[15] 徐二明．企业战略管理．北京：中国经济出版社，2002.

[16] 徐二明．国际企业管理概论．北京：中国人民大学出版社，1995.

[17] 金占明．战略管理：超竞争环境下的选择．北京：清华大学出版社，1999.

[18] 胡建绩．企业经营战略管理．上海：复旦大学出版社，1995.

[19] 刘冀生．企业经营战略．北京：清华大学出版社，1995.

[20] 李令德，郭伟民．企业战略管理．上海：华东理工大学出版社，1998.

［21］罗进．跨国公司在华战略．上海：复旦大学出版社，2001.

［22］康荣平．大型跨国公司战略新趋势．北京：经济科学出版社，2001.

［23］马春光．国际企业经营与管理．北京：中国对外经济贸易出版社，2002.

［24］包铭心，等．国际管理：教程与案例．北京：机械工业出版社，1999.

［25］吴文武．跨国公司新论．北京：北京大学出版社，2000.

［26］王兆华，朱方伟，武春友．基于工业生态学的我国工业可持续发展问题研究．中国地质大学学报（社会科学版），2003，3（5）：28－31.